Gesammelte Werke, Volume 1

Franz Keim

Nabu Public Domain Reprints:

You are holding a reproduction of an original work published before 1923 that is in the public domain in the United States of America, and possibly other countries. You may freely copy and distribute this work as no entity (individual or corporate) has a copyright on the body of the work. This book may contain prior copyright references, and library stamps (as most of these works were scanned from library copies). These have been scanned and retained as part of the historical artifact.

This book may have occasional imperfections such as missing or blurred pages, poor pictures, errant marks, etc. that were either part of the original artifact, or were introduced by the scanning process. We believe this work is culturally important, and despite the imperfections, have elected to bring it back into print as part of our continuing commitment to the preservation of printed works worldwide. We appreciate your understanding of the imperfections in the preservation process, and hope you enjoy this valuable book.

1/5

~~Epos~~ 75

Lit. Gesch. I/1

Franz Keim / Gesammelte Werke
Erster Band

Franz Keim.
Gesammelte Werke,

Erster Band.

Aus dem Bilderbuche meines Lebens / Stefan Fadinger / Aus dem Sturmgesang des Lebens / Sulamith.

München und Leipzig bei Georg Müller Verlag
1912.

Copyright 1912 by Georg Müller in München

Inhalt

	Seite
Aus dem Bilderbuche meines Lebens	1
Stefan Fadinger	159
Aus dem Sturmgesang des Lebens	245
I. Junge Wanderschaft	248
II. Heimkehr	273
III. Fresken aus Wien	278
IV. Hermine Blum	289
V. Gestalten	295
VI. Pro patria	314
VII. Memento	326
VIII. Epitaphien	336
IX. Aus dem Sturmgesang des Lebens	340
X. Heroldslieder	352
XI. Schnabelwetzer	360
Sulamith	365

Aus dem Bilderbuche meines Lebens.

Weil es durchaus euer Wille ist, meine lieben Freunde, so will ich einiges über mein Werden und meinen künstlerischen Lebensweg mitteilen. Nicht um meiner selbst willen, sondern um der edlen Vorbilder zu gedenken, die mir als gute Sterne vorgeleuchtet haben, und jene Gestalten in meiner Erinnerung heraufzubeschwören, welche meist liebreich und fördernd, nur selten hemmend oder verständnislos meinen Wandel begleitet haben.

Jedes Dichterleben ist ein Gottesgericht. Ist es auf die Launen und Moden einer Zeit und Gesellschaft gestellt, so wird es mit diesen vergehen. Ist es aber auf das Ewige in Welt und Menschheit gerichtet, so wird es dauern, auch wenn, wie so oft, eine blinde Gegenwart oder eine augenblickliche Torheit es bekämpfen sollte. Wer nicht um der Kunst willen ein Künstler wird, wer da dichtet, malt oder komponiert, um einen persönlichen Gewinn oder Vorteil zu erreichen, der ist ein Fälscher oder ein Narr.

Ich habe auch an das Märchen von der vollständigen Verkennung des wahrhaft Großen, des wahrhaft Schönen niemals glauben können. Die das behaupten, vergessen, daß der wirklich bedeutende Geist über der Menge steht, daß sein Schaffen der Zeit vorauseilt. Wie sollte er da von der Menge, von der Gegenwart im engsten Sinne, beim ersten Auf=

stieg sogleich verstanden werden? Nur die Minderzahl der Gleichgestimmten wird ihn sofort verstehen. Gar nicht zu sprechen von denjenigen, die ihn zwar verstehen aber nicht anerkennen, weil sie ihn beneiden. Sagt doch Shakespeare so schön, daß vor der Menge vergoldeter Staub meist mehr gelte, als überstäubtes Gold. Künstlerische Ueberzeugung aber, die niemals vom Tagesgeschmacke ihre Bestimmung erhält, wird immer einen harten Kampf zu kämpfen haben. Aber Mut und Ausdauer verhelfen zum Siege; wenn auch dieser Sieg unter besonders ungünstigen Verhältnissen manchmal erst nach dem Tode des Künstlers eintreten sollte. So hat das trostlose Ende Heinrich von Kleists seine Ursache nicht bloß in der Verkennung seines Genius durch die Mitwelt, selbst durch Goethe, — nein, sie ist in der allgemeinen Hoffnungslosigkeit unseres Volkes, in der Erniedrigung des Vaterlandes, der Knechtung aller stolzen, selbständigen, aufrechten Geister unter das despotische Joch eines rücksichtslosen, fremden, unerbittlichen Machthabers begründet. Ganz abgesehen vom persönlichen Charakter und Schicksale des unglücklichen Dichters. Ohne Zweifel muß in solchen Ausnahmsfällen die Nachwelt das Urteil der Gegenwart in Ordnung bringen. Und das hat die Nachwelt, ob früher, ob später, auch allzeit getan. Wo sind die Kreaturen, die über drei Jahrzehnte den Titanen Richard Wagner verspotteten und begeiferten? Wo sind die dummen „unparteiischen Briefe" über Bayreuth aus der Feder theoretischer Ignoranten? Richard Wagners Kunst beherrscht die Welt. Seine Gegner sind alle zum Kehricht geworfen worden durch die Zeit. Darin liegt für mich die große Gerechtigkeit der Welt, an welche jeder wahre Künstler glauben muß; die er aber niemals verwechseln darf mit dem Augenblicksgezeter kleiner Kreise oder mit der Apathie der ewig verständnislosen Menge, welche herdenmäßig heute nach diesem, morgen nach jenem Vergnügungsfutter läuft, wie es ihrem stumpfen Instinkt oder ihren schlauen Zutreibern zusagt. Wenn Shakespeare im Hamlet behauptet, ein Ehrlicher sei ein Auserwählter unter zehntausend, so gilt diese Wahrheit vom verständnisvollen Schätzer der Künste unstreitig dreifach. Heil dem Künstler, der das nicht vergißt, seinem eigenen Stern vertraut und nicht zu spät wahrhafte, verständnisvolle Freunde findet!

Das wollte ich mir vom Herzen sprechen, bevor ich die Geschichte meines eigenen Lebens berühre, die, so bescheiden ich sie auch einschätze, doch vielleicht manchen jungen Kämpfer trösten und ermutigen wird.

Von väterlicher Abkunft entstamme ich durch meinen bürgerlichen Großvater Franz Wendelin Keim dem Deutschen Reiche, und zwar dem badischen Franken. Er zog im Anfange des neunzehnten Jahrhunderts nach Wien, wo mein Vater, Franz Keim, geboren wurde. Der Vater meiner Mutter, ein Ritter von Steinhauser, Gutsbesitzer auf Schloß Bulgarn an der Donau bei Linz in Oberösterreich, stammte nach einem Ausspruche meiner Mutter aus der bayrischen Pfalz. Ich besitze sein geschlechtliches Adelsdiplom vom Jahre 1563, ausgefertigt zu Innsbruck und gezeichnet mit: „Wir von Gottes Gnaden, Ferdinandus I., erwählter römischer Kaiser, König in Germanien, Hungarn und Böheimb et cetera." Ich führe diese an sich unscheinbaren Dinge an, weil diese Mischung von schlichtem Bürgertum und altem Adel möglicherweise in meiner Denkungsart und in der Wahl meiner poetischen Stoffe mich einerseits vor jeder Einseitigkeit bewahrte, andrerseits mich frühzeitig den Zauber geschichtlicher Gegensätze, die Bedeutung des Ringens der althergebrachten Stände des deutschen Volkes auf meinem Heimatboden und den Wert einer endlichen Versöhnung und Zusammenschließung dieser bodenständigen Elemente gegenüber fremden und feindlichen Elementen betrachten und darstellen lehrte. Unbewußt wurde ich so auf den Weg der nationalen Dichtung geführt, die nicht in politischer Reimerei, nicht in teutonischem Phrasentum be=

steht, das, selbstgeschaffene Drachen tötend, am schwungvollsten beim Bierglase schwärmend und wetternd, uns weder in Kunst noch Leben vorwärtsbringen könnte. Der Boden meines engeren Heimatlandes, der alte Traungau in Oberösterreich, ist ehrwürdiger deutscher Geschichtsboden. Die Grafen von Wels und Lambach erhoben sich in grauer Vorzeit zu jenem mächtigen Geschlechte, dessen Sitz die Styraburg (heute das gräflich Lambergische Schloß zu Stadt Steyr) wurde, und dessen Enkel, die Ottokare, die steirische Markgrafenwürde erhielten. In der später landesfürstlichen Burg zu Wels starb 1519 Kaiser Maximilian I. Lambach wurde durch den letzten Agnaten des traungauischen Geschlechtes in eine Benediktinerabtei verwandelt. Reformation und Gegenreformation, Bauernkrieg und Franzoseneinfälle sind im Gedächtnisse meiner Landsleute nicht erloschen. Bayrisches, fränkisches, auch schwäbisches Blut aus den Zeiten der urältesten Ansiedlung unter Kaiser Karl dem Großen, bis auf die Erwerbung des bayrischen Innviertels unter Kaiser Josef II. belebte und gestaltete unser obderennsisches Volkstum und gab ihm jene Derbheit und Zähigkeit, aber auch jenen natürlichen Witz, die besonders den Bauer bei uns charakterisieren. Bei diesem Stande hat sich ganz besonders neben der Kraft und Gesundheit des Leibes auch jene urwüchsige Phantasie erhalten, die in Trutzliedern und Tanzgesängen (Schnaderhüpfeln) die Quelle reicher Volkspoesie geworden ist. Beim „Landlertanz" wird nicht nur gesprungen, sondern auch gesungen. Wer auch nur flüchtig an Sonn- oder Feiertagen die Gassen unsrer Dörfer, Märkte und kleinen Städtchen durchwandelt, der vernimmt aus allen Wirtsstuben den vielstimmigen, prächtigen Gesang unsrer „Manner" und „Buben", wohl auch Dirndeln, und hört aus den lustigen Jodlern die liedfreudige Herzenssprache unsers Volkes erklingen.

In dieser ländlichen Welt an der klaren Traun, nicht

weit vom Marktflecken Lambach, im uralten Klosterwalde, genannt „das lange Holz", wurde ich am 28. Dezember des Jahres 1840 meinen lieben Eltern als viertes und letztes Kind geboren. Mein Geburtshaus war das Stationsgebäude der einstmaligen Budweis—Linz—Gmundener Bahn, damals mit Pferdebeförderung, später mit der großen Wien—Salzburger Strecke der Elisabeth-Westbahn vereinigt und dem großen Verkehre einverleibt. Eingepfarrt waren wir nach dem Flößerdorf Stadel, mit der Schule und Kirche Baura.

Die damaligen Bewohner von Stadel waren ein urwüchsiges, fast gefürchtetes Schiffervolk, welches das Salz der kaiserlichen Sudwerke des Salzkammergutes vom Traunsee, die Traun hinunter in die Donau nach Wien verflößte. Die Kinder dieser Natursöhne waren meine ersten Schulgenossen. In diesem Sinne war ich und bin ich ein „Stadlinger". Die im italienischen Renaissancestile erbaute Kirche und Schule Baura, auf einem grünen Hügel über dem Schifferorte an der Traun gelegen, scheint ein uralter Besiedlungspunkt des Stiftes Lambach gewesen zu sein. Der Name Baura (oder Paura) stammt von dem altdeutschen Worte Purenawe, Bauernaue und erklärt sich als Bauernsiedlung. Als Schüler dieser Schule bin ich daher sogar — ein „Bure".

So war ich denn — am unschuldigen Kindertage — unter großen Schmerzen meiner lieben Mutter, zur Welt gekommen. Es wurde mir gesagt, ich sei ein Sonntagskind. Meine Eltern hatten durch Fleiß und gute Wirtschaft die vormals kleine Gastwirtschaft vergrößert und zu ehrenvollem Flor gebracht. Die kleine Bahn war eine der ersten Adern des Verkehres, der Weg von Wien nach Paris ging über unser gutes Lambach, und in den etwa fünfzehn Fremdenzimmern des „Gasthofes zur Eisenbahn" gab es damals viel seltenere, ja berühmtere Gäste, als später. So war der

Vizekönig von Indien, Lord Canning, unser Sommergast. Seine Tochter Auguste, etwas älter als ich, sagte immer zu mir: „Du kleiner, dicker Junge du." Beim Abschied schenkte sie mir ihre Puppe. Das Sturmjahr 1848 übte auch bei uns seine aufregende Wirkung. Eines Tages saß eben der Hauslehrer, Herr Denk, bei uns Kindern, als es plötzlich hieß, der Bahnhof sei in Gefahr, die Stadlinger kämen in Rotten durchs „lange Holz" und zerstörten die Bahngeleise. Wir stürzten alle ans Fenster, beruhigten uns aber, als wir hörten, der Major in der nahen Kaserne habe Mannschaften zur Streifung in die Wälder kommandiert. Die Stadlinger, welche ihr altes Monopol der Salzbeförderung zu Wasser an die Eisenbahn verloren hatten, vermeinten, die Zeit sei jetzt gekommen, wo sie ihr altes gutes Recht und ihren verlorenen Verdienst mit Gewalt wieder zurückerobern könnten. Nur schwer ließen sich die aufgeregten Leute beschwichtigen. Ich war zu jung und zu kindisch, um die Losung der Zeit zu verstehen, aber ich freute mich herzlich, als nun bald vom Giebel unseres Hauses die schwarzrotgelbe Fahne flatterte und ich oftmals unter unsern Fenstern den Männergesangverein die Arndtschen Lieder „Was ist des Deutschen Vaterland?" und „Sie sollen ihn nicht haben, den freien deutschen Rhein!" anstimmen hörte.

Erst später begriff ich, daß damals ein großes deutsches Reich wieder erstehen wollte, in dem mein Vaterland mit eingeschlossen werden sollte. Viel später erst erfuhr ich, daß dieser Blütentraum durch den Frost des deutschen Doktrinarismus, Eifersucht der Parteien und Mächte, kurz durch unsere politische Unzulänglichkeit wieder zerstört worden sei. Aber die Sehnsucht nach einer besseren Zukunft des ganzen deutschen Volkes wuchs, hier stärker, dort schwächer in den Seelen meiner jungen Zeitgenossen.

Mit zwölf Jahren schickte mich der Vater — dank den Bitten meiner Mutter — aufs Gymnasium des berühmten

Benediktiner-Stiftes Kremsmünster. Ich litt dort oft und viel an Heimweh. Vor Vater und Schwester Luise, die mich dahin begleitet hatten und mich an meinen Kostherrn, einen grämlichen, pedantischen Schulmeister ablieferten, hielt ich mich allerdings tapfer und stolz. Etwa zehn Jungens aller acht Klassen bewohnten wir das zweite Stockwerk des massiven Torgebäudes, das die äußere Pforte des Klosters bildete und von uns der Hungerturm genannt wurde. Die Frau unseres Kostherrn war infolge eines Schlagflusses in der Sprache und an der linken Körperhälfte merklich gelähmt, so daß sie uns unerfahrenen Burschen vollkommen albern erschien. Um so beweglicher, fast hätte ich gesagt, schlagfertiger, war ihre häusliche Stütze, die alte Jungfer Toni. Ich fühlte mich, fern von meinem heimatlichen Garten und Walde, hier wie in einem Kerker. Studienzeit und freie Bewegung waren für die Jüngeren aufs strengste geregelt. Um so freudiger begrüßten wir die Ferien. Welcher Jubel, wenn mein Vater oder später nur unser Knecht mit der großen Kutsche und den zwei Braunen vor dem Eichentor (so hieß unser Gefängnis) erschien, um mich und einige benachbarte Studentlein zur Heimfahrt aufzunehmen! Wie schön im Sommer, wie abenteuerlich im Winter! Da gab es hohe Schneeverwehungen und trügerisch verdeckte Hohlwege. Wir Jungens saßen dicht gedrängt im wohlverschlossenen Kasten, der Kutscher und mein Vater in Pelzen auf dem Kutschbock. Und da geschah einmal etwas sehr Ueberraschendes. Mit Rücksicht auf die oben berührten überschneiten Hohlwege, denen wir ausweichen sollten, um nicht zu versinken, sagte mein Vater vor der Abfahrt: „Merkt auf, Kinder! Wenn ich vom Kutschbock rufe: rechts halten, so beugt euch alle im Wagen nach der rechten Seite, damit wir nicht links im Graben versinken. Rufe ich: links halten, so tut dasselbe nach der linken Seite." Gut. Wir versprachen das. Nach einer Stunde etwa hörten wir meines Vaters gebieterischen

Ruf: „Alle links halten!" Aber — puff! — was ist das? Nicht nur wir Jungens, auch die Schlittenkutsche neigte sich nach links, und nochmals puff! — liegen wir im Graben auf der linken Seite und sinken tief hinein in den überwehten Hohlweg. Zornig rief der Vater, der noch rechtzeitig abgesprungen war und die versinkenden Pferde an sich riß: „Rechts halten, hab' ich sagen wollen — Donnerwetter!" Und nun krabbelten wir uns aus dem tiefen Schnee und mußten die Kutsche heben.

Von seinem brieflichen Lakonismus möchte ich hier auch ein kleines Beispiel geben. Ich war in jenen Jahren sehr kränklich. Meine gute Mutter, die mir regelmäßig alle acht Tage einen ausführlichen, stets zärtlichen Brief zuschickte, hatte mich auch seelisch durch ihre Liebe etwas verwöhnt. Der gewiß ebenso warmherzige Vater war aber mit aller Schreibekunst auf dem Kriegsfuß. So erhielt ich in der ersten Zeit, bei Beginn der Weihnachtsferien durch unsern Knecht Hans, der den Kutschenschlitten im Gasthof Kaltenbäck eingestellt hatte und sich bei mir zur Abfahrt im Hungerturm meldete, folgenden mit Blei vom Vater beschriebenen Zettel, dessen phlegmatische Kürze mich beinahe kindisch verletzte:

„Lieber Franz!

Ich sende den Kotzen zum allgemeinen Zudecken. Vor der Abfahrt beim Kaltenbäck Brotsuppen essen! Die Fenster zu!
Dein Vater."

Schon frühzeitig erwachte in mir die Sehnsucht nach Büchern und Bildern. Meine Mutter, die an Bildung den Vater weit übertraf und natürliches Talent mit ungewöhnlicher Charakterstärke vereinigte, war nicht bloß eine geborene tüchtige Hausfrau, sondern auch in den wenigen Stunden ihrer Erholung eine leidenschaftliche Leserin. Schon als sechsjähriges Kind war sie ihres Vaters Vorleserin gewesen. Ihr frischer Geist, ihr natürliches Gefühl, ihre Freude am Schönen bildeten ihren sicheren Geschmack. Ihr Bücherschrank enthielt das bunteste Zeug aus der elterlichen Bücherei des Schlosses Bulgarn. Darunter den ganzen Walter Scott. Diesen verschlang ich frühzeitig gründlich. Meine Bilderfreude aber entzündeten die Münchner „Fliegenden Blätter". Ihr goldener Humor war in unserem Hause das geflügelte Wort und ihre Bilder wurden meine ersten Zeichenlehrer. Dichtung und Malerei dämmerten als wunderbare Feenwesen in meiner jungen Seele auf und führten, wenn auch von mir selber unverstanden, jahrelang einen wechselnden Kampf um die Herrschaft in mir, bis der furchtbare Ernst des Lebens später wie ein greller Blitz mir den Weg der Dichtung als die einzig richtige Bahn meines Daseins bezeichnete. Aber in den Stunden, wo die Muse schweigt, greife ich auch heute noch mit wahrer Lust zu Stift und Pinsel, nicht zu öffentlichem Wettbewerb, nur zu meiner eigenen stillen Seelenfreude. Da ich aber am liebsten meine guten Freunde als ahnungslose Modelle zu lustigen Genrebildern verwerte, so wurde ich jederzeit um meine Ulke geplündert und habe meine Scherzaquarelle zu Hunderten nach allen vier Winden entflattern sehen müssen. Die Originale behalten sie wohl aus Rache oder aus Liebenswürdigkeit zum ewigen Andenken.

Diese Doppelnatur meines Talentes ist mir nicht nur zu beständiger Erfrischung des Geistes, ja zu einer Quelle der Beruhigung geworden, sie hat mir von Anbeginn bei meiner dramatischen Konzeption den besten praktischen Dienst geleistet. Ich sehe, bevor ich noch an die Ausführung einer theatralischen Arbeit gehe, jede Gestalt, jede Szene, das ganze Bühnenbild in lebendiger Geschlossenheit, hell beleuchtet oder verdüstert, in Ruhe oder in Bewegung, deutlich vor mir. Bin aber auch nur so lange Maler, bis das innere Ohr das erste Wort vernimmt, aus dem sich nun unaufhaltsam Rede und Gegenrede entzündet, worauf mir das ganze

Werk zum tönenden Seelengemälde wird, also Dichtung ist und nicht mehr Bild.

Obgleich ich niemals Musik betrieb, im Sinne der eigentlichen Ausübung, ja nicht einmal der Noten fachmännisch kundig bin, hat doch die gütige Natur mir die wärmste Empfänglichkeit auch für den Zauber der Töne verliehen. Beethoven und Wagner versetzen mich in den höchsten Rausch der Entzückung. Daneben macht sich das Naturell des Oberösterreichers dadurch geltend, daß mich die einfachen Melodien, die Tanzweisen des heimischen „Landlers" förmlich ergreifen und rühren.

Weit entfernt, mir originelle Produktion anzumaßen, möchte ich doch eines viel späteren musikalisch=poetischen kleinen Ereignisses gedenken, das ich hier vorausnehmen muß.

Mein mundartliches Gedicht „Der Weltverdruß" war mir auf einem Spaziergange im alten Schloßpark zu Hetzendorf ganz plötzlich gleichzeitig in Wort und Tonweise aufgegangen. Ich summte es zum Klavier öfter in der Kneipe vor guten Freunden, es gefiel. Der Rundreim wurde im Chore mitgesungen und oftmals mußte ich das Lied anstimmen, wenn wir uns irgendwo versammelt hatten. Einst auf einem Ausfluge überraschten mich meine Schüler im Walde, indem sie plötzlich um mich einen Kreis bildeten und das Lied nach meiner Melodie sangen.

Meister Rosegger hat es im Grazer „Heimgarten" zuerst vor Jahren veröffentlicht. Später erschien es unter meinen gesammelten Gedichten „Aus dem Sturmgesang des Lebens". Mein Buch kam auch in die Volksbibliothek von Wien und „Der Weltverdruß" kam zu den Volkssängern. Während aber draußen im weiten Lande das Lied Wort und Weise seines Schöpfers getreulich behielt, so daß mein Freund, der steirische Dichter Fraungruber, mir eines Tages teilnahmsvoll erzählen konnte, er habe es in unverfälschter Melodie in Kärnten singen gehört, erlebte mein Lied in der Großstadt Wien etwas ganz Apartes, fast Komisches. Ich saß im Wartezimmer des Franz Josef-Bahnhofes, kurz vor der Abfahrt nach Krems. Im Nebenraume (der anderen Fahrklasse), der durch eine nicht bis zur Decke reichende Holzwand abgetrennt war, hörte ich die Anstreicher und Malgehilfen an der Renovierung der Wände arbeiten, plaudern und singen. Plötzlich intonierte einer, aber in veränderter Melodie, mein Lied, was ich daraus erkannte, daß er deutlich vernehmbar die Worte der ersten Strophe sprach:

„Mir is mei Vater g'storb'n,
Mir is mei Muatter g'storb'n,
I hab' koa Schwesterl und koa Brüaderl kennt.
I bin a ledig's Kind,
Als wiar a Staud'n im Wind,
I bin der Weltverdruß, so ham's mi g'nennt."

Leider rief jetzt der Türsteher: „Einsteigen zum Personenzug!" Ich konnte nicht länger weilen, hatte aber genug gehört. Kurze Zeit darauf teilte mir mein lieber Freund, der Präsident des Wiener Landesgerichtes, Hofrat Dr. Feigl, folgendes mit: „Ich habe zu meiner großen Freude in Sievering eine bereits tüchtig angeheiterte Herrengesellschaft bürgerlichen Schlages Ihren Weltverdruß, allerdings gräßlich, singen gehört. Ein Irrtum ist ausgeschlossen, da ich den Text im Kopfe trage."

Wieder über kurze Zeit, es war im Frühling, wo die fahrenden armen oder krüppelhaften Musikanten in den Höfen der Häuser sich hören lassen, erklang das Lied auch in unserem Hofe. Unsere Magd sagte ahnungslos: „Gestern hams a so viel traurig's Liad vom Weltverdruß g'sungen!"

Mein lieber Freund, Herr Dr. Richard Feigl junior, des obengenannten Präsidenten Sohn, brachte mir zuletzt ein ganz merkwürdiges Dokument ins Haus. In der inneren Stadt hatte er im Schaufenster einer Papierhandlung ein kleines gedrucktes Musikblatt ausgestellt gefunden und um

geringen Preis sofort käuflich erworben. Es betitelte sich:
„Der Weltverdruß" Nr. 1484, Volkslieder, mit großem Erfolge gesungen von Hans Matauschek, Verlag von Josef Blaha, Wien, Weihburggasse 7. Vorne prangt das Bild des Sängers. Ueber die Vertonung findet sich der Vermerk: Arrangiert von L. Gruber. Aber nun zum Text! Aus sechs Strophen sind drei geworden. Das ist jedenfalls gut. Denn die Aneignung meines Gedichtes, ohne mein Wissen, ging auf eine so barbarische Weise vor sich, so unbeholfen, plump und — was das unbegreiflichste ist! — mit solcher Beleidigung gerade der echten Volksmundart durch matte hochdeutsche Flickwörter, daß diese Stümperei der ärgste unerlaubte Griff in mein geistiges Eigentum ist. Der Verfasser dieser Verstümmlung wird überhaupt gar nicht genannt. Aber das Lied wurde — mit großartigem Erfolg gesungen! Wenn dies — und die Tatsache ist ja nicht aus der Welt zu schaffen! — von dieser Verballhornung gilt, wenn diese verbänkelte Kopie die fröhlichen Wienerherzen „beim Heurigen" wirklich so warm begeistert hat, daß man es in den Schenken auf den „äußeren Gründen" der Großstadt beifällig begehrte, dann ist es tatsächlich in d i e s e r Art, in d i e s e n Kreisen ebenso zum „Volkslied" geworden, wie es, gottlob! — unverfälscht in Wort und Weise als m e i n Lied bei meinen lieben Landsleuten ob der Enns, in Steiermark oder in Kärnten lebt.

Nur, daß nicht ein neuer Stiefvater mir das Kindlein künftig wieder maskiere, will ich — in aller Bescheidenheit — Text und Melodie der ersten Strophe hier beifügen:

"Der Weltverdruß".

Und jetzt will ich den Faden der Erinnerung dort wieder aufnehmen, wo ich ihn fallen ließ.

Vielleicht das freundlichste Ereignis meiner Kinderzeit bildete schon am Schlusse meines ersten Studienjahres ein Brieflein meiner jüngeren, mir unter den Geschwistern allzeit am nächsten stehenden Schwester Luise, welches die Mitteilung enthielt, die ersten „langen" Ferien brächten mir eine große Ueberraschung. Wir würden nur wenige Tage noch in Lambach verbringen, denn der Vater habe Schloß Lindach mit Brauhaus und großer Landwirtschaft in der näheren Umgebung von Gmunden gekauft und wir stünden nahe vor dem Umzug. Ein Schloß! Ein Schloß! In meiner Seele erwachte der schlummernde Stolz des seligen Großvaters, der geharnischte Geist des mütterlichen Ahnherrn, des Ritters von Steinhauser. Alle Bilder von Burgen, alle Geschichten und Märchen von verwunschenen Jungfrauen und bösen Drachen durchstürmten mein Herz und ich bildete mir ein, mein guter Vater, der friedliche Landwirt, der seine Gäste mit Küche und Keller und, wenn er ins Plaudern kam, mit zahllosen lustigen Anekdoten erfreute, müsse nun so etwas wie ein Burgherr, meine Mutter eine Burgfrau, ich aber ein Schloßjunker werden, vor dem das ganze Dorf in Respekt ersterben müsse.

Daß ich nachher meine guten Eltern, meine schlichten, klugen Schwestern und meinen dicken, gutmütigen, praktisch denkenden Bruder Karl zu diesen romantischen Ideen nicht zu bekehren vermochte, war durch mehrere Jahre mein einziges Unglück.

Kaum also in Altlambach zu den Ferien eingetroffen, hieß es, die alte Kutsche besteigen und mit den Eltern und Luise nach Lindbach rasseln auf der Straße durch das „lange Holz".

Die Besitzerin Lindachs war eine — neunzehnjährige — Witwe. Als die Begrüßung vorüber und nach geordneter Angelegenheit das „Schlüsselgeld" ausgehändigt war, faßte die Dame mich an der Hand und führte mich hinab in den Garten, an dessen Ausgang der runde Weiher lag, der durch einen Bach genährt wurde und, kreisrund wie er selber war, eine runde Insel enthielt, zu der eine flache Stegbrücke hinüberführte. Weidengebüsche um Insel, Weiher und Bach sowie um einen zweiten kleinen Teich und ringsum Rasen gestalteten den ganzen Hofraum hinter dem Schlosse zu einem erweiterten Garten. Und nun sprach die Dame zu mir: „Junger Mann, jetzt lege ich Ihnen meine geflügelten Lieblinge ans Herz." Darauf tat sie einen Pfiff, es quackte, rauschte im Wasser heran und flatterte ans Ufer: es waren zahlreiche, nicht scheue, aber echte Wildenten. Reinste Rasse der Stockente (anas boschas).

Mit solchem Pfiffe sollte ich die Tiere anlocken, manchmal mit Weizenkörnern und Malztrebern füttern und so die Wasservögel zur Brutzeit gewöhnen, ihr Brutnest nicht auswärts, an dem fernen Traumflusse oder auf moorigen Waldgründen, sondern hier bei Weiher und Teich des Schlosses anzulegen. Ich gab ihr das Versprechen, ihre Lieblinge zu hegen und nicht grausam abschießen zu lassen und habe es nach ihrer Abreise, soweit es in meinen Kräften stand, mit Pünktlichkeit und Treue gehalten. Mein braver Instruktor, der die Ferien stets bei uns verbrachte, Johann Pichler, ein Stablinger, schleppte mir alle naturgeschichtlichen Bücher und Bilder über die Wasservögel und ihre Lebensbedingungen zu und ich warf mich mit solcher Begeisterung, ja Einseitigkeit, auf meinen Sport, daß ich buchstäblich geraume Zeit nur ein einziges Ideal kannte — meine wilden Enten! Ich zeichnete und malte sie in allen Stellungen, ich belauschte sie in allen Lebensäußerungen, ich lernte quacken wie eine Ente und, weil die Enten besonders in mondhellen Nächten am geschwätzigsten und geselligsten sind, machte ich durch mein verstelltes Quacken die verliebten Enteriche, die mich im Dunkeln nicht bemerkten, vom Ufergebüsch aus förmlich rebellisch und eifersüchtig. Der Enterich besitzt bekanntlich kein lautes Quacken, nur eine leise heisere Stimme, also mußte es eine verwunschene Ente sein, die durch meine Neckerei den lustigen Zauber bewirkte.

Und nun wurde ich auch noch erfindungsreich. Aus meinem Buche erfuhr ich, daß die Entenweibchen kein festes Nest bauen und oft ihre Eier an verschiedenen, nicht günstigen Stellen verlegen. Aehnlich wie die Hausenten. Zwischen Ostern und Pfingsten, wo die Brütezeit eintritt, machte ich einfache, tellerförmig flache Riedgrasnester am Ufer. Wie man dem zahmen Geflügel, den Hennen, damit sie ansitzen,

Eier vorlegt, so legte ich in jedes Nest ein Entenei. Aber — nun kam die Schwierigkeit! Ich hatte nur über Hausenteneier anfänglich zu verfügen. Diese sind von weißer, reiner Farbe. Das Wildentenei ist graublau mit zarter Marmorierung. Was nun tun? Ich ließ durch die Köchin mehrere Hausenteneier mit einer Nadel durchstechen und sorgfältig den Inhalt ausblasen, damit er nicht faule. Dann tauchte ich meinen Pinsel in Berlinerblau und Kremserweiß, trug die Mischung licht und wässerig über die Schale auf und erzeugte die Marmorierung mit leichtem Darüberstreichen der inneren Handfläche. Die zarte Faltung der menschlichen inneren Handfläche mit geschickter Drehung, gibt dem feuchten Anstrich jene täuschende Marmorierung, die rasch eintrocknet. Solche leere, bemalte Eier legte ich — je eines — in die künstlichen Ufernester und erlebte bald die Freude, daß, besonders auf der Insel, die List größtenteils gelang, und dem Neste bald junge Entlein mit der glücklichen Mutter entwackelten.

Die Tiere wurden mir so anhänglich, daß beispielsweise eine Mutterente, die dem Neste entstiegen, ihre Kinder ins Wasser führte, um sich ein wenig auszuflügeln, nach so langer — dreiwöchentlicher — heißer Sitzung im Neste, ihre Schar dicht vor meinen Fuß heranbrachte und dann sich in die Lüfte hob, um erst nach einer Viertelstunde in großen Kreisen wieder zurückzukehren und mir die Kinder abzunehmen. Eine andere Wildente, welche uns über drei Wochen abgängig gewesen war, und, wie mir Bauersleute verraten hatten, in einem Waldmoore, eine halbe Stunde Gehweges von Lindach entfernt, ihre Eier gelegt und neun Entchen ausgebrütet hatte, kam eines Morgens zu Fuße über Felder und Wiesen daher mit all ihren Kindern gewandelt und erbrachte selbst für die bösesten Zweifler den besten Personalausweis durch ihre Zahmheit und Zutraulichkeit, mit der sie das Futter, das ihr meine Schwester Luise streute, entgegennahm.

Auf diese Weise wurde ich überhaupt ein großer Tierfreund. Die Hühner, die Enten, die Pfauen, die Singvögel waren meine guten Freunde. Aber höher als alles stand mir die Natur in Wald und Feld und — meine Bücher. Mein Schlafgemach hieß die Bibliothek. Da ein Ritter aber auch reiten muß, so freute ich mich königlich, als der Vater die prächtige Stute Fanny, ein Reitpferd, in Gmunden gekauft hatte, zunächst für seine Geschäftsausflüge als leichtes Wagenpferd. Ich bediente mich der praktischen Beihilfe meines guten Bruders, es heimlich, wenn der Vater abwesend war, zu satteln und zu zäumen. Welche Wonne, durch Feld und Wald an schönen Hochsommertagen dahinzureiten zwischen schattigen Obstbäumen, an ruhigen Bauerngehöften vorbei. Ich hatte eben vieles von Don Quichote im Leibe!

Und nie vergesse ich ein komischgefährliches Ereignis. Im Pfarrhofe war auf kurzen Besuch die sehr junge und sehr hübsche Schwester des geistlichen Herrn, Fräulein Maria, eingezogen. Durch meine Enten und Hühner konnte ich wenig Eindruck auf sie machen. Sie besuchte hie und da meine Schwester Luise, beachtete mich aber verhältnismäßig wenig. Mein Bruder mit seinem großen Schnauzbart und seiner Guitarre war jedenfalls imponierender. Um also die Aufmerksamkeit auf mich zu lenken und darzutun, daß ich über die Knabenzeit hinaus sei, ließ ich mir eines Morgens von Bruder Karl die Fanny besonders flott satteln und jagte, weil ich das Fräulein am Fenster vermutete, auf der holperigen Bauernstraße am Pfarrhause vorüber. Aber das Unglück wollte es, daß gerade in diesem Augenblicke ein beladener schwerer Mistwagen mir zur rechten Seite entgegenkam, bei enger Krümmung des Weges. Ich riß das Pferd zur Linken, dieses aber, im vollen Laufe, stolperte über einen mächtigen Steinblock und stürzte mit mir zu Boden. Wie glücklich der Fall auch endete, wie rasch ich auf den Füßen stand und das Pferd in die Höhe brachte, — der Sattel war unter den Bauch gesunken, mein Reiterstolz war vernichtet, mein Nimbus auf immer zum Teufel gegangen vor der Schönen.

War es da ein Wunder, wenn ich auch bei meinen anderen ritterlichen Anschauungen wenig Verständnis fand? Es empörte mich, daß oft wohl von unseren Kühen und Ochsen, von unseren Stallungen und Scheunen, von unserem Bräuhaus, das mein Bruder verwaltete, niemals aber etwas von der Geschichte des Schlosses gesprochen wurde. Eines Tages entdeckte ich auf dem finsteren, alten Dachboden ein großes, ehrwürdiges Oelgemälde im vergoldeten Rahmen. Im Triumphe schleppte ich es herab. Es war ein Jagdbild, mit guter Kunst gemalt. Ein Jägersmann in der Tracht der Zopfzeit beugte sich über einen Zaun nach vorne zu, um vom Boden einen prächtigen erschossenen Fuchs emporzuheben.

Das Bild entzückte mich, ich reinigte es vom Schmutz und Staube und hing es zu den offenbar gleichalterigen großen Gemälden im Flur des ersten Stockwerkes andächtig auf. Als ich es nun aber näher betrachtete und die verdunkelten Farben in der öligen Feuchte sich wieder belebten, da sah ich, daß der Maler das Bild lokalisiert hatte, wohl zu Ehren eines längst vermoderten Schloßbesitzers. In der Ferne, hinter dem Zaune, sah man deutlich Schloß und Kirche von Lindach. Nahezu in derselben Gestalt, wie gegenwärtig. Nur der Garten am Weiher war, statt mit einem Lattenzaune, mit einer Mauer umgeben, an deren zwei äußeren Ecken sich runde Türme befanden. Also — Lindach war einstmals ein wehrhaftes Schloß! Ein wehrhaftes Schloß! Und die prosaische, glatte Zeit hatte seinen Wehrschmuck niedergerissen! Wie war diese Sünde, dieser Ungeschmack wieder gutzumachen?

Mein Bruder verlachte mich, als ich mich seiner Beihilfe

versichern wollte. Meine Schwestern zuckten die Achseln.
Amalie, die ältere, dachte mehr an ihren Bräutigam, als an
meine Schrullen.

Nur meine, übrigens uns alle an Vernunft übertreffende
Mutter hatte so viel Nachsicht, daß sie es liebevoll zu über-
hören schien, wenn ich beim Frühstück oder Mittagsmahl zum
Lachen des Vaters meine Gedanken laut werden ließ, wie
man unseren Garten wieder mit Mauern und Türmen ver-
sehen müsse. Ich gebe zu, es war eine Torheit. Aber diese
törichte Träumerei wurde mir im Laufe der Jahre zu einer
ungeahnten Quelle des Vergnügens. Ich wußte nur damals
nicht, was mich an Mauern und Türmen so anheimelte und
reizte. Viel später erst lernte ich ein gelehrtes Buch kennen,
das in Bildern die Entwicklung des deutschen Burgenbaues
anschaulich an geschichtlichen Denkmälern darlegte. Ich studierte es gründlich und erweiterte meine Kenntnisse auf
Wanderungen und Reisen so leidenschaftlich, daß ich heute
imstande bin, das Eingangstor einer längst verfallenen, ja
verschwundenen Burg, nach den Umständen der Lage des
Ortes und nach den Gesetzen der mittelalterlichen Verteidi-
gung genau zu bestimmen. Wahrhaftig, ich lebte seit diesen
Studien in einer Welt von wahren Luftschlössern. Ja selbst
in dieser Stunde noch wissen meine vertrautesten Freunde,
daß ich dieses Sportes nicht mehr entraten kann und wo ich
bin und weile, nach alten Gebäuden spähe, und, wo sich eine
Spur verschwundener Baudenkmale zeigt, ihr liebevoll nach-
gehe. Unzählbar aber sind die Hügel und Höhen, auf denen
meine spielende Phantasie ihre geträumten Luftschlösser erbaut hat. Ein altes Städtchen ist mein höchstes Entzücken.

Mein „Stefan Fadinger", der heimatliche Bauernheld
des siebzehnten Jahrhunderts, wäre mir nie so lebendig geworden, wenn ich nur die Zeitgeschichte aus Büchern, nicht
den ganzen Schauplatz jener Ereignisse auf einer fröhlichen
Wanderung mit meiner jungen Frau von Gau zu Gau, in

Feld, Dorf, Markt und Stadt, Bauernhaus und Wirtshaus, studiert hätte. Auf dem Maierhoferberg, wo die Nachkommen des Bauernführers Zeller in einer Nebenlinie noch heute siedeln, fand ich die bildhübschen Modelle für die „Gretel" und ihren Bräutigam. Immer steigt ein Segen und eine Urkraft für den Dichter aus der Erde empor, deren Gestalten er beleben und festhalten will. Poet und Land gehören zusammen.

Um aber nochmals auf meine Gymnasialzeit zurückzukommen, so bekenne ich gerne, daß mir nach so idyllischen Sommerferien die Rückkehr nach Kremsmünster und in den Hungerturm in den ersten vier Jahren geradezu schrecklich war. Der Gegensatz zwischen Freiheit und Ueberwachung, Heimat und Fremde, Bummelei und Schulzwang hat wohl für jedes junge Geschöpf etwas Unfreundliches. Meine Natur hatte aber etwas Ueberspanntes, Exaltiertes — Liebe oder Haß — etwas Drittes verstand ich nicht. Und so fühlte ich mich oft sehr unglücklich. Aber die Zeit hat eine unbemerkt gewaltige Macht. Abgesehen von den Veränderungen, die sich später in meiner Familie zu entwickeln begannen, übte das Zusammensein mit guten, lieben, auch originellen Kameraden einen immer mehr wachsenden Zauber. Waren wir das Jahr über in unserer Vorstellung Gefangene, so bewährte sich allmählich das Sprichwort an uns: Geteilter Schmerz ist halber Schmerz. Bald sollte es bedeuten: Gemeinsame Spitzbüberei ist Seligkeit!

Die Umgebung von Kremsmünster ist ein fruchtbarer, ländlicher Garten. Am Saume der Felder und auf den Wiesen um die Bauernhöfe gab es eine Fülle von Baumfrüchten. Nach dem Sprichwort: „Ein Student und ein Hund frißt jede Stund'" benützten wir unsere freien Spaziergänge zu kleinen Raubzügen. Daß uns das Landvolk mit seinem angeborenen Mißtrauen oft sehr unfreundlich verjagte, ist nicht zu verwundern. Ein gewisser „Leister", dessen Geistesgegenwart in kritischen Augenblicken unter uns berühmt war und der später höchst würdevoll zu einem hochgeachteten Pfarrherrn sich entwickelte, soll sein Feldherrntalent der Sage nach bei folgender Gelegenheit erprobt haben. Einige Jungens in seiner Begleitung erkletterten einen hohen Baum, um ihn zu plündern, will sagen, die Früchte herabzuwerfen. Der Baum stand dicht neben einem Ackerfelde, wo gearbeitet wurde, weshalb der Raubzug in möglichster Stille und Unbemerktheit vollbracht werden sollte. Leister stand als Wachtposten am Fuße des Baumes. Das Knacken der Aeste aber und vielleicht einige unvorsichtig herabgerufene Worte lockten die mißtrauische alte Bäuerin vom Felde herbei, nachzusehen, was es da gebe. Auf einen Wink Leisters hielten sich die Jungens vorsichtig in der Baumkrone still geduckt und versteckt. Hätte sich ein Einziger gerührt und verraten, so hätte die Alte Lärm geschlagen und die Arbeiter wären herbeigelaufen. Als sie Leister ruhig stehen sah, trat sie an ihn heran und fragte ihn, was er da stehe und sehe. Mit philosophischer Ruhe faßte sie der Schlaue an der Schulter, drehte sie mit besorgter Miene nach der entgegengesetzten Richtung des Ortes, deutete mit dem ausgestreckten Arme in die Ferne und sagte mit stoischer Ruhe: „Da schau' hin, Weiberl, hast's auch gehört? Geh' heim! Ein fürchterliches Wetter kommt dort unten herauf von der Donau." Während die Alte abgewendet und ganz verblüfft nach der Donau (die übrigens gar nicht in der Gegend von Kremsmünster fließt), zu schauen gezwungen war, stieß er einen Pfiff aus, die Jungens rutschten und sprangen blitzschnell wie Eichkätzchen vom Baume, und ehe die Alte zur Besinnung kam, war die kleine Rotte verschwunden samt ihrem Führer.

So gerecht die Entrüstung dieser Bäuerin gewesen sein mag, so ungerecht und empörend erschien uns das Benehmen der sogenannten „Major=Jettel". Diese Alte — ich weiß nicht mehr, ob Frau, ob Jungfer, bewohnte ein buchstäblich vom „Zahne der Zeit" zernagtes, mit faulen Schindeln gedecktes, abschreckend (wie sie selbst) häßliches Häuschen mit einem Nutzgärtlein davor. Der elende Staketzaun, zermürbt und geflickt, hätte schwerlich unsere hurtigen Füße oder Hände gehindert, rasch einige der frischen Rosen, Nelken oder Fliederblüten zu erhaschen, wenn nicht ihr ewig wachsames, böses Auge sozusagen Tag und Nacht auf der Lauer und ihre noch böseren, bissigen, blaffenden und quiekenden Pintscher auf der Wacht gewesen wären. Ohne daß wir auch nur den Zaun berührten, ging jedesmal bei unserer Annäherung ein wütendes Gebell und Gefletsche ihrer Bestien los, und wie die Hexe von Endor erschien sie selbst augenblicklich hinter dem Fenster und schrie in den höchsten Tönen eine Sturmsalve von Drohungen und Schmähworten heraus, daß wir, nicht aus Furcht, sondern aus natürlichem Abscheu vor dieser Hexe kehrtum machten.

Viel bedenklicher aber entwickelte sich unser Verhältnis zu den Gesellen und Lehrlingen des bürgerlichen Gewerbes. Die Rauflustigen unter uns, die diesen Kindern der körperlichen Arbeit den Spottruf „Philister" entgegenwarfen, entzündeten die Feindschaft bis zu gegenseitigen Kämpfen und Ueberfällen, welche, als ein Student in die Tiefe eines Steinbruches gestürzt worden war, sogar das Eingreifen des Gerichtes herausforderten.

Da ich körperlich kein Riese war, und eigentliche Roheit mir allzeit verhaßt blieb, wurde ich in keinen Kampf verwickelt. Wohl aber kam ich einst bei undurchdringlichem Herbstnebel einigen Kameraden, welche von solchen „Knoten" umzingelt standen, durch mein Komödiantentalent und meine Stimmgewalt in komischer Weise zu Hilfe. Sofort erkennend, daß hier eine Minderzahl eingeschlossen sei, stimmte ich ein förmliches Kriegsgeheul an, simulierte in allen Tonarten ermutigenden Zuruf, schrie jedem „Knoten" ins Ohr: „Hallunk, wir haben dich! Kameraden! Sieg! Bravo! Kameraden, herbei! Alles niedergeschlagen! Studenten, heraus! Viktoria!" — wodurch „der Freiheit eine Gasse" entstand, der Ring sich löste, und die Befreiten selber glaubten, ich hätte sie mit einer Hilfsschar herausgehauen. Im Nebel zogen wir unbehelligt davon.

Es geziemt sich wohl, mit einigen Worten unserer Lehrer zu gedenken. Die Dankbarkeit gebietet mir, zu bekennen, daß, wie mangelhaft auch die alte Methode, wie knöchern die vorherrschende Drillart des mechanischen Büffelns, wie vernichtend für manchen die launenhafte Despotie des herrschenden persönlichen Regiments auch war, wir dennoch gerade in der Macht der ausgezeichneten Persönlichkeit einzelner unvergeßlicher Jugendbildner einen Trost und eine Förderung fanden, welche hoch über den bureaukratischen, von Jahr zu Jahr wechselnden Methoden und Vorschriften eines späteren Erziehungsjammers stand.

Wie schmerzlich wir auch unter dem Drucke und der Reizbarkeit einzelner Pedanten und Choleriker leiden mußten, diese wenigen hochgebildeten und edlen Männer, ohne Zweifel selbst nicht glücklich, und jedenfalls wenig verstanden, retteten uns Gemüt und Geist und dürfen und können, wie lange sie auch dahingegangen sind, in meinem Herzen nie begraben werden.

An erster Stelle nenne ich meinen geliebtesten Lehrer, den Germanisten Amand Baumgarten. Alles, was in mir schlummerte an Sehnsucht und Anlage für das schöne lebendige Wort, für Rede und Rhythmus, für Sinn und Fabel, für Ernst und Andacht, für Höhes und Tiefes, für Fröhliches und Trauriges, sein richtiger Blick, sein liebevoller Eifer, sein strenger Ernst, sein edles Beispiel hat es erweckt, hat es gepflegt, hat es entwickelt. Nur die Verständnislosen konnten seine Geduld, seinen Eifer, seinen gerechten Zorn wunderlich nennen. Sind wir im großen und ganzen nicht alle wunderlich? Um nur ein kleines Beispiel seines unbefangenen Geistes seinem Schüler gegenüber vorzubringen, so erinnere ich mich oftmals seiner wiederholten Aufforderung, ich möge ihm kleine poetische Versuche vorlegen, zu einer Zeit, wo ich mir derlei selbst noch nicht zugetraut hätte. Er mochte nur aus der Natur meiner deutschen Aufsätze derlei vermutet haben. Als ich einst eine kleine Ballade vollendet hatte, oder richtiger, eine Romanze, deren Held Kaiser Karl der Fünfte war, welcher nach der siegreichen Schlacht von Mühlberg und nach dem Tode Martin Luthers aufgefordert wurde, das Grab dieses „Ketzers" zu zerstören, da ließ ich nach der Ueberlieferung den Herrscher diese Tat streng von sich weisen:

Und hab' ich den Lebenden vormals bekämpft,
Nicht soll mir's der Tote entgelten.

Ich weiß nicht, wie ein katholischer Ordenskapitular von heute solch' ein halblutherisches Gedichtlein aufnehmen würde. Mein Meister Amandus, die Naivität und Ahnungslosigkeit meiner Natur kennend, tadelte und lobte nur Fehler und Vorzüge der Arbeit, nicht den Stoff, und ermunterte mich weiter. So hoch stand sein Geist und sein Herz über der damaligen dumpfen Unduldsamkeit und blinden Glaubensbeschränktheit, ohne aber im geringsten anderseits von jenem falschen Liberalismus verdorben zu sein, der unsere geistreichen Kreise später zu willigen Knechten eines internationalen Nihilismus gemacht hat. An solch einen Lehrer denkt die Erinnerung mit unauslöschlicher Dankbarkeit zurück.

Ueber seine gelehrte Disziplin in germanistischen Fragen war die damalige Unterrichtsleitung von solcher Hochschätzung erfüllt, daß sein Urteil stets von Gewicht war. Als edler, lyrischer Poet und verdienstvoller Sagensammler wird er seinen Ehrenplatz dauernd bewahren. Mir war er ein Erlöser.

Eine zweite, unbedingt Ehrfurcht gebietende Persönlichkeit, die den Stempel des echten Genius auf der geistvollen Stirne trug, war unser Klassenvorstand in der Ultima, Beda Püringer.

Er war ein ausgezeichneter Historiker und Philolog. Als Lehrer betätigte er sich zu meiner Zeit im Obergymnasium nur in den Fächern der lateinischen und griechischen Sprache. Und diese Stunden waren unsere höchste geistige Erhebung und Erquickung.

Hatte uns sein Vorgänger Edmund, ein kleines, dürres Männchen mit einer Warze auf der Nase, der niemals lachte, mit seinen grammatikalischen Paradigmen und Notizen, seinen Mördergruben von Ausnahmen und Unregelmäßigkeiten der Grammatik zur hellen Verzweiflung gebracht und mir einen förmlichen Abscheu vor den geschundenen Klassikern beigebracht, weil auf jede Zeile Textes zehn Zeilen grammatikalisch syntaktisch philologisch historisch dialektischer Beherzigungsnotizen folgten, die absolut gebüffelt werden mußten, — so wußte uns Beda mit kurzen wesentlichen Winken, ohne jeden pedantischen Ballast in den Geist und die Schönheit der antiken Dichtung einzuführen. Spielend ging er, wo es sich geziemte, über den Rahmen des Schulhorizontes hinaus und suchte durch Heranziehung sinnverwandter Beispiele aus Kunst und Geschichte uns in eine höhere Region des Verständnisses und der Empfindung zu erheben. Und hier zeigte sich, daß die Jugend für w a h r e geistige Wohltaten Verständnis und Dankbarkeit besitzt. Während manche unserer Lehrer mit komischen, einige sogar mit wahrhaft greulichen Spitznamen bedacht waren, erhielt und behielt er den Ehrennamen „Beda venerabilis".

Ueber seiner Vergangenheit lag, wenigstens in jener Konkordatsperiode, für uns ein verhüllender Schleier. Er soll im Jahre 1848 als Abgeordneter in das deutsche Reichsparlament gewählt worden sein. Die Betschwestern behaup-

teten, er habe dort für die Aufhebung des Zölibates gestimmt.
Ich kann es nicht verbürgen. Ebensowenig Sicherheit
besitzt eine mündliche Mitteilung, daß er, von dort zurückgekehrt, bei seinen Obern in tiefe Ungnade fiel, auf sein geliebtes Lehramt verzichten mußte und auf entfernte Bauern-
pfarren verschickt wurde.

Im Buchhandel längst vergriffen ist seine Dichtung „Der
Christbaum", ein Poem im Geiste von Schillers Glocke,
welches das gesamte menschliche Leben darstellt. Es ist
Görres gewidmet.

Bei der damaligen strengen Reaktion und dem unduld-
samen Klostergeiste konnten wir nur einige lateinische Gedichte und eine 1850 als Gymnasialprogrammarbeit erschie-
nene musterhafte Abhandlung, betitelt „Ueber das Wesen
der Dichtung", kennen lernen. Später, nach vielen Jahren,
wurde mir von einem Landsmanne mitgeteilt, daß Beda, der
mittlerweile Gymnasialdirektor und später Bibliothekar des
Stiftes geworden war, nahe daran war, mit Bewilligung
seines Abtes (Coelestin Ganglbauer) bei Buchhändler Fink
in Linz seine gesammelten Schriften in Druck herauszugeben.
Zu früh erlag er jedoch einem Herzleiden.

Das geistige Eigentum des Dichters und Gelehrten ist ver-
schollen. Und nun folge das geistige und leibliche Gegenbild Bedas.

Ein untersetztes, wohlbeleibtes Männchen, zuckend und
nervös im Gesicht, mit einer blechernen, schnarrenden
Stimme, ewig schwankend zwischen halber Verlegenheit und
plötzlich ausbrechendem Zorn, immer in Angst um seine
Autorität, aber auch maßlos in Rache, so steht Siegmund
Fellöcker, der Physiker, dessen Lehrbuch wir büffeln mußten,
unauslöschlich in meiner Erinnerung. Er trug den Spitznamen „der Bauch". Wie oft er sich an meinen langen
Haaren vergriff, wenn er mich in der Zwischenpause außerhalb der Schulbank traf, habe ich glücklich vergessen.

Seine Aufgabe war es, uns zu physikalischen Experimenten in den hiezu eingerichteten altberühmten astronomischen (oder, wie er im Volksmund hieß) mathematischen Turm zu führen.

Die Stunde, in der er das Sonnenmikroskop zur Darstellung zu bringen pflegte, war für ihn die gefährlichste Probe seiner Autorität, für seine Schüler die süßeste Rache für unwürdige Behandlung. Im Hochpunkte dieses, bei verschlossenen Fensterladen in schwärzester Dunkelheit sich vollziehenden Experimentes kam — wenn auch ohne Schaden — sein nicht allzusehr beliebtes Bäuchlein in ängstliche Bedrängnis. Wieso? wird man fragen. Versetzen wir uns also in jene denkwürdige Lehrstunde hinein. Am oberen, schmalen Ende einer langen Tafel, deren Längsseiten beiderseits von den Schülern in dichter Reihe umstellt sind, steht der Professor, das Gesicht gegen die Tafel, den Rücken gegen das hohe Turmfenster gekehrt; neben ihm, als hilfreicher Famulus, der dienstbeflissene „chemische Josef".

Die blecherne Stimme ruft scharf und fast drohend, während er an die Brille greift und mit der Oberlippe nervöse Zuckungen vollzieht: „Also, jetzt aufpassen und ordentlich achtgeben! Wo stehen Sie denn schon wieder, Keim? — — Josef! Schließen Sie die Fensterbalken! — Ich werde durch diese Lichtritze des Fensters einen Floh und eine Laus vergrößert an die gegenüberliegende Wand projizieren."

Nochmals warf er einen funkelnden Orientierungsblick auf die Reihen der Schüler rechts und links. Alle standen so fest und ruhig da, jeder an seinem Platz, wie eine Mauer. Der chemische Josef schloß gehorsam die massiven, schweren Fensterladen. Aegyptische Finsternis erfüllte den hohen Raum, so daß keiner seinen nächsten Nachbar erblicken konnte. Nur eine schmale Ritze, dort, wo sich der Floh und die Laus im Fensterladen auf Glas eingestellt befanden, ließ von draußen einen hellen Strahl des Sonnenlichts herein gegen die bezeichnete Stelle hin und malte das gewaltig vergrößerte Bild des Flohes und der Laus gleich Lindwürmern an die Wand. Eine Zauberei, die uns alle für wenige Minuten fesselte und regungslos zusammenhielt. Aber die Häupter der Verschwörung wollten den günstigen Augenblick nicht gänzlich ungenützt vorüberziehen lassen. Von den beiden Enden her rückten sich, wie auf Kommando, die beiderseitigen Reihen, erst kaum um Fußesbreite, dann um einen halben Schritt gegen den Platz des Professors zusammen. Ein Drängen, wieder ein Ruck, halb freiwillig, halb unfreiwillig, jetzt ein Druck und die gellende, zornängstliche Stimme des gequetschten Professors rief befehlend: „Josef! Die Laden auf! Licht!" Der im Dunkeln selbst bedrängte Josef sprang zu Hilfe, riß die Holzladen auf und helles Licht erfüllte den Raum. Alles stand festgenagelt an seinem Platz, nur der Physikus fuchtelte, ergrimmt über die Ellenbogen, die im Dunkeln sein würdiges Bäuchlein nur ganz zufällig berührt hatten. Es hat sich die Sage gebildet, daß dieses seltsame Experiment oft zwei- bis dreimal durch den Schlachtruf: „Josef, Licht!" unterbrochen werden mußte. Niemals aber ist es vorgekommen, daß ein Mensch mit Bestimmtheit schuldig gesprochen werden konnte. Alle Schuld hatte offenbar — nur das Sonnenmikroskop. Mit der Wissenschaft ist nicht zu spaßen! —

Und hier steigt in meiner Erinnerung eine zweite originelle Gestalt empor, die ich wohl hundertmal schneller und erkenntlicher mit dem Bleistift konterfeit habe, als es mit Worten möglich. Eine groteske, aber eine durchaus gutherzige Gestalt. Es ist Maurus, unser Direktor, unser Geschichts- und Griechisch-Professor. Wir nannten ihn Hinz oder auch Murner. In der Ferne hatte er allerdings etwas Aehnliches mit einem Katzenkopf. Gottfried August Bürgers Ballade „Der Kaiser und der Abt" schilderte etwas von seiner Erscheinung in den Versen:

„Wie Vollmond erglänzte sein feistes Gesicht,
Drei Männer umspannten den Schmerbauch ihm nicht."

Auf dem Kopf trug er eine Perücke. Die Augen waren klein, grau und ewig triefend hinter der Brille, die er beim Lesen oder bei intimem Gespräche auf die Stirne schob. Die Nase war stumpf und durch beständiges Schnupfen etwas emporgeschoben. Sie, sowie das ganze gerötete Gesicht durch Blatternarben gleichsam porös wie ein Schwamm. Der Mund mit dem falschen Gebiß war breit, aber sehr sprechend, mit Krümmungen je nach Bedürfnis: feierlich, verächtlich, sprachlos, schlau lächelnd, wohlwollend gerührt. Das Kinn doppelt. Die Ohren fleischig massiv. Ein Gesicht, das die Unsterblichkeit verdient hätte durch Stift und Pinsel.

Er selbst nannte sich in großen Momenten, so beim Abschiede der Maturanten, „Vater Maurus". Er war eine eruptive, dramatische Natur, nicht so sehr im Geiste, als vielmehr in der Körperlichkeit. Alles an ihm war sprechend. Die hohe Gestalt, die feisten Hände, der Blick, das stöhnende Atmen, die Tonskala der Rede, ganz besonders aber die Nase. Da er nämlich alle zehn Minuten eine tüchtige Prise mit dem Daumen in ihre stets gefüllten Löcher schob, so entbehrte sie fast beständig der nötigen Luft und rächte sich dadurch furchtbar, daß sie, sobald er pathetisch wurde und beim Vortrage in einen Furor geriet, laut zu pfeifen anfing und ganz vernehmlich den Jubelruf „i" ausstieß. Das war keine geringe Respektsprobe für die Neulinge seines Hörsaales. Um das Lachen zu verbeißen, verschwand mancher Kopf anfangs unter der Schulbank oder hinter dem Rücken des Vordermanns. Auch sprach er gern in Hyperbeln. Bei Ludwigs des Sechzehnten Hinrichtung ließ er „tausend Trommeln" wirbeln. Ja, der böse Leumund behauptete hartnäckig, er habe eine Stelle aus Homer, um heftiges Weinen hervorzuheben, mit den Worten übersetzt: „Er brannte eine Träne los." Verbürgen kann ich das allerdings nicht. Wenn man zu ihm ex offo kam, so ließ er den Besucher oftmals vergeblich klopfen, bis ein majestätisch gedehntes „Herein!" den Eintritt gestattete. Aber auch dann blieb er über seinen Schreibtisch gebeugt in emsiger Arbeit sitzen und sagte nur wohlwollend: „Etwas Geduld! Ich habe nur noch an die hohe Statthalterei zu berichten."

Er gebärdete sich bei solcher Gelegenheit gerne als etwas an den Augen leidend. Und da wurde denn folgende Anekdote erzählt. Er berief einen gewissen Schüler Liedel. Als dieser klopfte, rief er: „Herein." Liedel trat vor und verneigte sich. Da schob Maurus die Brille unter seinem grünen Augenschirm empor, wischte sich mit dem großen blauen Sacktuch die chronischen Tränen hinweg, blickte den Schüler zwinkernd an und sagte majestätisch: „Ja, wer sind Sie denn eigentlich? Ich kenne Sie ja gar nicht, Liedel!" Liedel stand sprachlos.

Manches Mal wurde er köstlich satirisch und witzig.

So hatte ich in der siebenten Klasse das Verbrechen begangen, an ein Zeitungsblatt der Stadt Wels ein Kneipgedicht einzusenden. Es sollte eine Verspottung der „Philister" sein, welche einen studentischen Kommers unglücklich nachahmten. Der Titel hieß „Quod licet Jovi, non licet bovi." Das Blatt war in aller Hände. Ich hatte mich mit meinem Kneipnamen „Franz Moor" unterzeichnet, der dem Lehrkörper kein Geheimnis war. Jede Veröffentlichung eigener, nicht schulmäßiger Geistesprodukte war ein Delikt gegen die Statuten. Eine Rüge wurde mir nicht zuteil. Aber am Schlusse des Semesters, beim Examen, wurde ich gerufen und aus Homer geprüft. Maurus fragte mich plötzlich bei einer Vergangenheitsform: „Was ist das? Ist das der regelmäßige Aorist?" Ich sagte feierlich: „Das ist der poetische Aorist!" „Richtig!" ruft Vater Maurus; blickt mich höhnisch an und sagt mit erhobener Stimme: „Denn — Quod licet

Jovi, non licet bovi!" Seine Nase pfiff ein hochgestrichenes „i" dazu — und alles lachte.

Ein hellbesonnter Schwarm von unvergeßlichen Gestalten zieht an mir vorüber, wenn ich jener frühen Jugendzeit gedenke. Was für ewige Freundschaften haben wir da nicht geschlossen! Wie viele goldne Hoffnungen haben wir da nicht gesät! Wo ist der Kreis der lustigen Gesellen? Wo sind die Hirngespinste und Phantasien, die des Lebens Nüchternheit, Klugheit oder Unbarmherzigkeit bei den meisten von uns vertilgt, geschwächt, oder in ihr Gegenteil verpfuscht hat! Wie wenige sind glücklich, wie wenige sich selber treu geblieben! Wie viele fanden längst ihr Grab! Einer aber lebt noch froh und guter Dinge! Diesem bin ich vor allen den herzlichsten Dank schuldig. Hätte mich mein Schulgenosse Johann Schauer — nachher ein gewaltiger Jurist und Bürgermeister, obendrein ein hochbegabter Maler — nicht vor dem Tode des Ertrinkens gerettet, dem ich schon verfallen schien, so wäre mein Dasein ein allzu früh vom Zweige gesunkenes, vergessenes Blatt geworden. Diese Tat gesegne ihm Gott!

Und ein zweiter ist mir lieb und treu geblieben bis an seinen Tod, mein Kollege Gustav Lott, der Frauenarzt. Also seid nochmals gegrüßt, ihr fröhlichen Schatten, besonders ihr, meine zeitweiligen Stubengenossen, Krako, du Schalk, später feiner Humorist und hochverdienstlicher Landesarchivar! Holter, du tapferer Achill im Kampf, jetzt Volkserwählter! Harant, grimmer Borer, jetzt auf deinen Lorbeeren ruhender Rechtsanwalt, Stankerl Gruber, Spartaner, jetzt Vater magyarisch entfremdeter Kinder! Reidinger, du allzeit gemütlicher Tabakpfeifenraucher! Du bist später ein wackerer dichtender Dechant geworden! Freund Styr, du bist närrisch und elend gestorben! Wie gerne möchte ich euch alle noch einmal zurückbeschwören. Aber ihr kommt nicht mehr. Der Bürgermeister sitzt in Wels oder zu Linz im Landtag. Harant sitzt im Ruhestand zu Steyr. Mein lieber treuer Gustav Lott, der

Hochschulprofessor und Frauenarzt, in Wien, der allein von allen mit mir in engster Berührung geblieben war, ist vor kurzem uns vorausgegangen zur ewigen Ruhstatt. Einen aber will ich noch emporrufen, obgleich er uns allen längst als Jüngling ins Grab vorausging, einen armen, guten Gesellen und — Dichter! — Josef Fehringer, ich gedenke dein! Ob sie in unsrer gemeinsamen Heimat dich nicht vergessen haben — ich weiß es nicht. Du warst zu jung, zu ärmlich und unstät, zu dämonisch verwildert durch Schicksale, als daß du uns ein Buch deiner landfahrigen, niemals gesammelten, am Wege verlorenen Lieder hättest hinterlassen können, bevor du, fern von deinem Vaterhaus, nahe bei Wien, ich weiß nicht wo, begraben wurdest. Einstmals, beim Wiedersehen — du kamst als Marodeur nach dem Feldzug von 1859 nach Kremsmünster zurück — gabst du mir zwei kleine Blätter, mit blasser Tinte beschrieben, kurz, eh wir uns wieder trennen mußten.

Ein einziges Gedicht, das du Heimatloser niederschriebst, will ich diesen vergilbten Blättern entnehmen und will es in diese Erinnerungen flechten als Lorbeerkranz treuen Gedenkens an dich, du Frühgeschiedener!

Andalusische Sehnsucht.

Könnt' ich wieder doch den blauen
Glutdurchwogten Himmel schauen
Von des Guadalquivir Strande!
Oed' und traurig ist's geworden
Mir im nebeligen Norden,
In dem feuchten, kalten Lande.

Möcht' ins Land der stillen Myrten
Wieder ziehn, wo's Lied der Hirten
Tönt zum Klang der Mandolinen;

Wo auf luftigen Geleisen
Südens wollustreiche Weisen
Zitternd mählich meerwärts rinnen.

Wo Aegyptens braune Truppen
In phantastisch schönen Gruppen
Lagern auf den weichen Triften,
Und im holdgeschlungnen Reigen
Mädchen Wuchs und Schönheit zeigen,
Goldgegürtet an den Hüften.

Möcht' Sevillas Prachtpaläste
Wiedersehen, deren Feste
Rauschen, ambraduftumfächelt;
Wo dem festlichen Gepränge
Einer heitern Menschenmenge
Ewig rein der Himmel lächelt.

Wo in mitternächt'ger Kühle
Schlummernd in dem Rosenpfühle
Die Alhambra Märchen träumt,
Wie an ihren prächtigen Toren
Einst die goldumflirrten Mohren
Ihre Schlachtenroß' gezäumt.

O ihr Gau'n, ihr reizereichen,
Seid am besten zu vergleichen
Einem schön geschmückten Altar,
Drauf von Südens hehren Söhnen
Weihrauch duftet heitern Schönen
Von Murena bis Gibraltar.

Diese Verse eines Gymnasiasten, im Kolorite Freiligraths, lassen sie uns nicht erkennen, daß ein besseres Schicksal als

Armut und Heimatlosigkeit, daß die glückliche Sonne eines längeren Lebens, Mannesreife und Erfahrung aus dem Schönbegabten, Vielversprechenden einen wahren Dichter erzogen hätten? Josef Fehringer, ruhe sanft! Dein Gedächtnis will ich heilig halten.

Und nun nehme ich von Kremsmünster Abschied, indem ich zum Schlusse noch jenes unvergeßlichen Kommerses gedenke, den wir Oktavaner und Septimaner zur hundertjährigen Gedächtnisfeier der Geburt Friedrich Schillers, mit löblicher Zustimmung des Lehrkörpers in unserer Stiftskneipe festlich begehen durften. Man hatte mir das Präsidium übertragen und ich eröffnete das Fest mit eigenen Versen. Der große Gedanke deutscher Zusammengehörigkeit, der damals die ganze gebildete Welt durchbrauste und das Jahr 1859 zu einem Markstein unseres Volksbewußtseins erhob, zitterte auch durch unsere jungen, frohen Herzen und wirkte das erste große Wunder in meiner Brust, das die folgenden, zweifelvollen, oft bitterbösen Jahre nicht mehr verdunkeln konnten: die Ahnung, daß wahre Kunst und Nationalgefühl Zwillingsschwestern sind.

Als ich im Herbste 1860 die Wiener Hochschule bezog, war ich mir am allerwenigsten darüber im klaren, was ich eigentlich werden sollte. Für ein Brotstudium hatte ich nicht den geringsten Geschmack. Von Hause aus ein bißchen verwöhnt, unbekannt mit den Härten des Lebens, vollständig ohne Programm, ließ ich mich in die juridische Fakultät eintragen. Ein Phantast und Träumer, wußte ich nicht, was ich tat. War es die Trockenheit dieses Studienzweiges, war es die Monotonie der Vorträge, ich fühlte mich angeödet, abgestoßen und bis zur Verzweiflung niedergedrückt. Ich floh den Hörsaal, der mir keine Anregung bot, ich schauderte vor den Paragraphen des bürgerlichen Gesetzbuches und stürzte mich nach dem Ziele meiner großen Sehnsucht, — dem Hofburgtheater, um mich selbst zu finden.

Noch lebten meine Eltern in verhältnismäßig nicht ungünstigen Verhältnissen. Waren sie auch inzwischen nach Gmunden übersiedelt und besaßen statt des Schlosses einen bescheidenen Gasthof, — ein junger Mensch von zwanzig Jahren mit Phantasie und Lebenshoffnung rechnet nicht, bevor die Not des Lebens ihn dazu zwingt. Und meine gute Mutter ließ es mir, solang sie es vermochte, an nichts fehlen. Also floh ich das Korpus juris und besuchte um so eifriger die Leihbibliothek Last und das Theater.

Ja das Burgtheater! Das alte Burgtheater! Wer ein Anbeter des heutigen Zeitalters ist, wer das meist schnodderige, aufgedonnerte, nervenaufreizende Theaterwesen von heute als Kunst betrachtet oder als Vergnügen besucht, der ist mit seiner Seele von allen Himmeln des wahrhaft Schönen ausgeschlossen. Es war und ist und bleibt mein hohes Glück, daß ich jene Blütezeit unserer heimischen Bühnenkunst und Bühnendichtung durch Jahre in reichen, vollen Zügen genießen durfte.

Heinrich Laube stand noch im Zenit seines Theaterregimentes und alle Künstler, die wir später „die Alten" nannten, blühten noch oder wirkten mit noch ungebrochener Kraft.

La Roche und Löwe, Anschütz und Wagner, Fichtner und Meirner, Hartmann, Lewinsky, Baumeister und Gabillon; bald auch Krastel. Von den Frauen die Rettich, Bognar, Heizinger, Gabillon; bald auch die Wolter und zuletzt die unvergeßliche Wessely.

In den dramatischen Dichtern war ich wohlbelesen. Ich hatte die meisten längst per nefas in der Mittelschule studiert. Kaum in Wien eingetroffen, nahm ich sofort den größten der Großen, Shakespeare, aufs Korn. Alle Kommentare, wie sie Gervinus, Kreißig und andre nach ästhetischen Theorien vom Stapel ließen, warf ich jetzt unter den Tisch und studierte die großen Tragödien und Komödien in ihrer

Lebensfülle von der ersten deutschen Bühne herab. Den gewaltigsten Eindruck empfing ich vom König Lear des herrlichen Anschütz. Damals saß ich, oder vielmehr ritt ich auf der hintersten Lehne der hintersten Bank der vierten Galerie des alten Burgtheaters. Vier Stunden stand ich bis zum Einlaß, drei Stunden saß ich auf der Schneide der eben bezeichneten Banklehne — und zauberhaft belebt stürmte ich nach Schluß vom Theater ins Michaelerbierhaus, um da noch bei Gerstensaft und „gerösteter Leber" mein irdisches Teil zu kräftigen. Solche Abende waren mein Himmelreich. Sie nährten das verborgene Feuer, bis es später aus mir hervorbrach.

Meine literarische Bildung war von Haus aus nicht schlecht bestellt. Die lyrische Periode, die man meist um das zwanzigste Jahr durchmacht, hatte ich, der Zeitperiode entsprechend, absolviert. Uhland hatte mich erfreut, Lenau begeistert, Heine frappiert. Herzlich erquickte ich mich an Viktor Scheffels urwüchsig deutscher Dichtung. Kinkel, Freiligrath, Geibel, alles was singend und klingend war, hatte ich in meine empfängliche Seele aufgenommen. Schillers und Grillparzers feierliche Lyrik aber wirkte minder tief auf mich. Dagegen wie ein voller Glockenton — Goethe.

Mit strengster Gerechtigkeit darf ich aber von mir selbst behaupten, daß ich mich von jeder frühzeitigen Verseschwelgerei und unfertigen Eigendichtung mit unerbittlicher Selbstkritik fernhielt. Ich hatte längst an befreundeten Talenten, ja an bewährten Tagesgrößen die Wahrnehmung gemacht, daß sie von Lieblingsautoren gleichsam geistig so viel verschluckt hatten, daß sie es — ahnungslos — als Eigenes von sich gaben, während ich fühlte, daß es nur Anempfundenes und Anreflektiertes war. Wie hatte beispielsweise das edle Motiv Gretchens, Faustens und Mephistos in Heines Phantomen und Bizarrerien zur gesuchten Karikatur sich verwandelt! Wie wurde Heines besserer Teil, das Buch der Lieder, von allen lyrischen Zeitgenossen schwächerer Sorte verzapft und verwässert. Ein gleiches geschah ja auch Scheffel und seinen Zwillingsbrüdern Baumbach und Wolff mit ihren kecken Spielmannsweisen und ungereimten, vierfach gehobenen Trochäen in der poetischen Erzählung.

Goethes großes Beispiel, nicht ohne ein inneres Erlebnis zu dichten, hätte manchen Epigonen zum ewigen Schweigen verdammt, wenn er nicht das Roß beim Schwanz aufgezäumt und sich selbst Beziehungen und Ereignisse angedichtet hätte, die de facto gar nicht vorhanden waren. Diese Sucht, sich selbst herauszustellen, sich literarisch ins Schaufenster zu stecken, erkannte ich bald als die schlimmste Krankheit unserer Zeit, als die Mutter des Feuilletons, welches dann auch immer besonders von den Halbgeistern und literarischen Handlangern reichlich gepflegt wird. Wer selbst nichts Ausgesprochenes erschaffen kann, der schwätzt oder krittelt beständig über andere. Diese Sorte von Talenten sind die wahren Eckensteher in der Residenz des Geistes; die Hausierer mit angeblich öffentlicher Meinung, die Messerschleifer der literarischen Unsicherheit.

Wie mir dann sehr frühzeitig bemerkbar wurde, daß der täglich hunderttausendfache Verschleiß dieses Lesefutters durch die Zeitungen nicht nur bei der ungebildeten oder halbgebildeten Menge, nein auch in der sogenannten besseren Gesellschaft, ja vielfach bei den oberen Zehntausend das Verlangen nach guten Büchern völlig wettmachte. Das Pikante, das Sensationelle, ja das Perverse waren ein gesuchtes Vergnügen.

Derselbe Geschmack beherrschte, mit Ausnahme der Hofbühnen, wenn auch unter dem Zügel einer oft nicht sehr weisen Zensur, die meisten Theater der Wiener Vorstädte. Ausstattungsstücke wie die Eselshaut, blöde Travestien berühmter Werke und eine wahre Operettenflut, in welcher als populärste Nixe „Die schöne Helena" Offenbachs am lustigsten plätscherte, rissen das liebe Wienervolk in Scharen zu den Possentempeln hin, während wir jungen Schwärmer die klassischen Vorstellungen der Hofbühne zu unserem Erstaunen äußerst lau besucht fanden.

Der gediegene aber nüchterne Altmeister Laube, der im Julius Cäsar, im Coriolan, im Macbeth oder in Schillers und Goethes Dramen mit alten, oft überehrwürdigen Kulissen arbeitete, lockte nur die Feinschmecker des dichterischen Wortes, nicht den großen, rohen Haufen der Zeittotschläger ins Theater. Die späteren Bühnenleiter erst beuteten diesen verderblichen Hang systematisch aus und ihre Nachfolger sind einzig und allein die Vergifter des Geschmacks geworden aus Gewinnsucht.

Schillers unsterbliches Wort vom „Volk der Phäaken" lernte ich leider gründlich verstehen, wie Grillparzers Anspielung auf das „Capua der Geister". Und gerade deshalb, weil ich vom Vater her Blut von diesem Blute bin, ohne ein eingeborener, parteiischer Wiener zu sein, weil ich das Leid und Weh, Not und Niedergang meines Volkes an der Donau mitempfunden und mitgelitten habe, fühle ich es als meine Pflicht, hier ein offenes Wort zu sprechen.

Nichts hat dem ursprünglich guten und verständigen Charakter des echten Wienervolkes mehr geschadet, als jene verderbliche, niemals aussterbende Sorte von Volksschmeichlern, welche in Wort und Schrift nicht müde werden, die Volksseele teils durch verdeckte, teils durch grobe und aufdringliche Verhimmlung zu belügen und einzulullen. Gediegene Schriftsteller wie Ferdinand Kürnberger haben dies öffentlich gegeißelt, haben auch dargetan, daß dieser Dunst jenen selbstgefälligen Nebel verbreitete, der, gesteigert durch die blödesten Ausfälle der dümmsten Witzblätter auf alles, was nicht österreichisch, ganz besonders, was preußisch war, uns in jene verkehrte Politik nach außen und nach innen führte, welche uns dem Rande des Verderbens näher brachte, als unsere blinden und programmlosen Weisen sich träumten.

Da ich aber mit der Politik mich gar nicht auseinanderzusetzen habe und — Gott sei es gedankt! — die Logik der Tatsachen mit eisernen Rädern über die Köpfe dieser schlimmen Ratgeber hinwegging, auch die „deutsche Treue" uns nicht nur über schwere Krisen hinweggeholfen, sondern uns auch über unseren geschichtlichen Weg für die Zukunft belehrt hat, so kehre ich auf mein ausschließliches Gebiet, die Literatur, wieder zurück.

Die Volkssänger, sofern man sie zur populären Gattung einer allerdings geschäftsmäßigen Literatur rechnen muß, spielten zu allen Zeiten in Wien eine durchaus nicht einflußlose Rolle.

Wer jemals auf den grünen Gründen draußen in Neustift, Sievering, Grinzing oder Nußdorf bei einem guten Tropfen in heiterem Kreise bei Sang und Klang einen Abend verbracht hat, der wird gewiß an Leib und Seele ein wohltätiges Wunder empfunden haben, das ihn auf kurze Zeit befreite und enthaftete vom Drucke des Alltags. Wer etwa gar so glücklich war wie ich, dort in einem Kranze von Künstlern, schönen Frauen und Mädchen das auserwählte Wien zu finden und geniale Musik mit Herz und Ohr zu trinken, der wird das nie vergessen. Dieser Genuß des „Heurigen" ist auf der ganzen Erde einzig.

Aber wer kein solches Sonntagskind ist, wer in Staub und Schweiß als kindergesegneter Ehemann, als müder Arbeiter, als durstiger Tropfenfreund, als zufälliger Bummler die Wallfahrt zur Heurigenschenke unternimmt, um seinen Obolus für Wein und Volksmusik zu opfern, der bekommt außer dem körperlichen Dusel auch manches Mal einen poetischen Fusel, der nicht entstanden ist wie jener ewig junge Wein des ländlichen Volksliedes draußen in den Wäldern und Bergen, wo jedermann singt aus Gottes Gnaden, sondern

künstlich gefärbt und geschwefelt ist nach klugen Geschäfts=
marimen, von denen die oberste zu lauten scheint: Sänger,
du mußt am Wienervolk grundsätzlich alles, sogar das
Dümmste loben! Ich bin ja selbst ein Humorist und weiß,
daß beispielsweise in Heiligenstadt beim Heurigen unmög=
lich lauter Heilige sitzen können. Ich habe das Lied vom „Al=
ten Drahrer", ohne selbst einer zu sein, in bester Laune mit=
gesungen. Denn guter Humor steckt an.

Aber es gibt eine Sorte von Liedern, welche geradezu eine
Massenvergiftung unter jenen Gehirnen anrichtet, deren Kon=
struktion vom Hause aus ohnehin nicht die solideste ist. Je
ungebildeter der Mensch, desto eingebildeter. Wer selbst ein
Lump ist, der platzt vor Entzücken, wenn er versteckt oder
offen, geschickt oder plump, mild oder gepfeffert irgendeine
Lumperei in den Himmel erheben hört.

Aber auch dort, wo scheinbar das Gute und Edle des Wie=
ners vom Sänger herausgehoben wird, spürt man manch=
mal so scharf den Pfeffer der Uebertreibung, daß die gute
Absicht wieder vereitelt wird. So ist beispielsweise ein bis
zum Unerträglichen aufgetischtes Thema gewisser Lieder „das
goldene Wienerherz". Was muß sich diese weinselige Ver=
sammlung über sich selber einbilden, wenn es hier in der
Buschenschenke plötzlich belehrt wird, daß die ganze Welt
ein Quark ist gegen das Geringste, was so ein „Wienerherz"
im Spaß vollbringt.

Eitelkeit ist schon beim einzelnen Selbstverblendung. Wenn
aber der Bänkelsänger die höchstgemischte Versammlung
bombastisch in den Himmel hebt, so daß selbst der dumme
Kerl und die falsche Gans sich als patentierte Mustermen=
schen fühlen, dann wird das unechte Volkslied zum echten
Gift. Dahin gehört vor allem auch jener Gesang voll auf=
dringlicher Sentimentalität, der die Zärtlichkeit und Liebe
einer Wienermutter zu ihrem kleinen Kinde schildert. Das
wäre an und für sich etwas ganz Natürliches. Selbst die

ans Lächerliche streifenden, aus dem seltsamsten Born der absonderlichsten Mundartgebilde herausplappernden Entzückungen gehören zur Mache, obgleich sie bombastisch sind und Sentimentalität und Komik sich unfreiwillig auf die Fersen treten. Das alles nimmt man hin als — Volksschmeichelei, wie sie in diesen Kreisen verzapft und vielleicht auch begehrt wird von Menschen, die im Leben durchaus nicht so übersentimental veranlagt sind. Nun kommt aber nach jeder Strophe ein Kehrreim, der an — sagen wir — Anmaßung das Höchste leistet. Sooft sich diese Wienermutter vom zärtlich heißen Unsinn ausgetobt hat, singt der Sänger:

„Das hat kein Schiller g'macht,
Das hat kein Goethe g'schrieben" — — —

Das hat natürlich nur so ein weibliches Wienerherz zu sagen verstanden, wie die Erklärung lautet.

Was muß sich der naive, was muß sich besonders der bildungslose Teil dieser schon weinseligen Versammlungen von diesen zwei dummen Kerlen, Goethe und Schiller, denken, die nicht einmal die blasseste Ahnung von der Mutterliebe hatten und sich erst hier beim Heurigen aus solchem Munde belehren lassen müssen! Ich habe dieses Lied immer als einen Faustschlag auf das gesunde Hirn unseres, der Bildung und Veredlung so bedürftigen und gewiß auch höchst zugänglichen Wienervolkes empfunden. Hat der naive „Dichter" so wenig das Leben und die Werke dieser Unsterblichen kennen gelernt, daß er so kühn ist, ihnen sein Geplapper als Kollegium über wahre Mutterliebe vorleiern zu müssen? Steckt etwa auch in ihm wie in vielen seiner wütenden Beifallklatscher die blinde Wut des literarischen Proletariers über die ihm unausstehlichen Klassiker?

Ich habe aber auch, — gottlob! — die Erfahrung gemacht, daß solche Entgleisungen der falschen Gemütlichkeit, die uns keine Ehre machen, unter die Ausnahmen gehören. Frischer Witz, kecker Humor, gesunde Empfindung sind der

Grundzug des echten Volkssängertums, und Wurzel und Wipfel dieses Baumes leben und sterben nur mit dem Wienervolke selbst. Daß ich aber nicht der Wahrheit aus dem Wege ging und meine Warnung vor der Verderbnis dieses zweifelhaften Elementes unumwunden aussprach, wird mir jeder Freund des Volksgesanges danken, wenn er hört, daß selbst ein Peter Rosegger mir mit Bedauern versicherte, daß selbst die Urheimat des gottbegnadeten Volksliedes, die Almen Oesterreichs, Steiermarks und Kärntens bereits vielfach ihre edlen altheimischen Weisen und G'stanzeln mit jenen zotenhaften Bänkeln vertauschen, die vom Prater und den Heurigenschenken (nicht selten durch die naiven Soldaten) in das Land herausgetragen werden. Einst kam das Volkslied von den Bergen in die Stadt; die Millionenstädte senden ihre Bänkelbazillen wieder ins Land und Gebirg hinaus. Heil uns, daß die Volksliedervereine in neuester Zeit auf der Wacht stehen und daß auch die Poeten der engeren und ferneren Heimat die Reinheit und Schönheit der Mundart und ihrer poetischen Gedankenwelt hochhalten.

Bei solchen Verhältnissen und dem natürlichen Idealismus meiner Jugend konnte weder das Possen- und Operettenwesen der vorstädtischen Bühnen, noch das oben bezeichnete Bänkelgeleier und falsche Urwienerwesen mich erfreuen und anziehen. Ich will gar nicht weiter auf den Umstand eingehen, daß für den Sohn des bodenständigen, kerndeutschen Volkes ob der Enns der Wiener schon damals gar nicht jenen einheitlichen Volkstypus aufwies, wie ihn diese Lobredner unermüdlich darstellen wollen! Gewiß besitzt die Macht des gesellschaftlichen Lebens und Treibens, die Schule, die Verwaltung, die Sitte und Tradition einen ausgleichenden Einfluß. Vielleicht heute, im zwanzigsten Jahrhundert noch mehr, als in der zweiten Hälfte des neunzehnten; weil wir heute durch die Erkenntnis der ungeheuern Versäumnisse in sprachlicher, politischer und nationaler Beziehung aufgerüttelt und

durch die tapfere Arbeit unsrer zahlreichen deutschen Schutz-
vereine wenigstens zum Widerstande organisiert sind. Aber
in den sechziger Jahren gab es nur Gemütlichkeit oder eine
„Hetz"; dazu — unbemerkt von uns allen — infolge der gedankenlos ausgegebenen Schlagworte von „Gleichberechtigung und Freiheit" eine leise schon beginnende Enteignung
unsres alten, schlecht behüteten, geistigen und materiellen Be-
sitzstandes in den Erblanden. Da liebte ich denn die einzige
Insel der gediegenen deutschen Art und Kunst, das Burgtheater, mit doppelter Begeisterung. Und ich trug meinen letzten Heller hinein, um meine Seele nicht hungern zu lassen;
lieber körperlich zu hungern. Es war ja die Zeit der großen
Werke und Künstler. Grillparzers Dramen, durch Laubes
Verständnis aus jahrezehntelangem Schlummer erweckt, wirkten wie ein heiliges Wunder. Die Wolter als Sappho und
Medea erschien uns Jungen als die Priesterin der höchsten
Kunst. Selbst Friedrich Halm, der nur ein formalistisches
Talent war, wirkte durch den feinen Adel herrlicher Sprache.
Die dialogische Feinkunst der besten Franzosen wußte Laube
dem idealen Spielplan geschickt und praktisch einzuflechten,
wodurch ein geistiges Gleichgewicht entstand, das immer
Gutes, allen etwas brachte und jede Einseitigkeit ausschloß.

Da saß ich denn einmal und las in einem abgegriffenen
Buche der Leihbibliothek auf der Bastei der Löwelgasse die
Tragödie „Maria Magdalena" von Friedrich Hebbel. Sie
ergriff mich so gewaltig, daß ich nun alles verschlang, was
der mir noch unbekannte nordische Dichter vollendet hatte.

Ich las „Judith", „Genoveva", „Agnes Bernauer", „He-
rodes und Mariamne", „Gyges und sein Ring", auch die zwei
seltsamen Komödien und das erzählende Poem „Mutter und
Kind". Ich las die Gedichte und später Emil Kuhs Hebbel-
biographie. Ich fühlte dunkel, daß hier etwas erschaffen war,
das neben Schillers rhetorischer Darstellungskunst, neben
Goethes edler behaglicher Schönheit etwas Ebenbürtiges,

mindestens etwas Ebenberechtigtes bedeutete. Eine förmliche Hebbelraserei bemächtigte sich meines Innern. Ich fühlte dunkel, hier sei etwas dem neueren deutschen Geiste Tiefverwandtes, Männliches, ja Ehernes auferstanden, welches bisher allerdings nur einer kleinen Gemeinde verständlich und sympathisch war. Wenn ich bei meinen jungen Freunden herumfragte, sie kannten Hebbels Werke meist nur vom Hörensagen. Die sogenannten Gebildeten, die Bücherfreunde, die Damalsmodernen, soweit sie ihn kannten, fanden ihn grotesk, die Blasierten verrückt, die Dummen entsetzlich. Aber nun wollte ich Hebbel an der Quelle genießen, von der Bühne herab, deren geistiger Reformator er mir zu sein schien; vor allem im Burgtheater, wo im Sturmjahre 1848 seine „Judith", seine „Maria Magdalena" Sensation erregt hatten — aber ich fand ihn da nicht mehr; nur sein Künstlerdrama „Michel Angelo" ging ab und zu einmal in Szene.

Emil Kuhs Buch belehrte mich, daß der nordische Poet, obgleich seit Jahren in Wien heimisch, in Wien vermählt mit der genialen Tragödin des Burgtheaters, Christine Enghaus, seit Laubes Antritt der Bühnenleitung Schritt für Schritt von dieser Kunststätte ausgeschlossen worden sei. Bis dahin hatte ich noch keine Ahnung von den Vorgängen, die sich teils psychologisch, teils prinzipiell, wohl auch ganz persönlich, von der Oeffentlichkeit nicht beachtet oder nicht verstanden, manchmal zum Wohle, sehr oft zum Wehe eines großen Künstlers vollziehen. Obgleich die theatralische Atmosphäre damals noch lange nicht so erhitzt und vergiftet war, wie in unsrer heutigen Epoche, so hatte doch der Ehrgeiz, die Antipathie und die Reizbarkeit einzelner mächtiger Literaten so bedeutenden Einfluß, daß es dem Zusammenschlusse solcher Elemente im Bunde mit einer ihnen ergebenen Presse möglich war, Dichtungen und Kräfte, welche an Genialität sie weit überragten, zu hemmen, zu entmutigen, ja bis zu einem gewissen Grade zu unterdrücken.

Die Natur hatte in Heinrich Laube und in Friedrich Hebbel zwei Gegensätze erschaffen, wie sie für den ersten in seiner allmächtigen Stellung nicht günstiger, für den zweiten nicht ungünstiger gedacht werden konnten. Der Leiter der ersten deutschen Bühne, in allem, was den künstlerisch praktischen Betrieb betrifft, ein unübertroffener Meister, aus ebendiesem Grunde ein Bundesgenosse der heterogensten Richtungen, sofern sie dem Zeitgeschmack huldigten und der Kasse nutzten, hatte kein Verständnis für die dämonische Einseitigkeit des anderen, der in völliger Verachtung aller Kompromisse bis zur Schonungslosigkeit alles Mittelmäßige förmlich zerstampfte, um nur zum höchsten Fluge die Schwingen seines Geistes zu erheben. Und was noch schlimmer war, Laubes Zurückhaltung und Kälte erhielt noch einen Bundesgenossen in der süßlichen Unterströmung der Zeit, die an Bauernfelds Salonstücken, an der „Grille" der Birch Pfeiffer und dergleichen Theaterprodukten, gespielt von beliebten Darstellern, mehr Gefallen fand, als an Hebbels Dramen mit ihrer dialektischen Schärfe und oft gewaltsamen Herbheit.

Ich bin weit entfernt, dem einen die Palme zu reichen und den andern ganz zu verdammen. Aber daß Laube im idealen Sinne des Wortes hier gewaltig irrte, weil seine Natur kein Organ für diese Größe und Strenge des andern besaß, das hat die Nachwelt, wenn auch spät, durch die höhere Wertung Hebbels dankbar und gerecht erledigt.

In jener Zeit hatte ich bereits der Jurisprudenz mich entzogen und als Hörer der philosophischen Fakultät mich inskribieren lassen. Was mich anlockte, war weniger die spekulative Philosophie, als vielmehr die ästhetischen, historischen und germanistischen Vorlesungen. Kant, Fichte, Schelling und Herbart ließen mich allerdings in meiner Richtung zum Konkreten, Bildlichen, Gestaltenhaften innerlich kalt.

Aber entzückt war ich von Schopenhauers „Welt als

Wille und Vorstellung", „Parerga und Paralipomena", besonders von seinen tiefsinnigen Gedanken über die Kunst. Sein Pessimismus stand immer noch himmelhoch über den Paradoxen eines Nietzsche, den so viele in neuester Zeit für einen Pfadfinder erklärten und anbeteten.

Bei einem Besuche meiner obderennsischen Heimat erfuhr ich, daß der Dichter der „Maria Magdalena" bei uns in Gmunden ein Häuschen erworben habe und seit einigen Jahren seinen August und September dort mit Frau und Tochter verbringe.

Es war im Sommer des Jahres 1862. Ein Schwarm lustiger Sommergäste, wie sie alljährlich in unser liebliches Salzkammergut strömen, war von Gmunden aus nordwärts, entlang der stillen, waldumsäumten Aurach, zur sogenannten Rabenmühle gepilgert, die wie ein Schwalbennest am Fuße einer Felswand klebt, um naturfreundliche Sommergäste zu bewirten. Felsen, Wald und Wasser, dazu die grünen Wiesen das Tal entlang — es konnte kein entzückenderes landschaftliches Stimmungsbild geben.

Es war Sonntag und außer den Fremden ein zahlreiches Landvolk anwesend, das besonders auf der Kegelbahn zechte, schob und jauchzte. Ich saß mit einem jungen Buchhändler, einem strammen Danziger, bereits vor meinem Glase Bier im Grünen vor der Rabenmühle. Alles plauderte, zechte, lachte und lustige Schnaderhüpfel des Bauernvolks stiegen in die duftige Luft empor, da stieß mich plötzlich mein Genosse an und machte mich auf ein seltsames Gefährt aufmerksam, das eben aus der Höhe des Waldes den dunklen Hohlweg herniederfuhr. Ländliche Pferde, ein Leiterwagen und auf diesem die originellste Gesellschaft; Gestalten wie aus Goethes „Wilhelm Meister". Es ist zu lange her, als daß ich all die Insassen, Männlein und Weiblein heute noch vollzählig bezeichnen könnte. Aber ich sah sofort, daß es Künstler seien, speziell Künstler des Hofburgtheaters. Der Recke Gabillon war darunter und Zerline, seine Frau. Ich glaube, auch Meirner und der damals sonnigjunge Baumeister. Aber dem Wagen entstieg noch eine Gestalt in grauem Sommergewand, mit lichtem Panamastrohhut. Wieder stieß mich mein Begleiter an und sagte: „Heut' hast du Glück. Schau hin, dort kommt dein Ideal; das ist Friedrich Hebbel!"

Das war Friedrich Hebbel. Und wie ich ihn damals sah, lebt er noch heute unauslöschlich in meiner Erinnerung. Das hellblonde, mit dem Silber eines zu frühzeitigen Alterns durchzogene Haupt= und Vollbarthaar, die hohe Stirne, der Scheitel schon kahl werdend, das nordseeblaue Auge, licht und sprechend, die hohe schlanke Gestalt, wiegend und sinnend, die lebhafte, helle Gesichtsfarbe, im Affekt sich lebensvoll rötend, die ganze hoheitsvolle Erscheinung, alles, alles verkündete: Das ist der nordische Dichter!

Nur mit den Augen genießend, aufrichtig andachtsvoll, blieb ich in der Ferne, ganz in seinen Anblick versunken. Ein Gefühl, von dem nur Jugendbegeisterung und bewundernde Liebe eine Ahnung hat.

Die Ankömmlinge verloren sich bald in der Menge irgendwo bei den vollbesetzten Tischen. Es blieb für heute bei dieser Erscheinung. Die Dämmerung brach bald herein und ich sah, abgelenkt durch allerlei Grußworte und Gespräche meiner nächsten Umgebung, nur noch den Karren mit seiner Künstlersippschaft im Halbdunkel den Hohlweg hinausholpern. Aber bald sollte ich in Gmunden selbst auf eine rasche Art dem großen Meister persönlich nähergeführt werden. Die nächste Veranlassung dazu bot ein etwas seltsamer und wunderlicher Kauz. Es lebte in unserem Städtchen ein alter Herr. Er trug einen Nasenklemmer oder eine Brille, den gefärbten Schnauzbart keck militärisch gewichst, stak er mit seiner dürren Gestalt stets in schwarzer eleganter Kleidung. Den Offiziersdienst hatte er seit Jahren quittiert und betrieb an der Seite seiner wohlhabenden, alten, über alle Maßen lebhaft geschminkten Gattin, die einen kreischenden Papagei besaß, eine höchst einträgliche Groß-Tabaktrafik. Er gab sich als freundlicher, wohlwollender Privatmann, Kenner der weiblichen Schönheit, eifrigen Sagensammler und -dichter. Er hieß Lechner. Fast jedermann erzählte er: „Ich war der schönste Mann im Regiment." Damals setzte diese Versicherung allerdings schon einen starken Glauben voraus. Er war ein Original von literarischer Eitelkeit, die sich nach meinem Wissen doch nur auf poetisch angehauchte Lokalartikel im „Gmundner Wochenblatte" oder Aufsätze in der „Eleganten Zeitung" und ein Büchlein „Sagen" aus dem Salzkammergut beziehen konnte. Gegen mich war er äußerst liebenswürdig und zuvorkommend, ja zutraulich, was ich bei dem „stets eleganten" Manne um so höher einzuschätzen wußte, seit er mich mehrmals in gemütlichster Weise am hellen Tage in Schlafrock und Pantoffeln vom Seeplatz die steile Kirchengasse herauf im Gasthof zur Stadt Gmunden bloß auf eine Plauderei besuchte.

Dieser gute Mann hatte sich mit einer gewissen Selbstverständlichkeit bei Friedrich Hebbel als — Dichter eingeführt, wie ich aus dem Ton seiner Gespräche entnehmen mußte, welcher stets ein eisernes Selbstbewußtsein atmete. Wie ihn Hebbel hinnahm, ist mir nie bekannt geworden. Die Literaturgeschichte hat es nicht verbucht.

Eines Tages trat er plötzlich auf der Esplanade lebhaft auf mich zu, klopfte mich auf die Schulter und sagte scharf und kurz: „Hebbel ist hier, mein Guter. Wissen Sie das schon? Ich habe bereits ihren Besuch bei ihm angekündigt." Ich war zu Tode erschrocken. Stets in meinem Leben ein bescheidener Mensch, war ich ohne mein Wissen und Wollen jetzt mit dem Schein der Zudringlichkeit behaftet, ein Zug, der meiner damaligen übergroßen Menschenscheu und Schüchternheit wahrhaft empörend widersprach. Ich machte ihm dies in meiner lebhaften Art bemerklich. Er suchte mich zu beruhigen. Ich beschloß, um keinen Preis das Hebbelhaus zu betreten. Der große Dichter aber, der eben auf dem Sonnengipfel seines Ruhmes stand und seit dem Erfolge seiner „Nibelungen" in Weimar in einer gütigen Königslaune lebte, lud mich durch meinen Vater freundlich in sein Haus. Wie einfach und schlicht war damals dieses später vielfach veränderte Hebbelhäuschen mit der Windenlaube und der natürlichen Quelle im Garten! Wie traulich das Erdgeschoß und der Wein an der Hauswand und darin das wohlbehütete Rotschwänzchennest! Also ging ich hin. Mit Herzklopfen zog ich die Klingel. Wußten doch damals die literarischen Klatschbasen und Ausspäher so mancherlei von der olympischen Unnahbarkeit des Dichters der „Judith" zu erzählen!

Aber wie anders kam mir der damals schon leidende große Mann entgegen! Wie herzlich bot er mir die Hand und führte den unbeholfenen Gast in des Gärtleins Laube. Um mich zu ermutigen, trug er die Kosten des Zwiegespräch größtenteils selber, so daß ich zu den Ehren dieser Stunde auch noch den Vorteil des Genusses seiner sinnenden und gedankenvollen Rede genoß. Teilnahmsvoll befragte er mich nach meinen Studien und Lebensplänen. Seine blauen Meeraugen leuchteten, seine Stimme steigerte sich lebhaft und seine Gedankenfülle wurde sozusagen zum Selbstgespräch. Das alles goß eine solche Wärme von Dankbarkeit, Bewunderung und Glücksgefühl über mich aus, daß ich meine Schüchternheit verlor und beinahe selbst beredt wurde. „Was studieren Sie?" fragte er. „Philisophie," sagte ich. Er wiegte das Haupt: „Philosophie — hm! — Spekulation! Medizin sollten Sie studieren! Das ist die Wissenschaft aller Wissenschaften!" rief er feurig. Meine Vorliebe für die Germanistik, Sprache, Sitten und Ueberlieferungen unsres deutschen Volkes billigte er. Das Kegelschieben der Bauern vor der Rabenmühle verglich er mit der reckenhaften Freude an der körperlichen Kraft der Vorzeit. Meine Begeisterung für seine dramatischen Werke, besonders für die Nibelungentrilogie, die in der Tat nach Shakespeare die gewaltigste Wirkung auf mich geübt hatte, nahm er, als von einer jugendlichen Ehrlichkeit und Ueberschwenglichkeit freundlich und ruhig hin. Plötzlich aber sagte er: „Und doch! Nicht meine Dramen, aber meine Gedichte möchte ich der deutschen Jugend empfehlen."

Zum Schlusse sprach er ein mir ganz unvergeßlich, scharfes, echt Hebbelsches Wort.

Als ich nämlich meiner Freude Ausdruck gab, daß nun auch gewisse große Blätter mit der Anerkennung seines Ruhmes und seiner Bedeutung für unsre Nation nicht mehr hinter dem Berge halten könnten, sagte er bedeutungsvoll: „Mein lieber junger Freund! Was man bei uns und in Deutschland in Kunst und Poesie die öffentliche Meinung zu nennen pflegt, das gehört zumeist — unter den Nachttopf."

Bei einem späteren Besuche sah ich flüchtig auch des Dichters Tochter. Er sprach jetzt behaglich über sein Haus und die Seinen, auch über die an ihn ergangene Einladung nach Weimar zu den Jagden des Großherzogs. Noch heute nach so langer, langer Zeit entsinne ich mich, daß mir bei dieser Rede unwillkürlich die herrliche Stelle aus „Siegfrieds Tod" einfiel, wo der junge Held das Lob des Weidwerks mit den Worten „O Jägerlust!" beginnt. Lächelnd erledigte der Dichter die Bitten meiner zudringlichen Freunde um seine Eigenschrift. Es befand sich darunter das Epigramm:
„Was den Menschen am meisten in Kunst und Leben zurückhält?
Daß er auf Brücken sich gern ewige Wohnungen baut."

Beim Abschied streckte er mir die Hand entgegen: „Also auf Wiedersehen in Wien!" Das waren leider die letzten Worte, die ich aus seinem Munde vernahm.

Im Sommer des folgenden Jahres 1863 erfuhr ich, daß Hebbel zwar wieder in seinem Gmundner Heim anwesend, aber sehr leidend sei. Und wieder klopfte mich am Seeplatz „der Elegante" zutraulich auf die Schulter und sagte: „Wissen Sie, mein Lieber, daß Hebbel hier ist?" Ich bejahte es. „Denken Sie," fuhr er fort, „ich wollte zu ihm, wurde aber gar nicht vorgelassen." Ich suchte ihn aufzuklären über die Ursache, aber er war in seiner Eitelkeit so blind, daß er sich von mir wegbewegte mit den Worten: „Es ist nichts mit ihm zu machen, er ist ein sonderbarer Mensch!"

Wenn ich eine Freude oder einen Schmerz im Innersten erlebt habe, so verwandelt sich diese Stimmung zu meiner Gebieterin. Erst, wenn sich beides beschwichtigt hat, überkommt mich die poetische Freiheit, und ich gestalte. In meiner ersten Sorge erkundigte ich mich näher um das Befinden des leidenden Dichters. Die Auskunft war keine tröstliche, obgleich wohl außer der Gattin kaum jemand den furchtbaren Ernst der Krankheit damals schon ahnen mochte.

In einer Stunde düsterster Begeisterung schrieb ich an den kranken Dichter einige Zeilen der schmerzlichsten Teilnahme mit der Versicherung, daß mich nur die Sorge um sein Befinden diesmal von seiner Schwelle gebieterisch zurückgehalten habe, um seine Ruhe nicht zu stören. Noch entsinne ich mich, daß der Brief bei meiner Phantastik sich in ein Gedicht verwandelte, dessen Schlußstrophen mir aus Vergessenheit allein in Erinnerung geblieben sind. Sie lauteten:

„Schenke mir kein Wiedersehen,
Genius, es ist genug!
Dieses Bild wird nie vergehen,
Das ich in der Seele trug.

Herrlich magst du weiterlenken
Deinen Lauf ins Weltgewühl, —
Bleibt mir ja doch, dein zu denken,
Das unendliche Gefühl!" —

Auf dieses Schreiben hin erhielt ich sofort einen Brief von Hebbels Hand, der bis zur Stunde in hundert bösen Lebenstagen mein Trost und meine stille Erbauung geblieben ist. Ich führe ihn an. Der Brief, den ein Bote aus dem Hebbelhaus überbrachte, trägt die Anschrift: „Sr. Wohlgeboren dem Herrn Stud. Fr. Xaver Keim in Gmunden" und lautet:

„Geehrtester Herr!

Empfangen Sie meinen herzlichen Dank für das Gedicht, daß Sie die Güte hatten, mir zu senden, und für die Teilnahme, die Sie mir darin so warm und poetisch ausdrückten. Leider kann ich Sie nicht einladen, mich zu besuchen, denn mein körperliches Befinden, schon schlecht seit dem März-Monat, ist noch immer wechselnd wie das diesjährige Wetter und erlaubt mir nur selten, jemand zu sprechen. Aber ich hoffe, daß Sie mich im Herbst in Wien oder nächstes Jahr in Gmunden entschädigen werden.

Ihr hochachtungsvoll
ergebenster
Hebbel.

Gmunden, den 30. July 1863."

Das Schicksal hatte aber anders beschlossen. Traurige Familienverhältnisse, insbesonders eine lebensgefährliche Erkrankung und wenig nachhaltige Operation meiner vielgeliebten Mutter, Unzufriedenheit, Schwermut und innere Unrast quälten und verfolgten mich, machten mich völlig menschenscheu. Nur ein kurzer Lichtblick erfreute in jenem Herbste noch mein trübes Gemüt, die Erstaufführung des ersten Teiles von Hebbels Nibelungen: „Der gehörnte Siegfried" und „Siegfrieds Tod" im Wiener Hofburgtheater. Ein Dutzend guter Freunde und akademischer Kollegen hatten wir uns nach tapferer und geduldiger Ausdauer stundenlangen Harrens die ersten Plätze des zweiten Parterres des alten Kunsttempels erobert und genossen das gewaltige Werk in der besten Besetzung des Hauses mit Josef Wagner als Siegfried, Charlotte Wolter als Krimhild, Frau Rettich als Ute, Gabillon als Hagen, Lewinsky als Kaplan und — last not least Christine Hebbel als Brunhild. Der Beifall war ein titanischer. Die Nibelungen erhielten den ersten Schillerpreis. Laube hatte mit ihrer Aufführung eine alte Ehrenschuld eingelöst. An der Bahre Siegfrieds erklang der erste, nachher sprichwörtlich gewordene, berühmte „Wolterschrei". Erst in den siebziger Jahren inszenierte Dingelstedt den letzten Teil „Krimhilds Rache" mit gleichem Erfolg und noch stimmungsvoller im Bühnenkolorit.

Im November dieses Jahres — ich hatte nur dunkle Kunde vom schweren Leiden des Dichters erhalten — saß ich auf der Freiung in einem Café, griff nach einem Zeitungsblatt und fuhr wie vom Blitz getroffen zurück: Friedrich Hebbel war tot!

Das war für meine junge Seele ein tiefer, ein schmerzlicher Verlust. Nur um so inniger versenkte ich mich in seine Werke. Ich ahnte nicht, daß ein dreißigjähriger Krieg nun erst entbrennen mußte, um das Unverständnis der Zeit, und den Widerstand der Berufsgenossen des Dichters, die Mattherzigkeit der Bühnen zu besiegen; ein Kampf, der, dank der Liebe und Treue seiner edlen Witwe, mit dem Triumphe der Muse Hebbels geendet hat. Mir aber war dieser Krieg ein geistiges Stahlbad.

Wohl dem, der so glücklich ist, einem der Unsterblichen auf seiner Lebensbahn durch Zufall oder freie Wahl zu begegnen! Doppelt glücklich, wenn es in der frühen Jugendzeit geschah, wo die Seele durstig nach dem Edlen begehrt, wo die Sehnsucht nach den höchsten Zielen strebt, wo die Kraft noch rein und ungebrochen ist. Mögen nachher noch so dunkle Jahre kommen — sie kamen über mich! — ich sagte mir in aller Finsternis der Zeiten: Nur zu! Ich habe meinen Stern gesehen!

Damit soll nicht gesagt sein, daß ich etwa den Mangel eines sonnenfreudigen Humors in Hebbels Werken nicht empfunden hätte. Seine erst spät bekannt gewordenen Tagebücher belehren uns über die dürftige, der härtesten Entbehrung, der peinlichsten Zurücksetzung preisgegebene Jugendzeit des Dichters, auf den sich des Vaters düsteres Gemüt vererbt hatte. Es war sein Schicksal, im Leben wie in der Kunst eine Kampfnatur zu werden, der schließlich die Waffe an die Hand wuchs.

Einseitigkeit war meinem Wesen fremd und so suchte ich bei ungeschwächter Pietät und Liebe für diesen reckenhaften Ernst das sonnige Element bei Meistern, wo ich es finden konnte. In der Entwicklungszeit des Geistes ergeht es dem Menschen ähnlich, wie in der des Körpers. Wenn er auch gewisse Speisen zurückweist, weil sie seinem Organismus widerstreben, so verschlingt er doch eine Fülle mannigfaltigster Art, um sich stofflich aufzubauen. Meine Natur hatte immer etwas vom Weidenbaum. Die Wirklichkeit weiß immer dafür zu sorgen, daß diesem unerbittlich Zweig um Zweig geraubt, seine Krone zerhackt wird. Selbst sein Stamm, durch rauhe Eingriffe verletzt oder gespalten, scheint nahezu dem Untergang geweiht. Aber Sonnenschein und Regen beleben und begrünen unbekümmert um jede Not, seinen Leib und stärken seine Wurzeln. Er verjüngt sich jedes Jahr, während hochgewipfelte Bäume oftmals sterben müssen.

Ein ergänzendes Gegenbild zu Hebbels Herbheit fand ich in Otto Ludwigs Werken. Auch diesem Dichter ist die Zeit erst nach Jahrzehnten gerecht geworden. Damals stand ich einsam mit meiner Begeisterung vor den ratlosen Gesichtern der Alleswissenden. Sie kannten ihn kaum. Ueber diese Unwissenheit spricht spät und bemerkenswert noch Heinrich Bulthaupt in seiner „Dramaturgie des Schauspiels". Laube hatte dieses Dichters „Erbförster" und „Makkabäer" nicht so sehr aus „Wahlverwandtschaft", als vielmehr als Trumpf gegen Hebbels Kunst ausgespielt. Aber wir haben Grund, ihm dafür dankbar zu sein. Weniger in Ludwigs Bühnendichtung, als vielmehr in seinen Meistererzählungen „Heitereitei" und „Zwischen Himmel und Erde" kommt jener sonnige, oft durch Tränen lächelnde Humor zu Tage, der den vollen, tiefen Blick in das Herz der Welt besitzt. Der Genuß dieser Werke ermunterte mich, in das Studium der dichterischen Technik mich zu versenken. Josef Lewinsky war es, der mich auf Otto Ludwigs „Shakespearestudien" wenige Jahre später hinwies.

Ich werde an anderem Orte Gelegenheit nehmen, die Bedeutung dieser Studien für meine künstlerische Entwicklung und meine Anschauung über die Natur des deutschen Dramas in zwei Abhandlungen, die ich einzeln veröffentlichte, darzutun.

Trotz aller Verdüsterung meines Daseins trat manchmal der wirkliche Lebenshumor von außen an mich heran.

So hatte ich im Jahre 1864 mit meinem Freunde Lur, dem Danziger, im Gasthause verabredet, zur dreihundertjährigen Geburtsfeier Shakespeares nach München zu fahren. Ein kleinstädtischer Ladenjüngling, der unser Gespräch vernahm und uns flüchtig bekannt war, erklärte, er wolle an unserm Vorhaben teilnehmen. Die Schicklichkeit verbot, ihn abzuweisen. Er blieb bei seinem Vorsatz, auch dann sogar, als ihm der sarkastische Danziger mitteilte, daß wir weniger die Gasthäuser als vielmehr das Hoftheater, die Pinakothek, die Gliptothek und die Bavaria besuchen würden. Der Jüngling hatte zwar von all diesen Dingen und ihrer Bedeutung nicht den leisesten Begriff, aber er bestand auf seiner Zulassung. Und so fuhren wir denn zu dreien, Lur, der sarkastische Buchhändler, ich, der phantastisch melancholische Poet und Herr Lindinger, der von keiner Kunstvorstellung angekränkelte Ladenjüngling, nach München, in den „Bambergerhof."

Es war dem betreffenden Sohn Merkurs nicht zu verdenken, daß er mit der Vorstellung des Begriffes „München" absolut nichts anderes zu verbinden wußte, als die ungestörte Löschung des Durstes durch beliebige Krüge bayrischen Bieres. Das Lexikon seines Gehirnes wechselte nur immer mit der Frage, ob Hofbräu, Pschorr, Salvator oder Spaten. Was nicht gemalzt war, schien jeder Bedeutung zu entbehren. Es war daher auch kein Wunder, daß unser Verweilen in den Galerien vor den köstlichen Gemälden, unsre Pilgerschaft in die Residenz und in die Kirchen zu den großen Fresken, endlich gar unsre unerklärliche Andacht vor den stummen Steinbildern der Kliptothek anfänglich sein Staunen, dann seine Gelangweiltheit, endlich seine ausbrechende Ungeduld erweckte. Nur vor dem schlafenden Faun schien der Gemischtwarenjüngling eine Offenbarung des Geistes zu verspüren, indem er diesem Schlummer etwas kühn ein Motiv der eigenen Erfahrung unterschob mit dem lachenden Ausruf: „Schau'n S' an, der hat ja einen Schweigel!" Wenn wir auf solche Gedankenrichtung nicht eingingen und in diesen Räumen, die ihn zu gewaltigem Gähnen hinrissen, länger, als er für billig fand, verweilten, so erweckte uns aus unsrer Beschaulichkeit jedesmal der zornige Jammerschrei: „Geh'n wir zum Pschorr!"

Mit solchen Vorkenntnissen über Münchens Weltbedeutung ausgerüstet, hatte der Jüngling gewissermaßen ein Recht, unser Verhalten wunderlich, unsern Gesichtskreis beschränkt zu finden.

Ich hatte nun meine liebe Not mit dem Danziger, der nun bald seine böse Schnauze nicht länger bändigen konnte und auf die wunderlichsten Fragen des Jünglings die unglaublichsten Antworten erteilte. „Sie sollten sich photographieren lassen, Herr Lindinger," sagte er. „Und zwar beim berühmtesten Lichtbildner, beim Hanfstängl, damit wir ein ewiges Andenken besitzen." Gesagt, getan. Ich besitze bis heute noch das Bildchen. Ein ganz netter, freundlich blikkender, junger Mann, der den Plaid, glattgestrichen, wie ein Brett oder ein Auslagemuster über die Schulter hängen hat. Warum glattgestrichen? Jeder Beruf hat eben auch seinen Geschmack. Und das kam also. Nach sorgfältigster Beschauung im Spiegel und Ordnung des wohlgescheitelten Haares, nach Anlegung der allerfreundlichsten Miene fügte sich der Auserkorene dem Gebote des Blitzmeisters „ich bitte, jetzt recht ruhig und freundlich zu blicken". Alle hielten wir eben den Atem an, als Herr Lindinger plötzlich ausrief: „Aushalten! Der Plaid hat a Falten!"

Kühn geworden, als endlich das Experiment gelang, begehrte er unser weiteres Programm genau kennen zu lernen. Lur erläuterte: „Heute, zwei Uhr nach Tisch Droschke bestiegen und die Bavaria besichtigt. Hierauf zurück zur Jause in den Gasthof; abends sieben Uhr ins Hoftheater zur Festvorstellung." Er war einverstanden. Alle drei bestiegen wir eine Droschke. Plötzlich fragte Lindinger: „Mit Verlaub, wer ist denn eigentlich diese Bablaria?" Lur lachte und sagte scharf: „Das wissen Sie nicht? Das weiß doch alle Welt. Sie war die Geliebte des alten Königs Ludwig." Lindinger starrte ihn an. Lur fuhr fort: „Das Denkmal hat sie erhalten als große Erfinderin." Lindinger fragte mit großen Augen: „Ja, was hat sie denn erfunden?" „Die Krinoline und das bayrische Bier!" donnerte Lur. Ich wand mich in Krämpfen. Der Jüngling murmelte: „A sakra!" Das Riesenbild wurde von außen und innen besichtigt. Als wir aus dem untersten gewölbten Raume uns entfernten, sagte der Jüngling zurückdeutend mit überzeugter Stimme zu mir: „Das war die Krinolin von der Bablaria." Die Rückfahrt wollte er allein in einer Droschke absolvieren, weil es bequemer und nobler sei. Wir banden ihm auf die Seele, die verabredete Zeit einzuhalten und bestiegen zu zweien den nächsten Wagen. Es ward fünf Uhr. Die Jause im Gasthof war vorüber, aber kein Lindinger erschien. Es ward sechs Uhr. Noch kein Lindinger. Um dreiviertel auf sieben hinterlegten wir seinen Theatersitz beim Portier des Gasthofes und eilten ins Theater. Kein Lindinger hier. Die Vorstellung begann. Man gab ein wohlgemeintes, aber jeder dramatischen Spannung entbehrendes, kraftloses Schauspiel des alten Holtei „Shakespeare in der Heimt", das mich gründlich enttäuschte und keine innere Teilnahme aufkommen ließ. Akademisch kindlich kalkuliert mit herbeigezogenen biographisch-literarischen Anspielungen. Als der erste Akt zu Ende war, kam plötzlich Lindinger, schwitzend und fauchend zu uns ins Parkett. „Wo steckten Sie denn, in Teufels Namen?" donnerte Lur. „Ich?" sagte der atemlose Jüngling, „ich hab' den Namen unseres Gasthofes vergessen. Wie heißt denn unser Gasthof?" Grimmig fletschte Lur: „Na — Bambergerhof! Sie Mensch, Sie!" — „A sakra! Ich hab' zum Kutscher g'sagt: Ich will zum Bramberger! Der hat mich vor alle Gasthäuser g'führt und ganz zuletzt wieder hinaus zu der Bablaria! Der Hundskerl! Und zahlen hab' ich müssen, daß es eine Schand ist! Gott sei Dank, jetzt bin ich da!"

Begreiflicherweise fand er sich schwer in das Stück hinein, das nur mit literarisch verwässerten Voraussetzungen arbeitete. Kein Wunder, daß ihm die Geduld riß. Kein Wunder, daß er, der Unbegreiflichkeiten müde, sich zuletzt an uns mit der heftigen Frage wendete: „Mit Verlaub, wer is denn eigentlich der Dichter, der „Scheangsbör?" „Was?" schrie Lur ohne Rücksicht auf das uns verdächtig messende Parkettpublikum, „was? Sie kennen diesen Mann gar nicht? Sehen Sie ihn denn dort nicht sitzen?" „Was? Er ist da?" schrie jetzt ganz in freudiger Neugier der Jüngling. „Wo sitzt er denn?" Mit eisiger Zeremonienmeistermiene deutete Lur in die Höhe und sagte weithin verständlich: „Dort sitzt er, in der Hofloge, in der Husaren-Uniform!" — Die Wirkung war unbeschreiblich. Aller Blicke aus nächster Nähe tangierten uns mit gräßlicher Verachtung. Ich wünschte in die Erde zu versinken. Herr Lindinger aber rief vor Erstaunen: „A sakra!" — Andern Tags floh ich aus München. Als ich nach vielen, vielen Jahren wieder mit meiner Frau fast auf derselben Stelle inmitten des Parketts jenes Hoftheaters saß, um Sudermanns „Drei Reiherfedern" zu genießen, dachte ich mit Wehmut an jene ferne, heitere Jugendepisode. Beide Männer sind mir längst entschwunden. Nur nach England und Amerika. Ob beide noch leben, ich weiß es nicht. Aber ich bin der Erinnerung dankbar, sie leben in mir.

Auch der Schweiz stattete ich einen wanderfrohen Besuch ab. Ich befuhr den Vierwaldstättersee, sah die Tellskapelle und den Löwen von Luzern. Ich verweilte in Zürich, bestieg den Uetli und besuchte die Insel Ufnau, um Ulrich von Huttens Grab zu sehen. Ein grünes Blatt vom steinernen Kreuze habe ich mir mitgenommen und wieder — verloren. Umso andächtiger studierte ich später die Lebensgeschichte dieses armen „Ritters vom Geiste" aus dem Buche von David Strauß. Damals dozierte der berühmte Aesthetiker Professor Dr. Theodor Friedrich Vischer am Polytechnikum von Zürich. Ich hatte mich bereits in seine „kritischen Gänge" eingelesen; namentlich in jene geistvollen Probleme einer Fortsetzung des ersten Teiles der Goetheschen Faust-Dichtung. Neues, morgenhelles Licht strömte mir da entgegen. Was ich aber damals nicht wußte, und erst später erfuhr, das war die Tatsache, daß Zürich damals einen zweiten berühmten Hochschullehrer besaß, einen genialen Theologen, dessen Werke „Leben Jesu" und „Rom und das Christentum" nicht minder hoch bewertet wurden, als die weltbekannten Arbeiten des Franzosen Renan. Dieser gelehrte Theologe trug meinen Familiennamen; er hieß Professor Dr. Theodor Keim. Meine Sehnsucht trieb mich aber zu Theodor Vischer. Ich erbat mir die Erlaubnis, seinem Kollegium (über Ferdinand Raimund usw.) anwohnen zu dürfen. Ich lernte ihn auch aus der Nähe kennen. Er stand damals ungefähr in den Fünfzigern und schien wohlerhalten. Getrennt von seiner Frau, lebte er einsam wie ein alter Junggesell. Er hatte eine Lieblingskatze, die mir sofort auf den Schoß sprang. Ich glaube, sie hieß Mäggi. Er sprach mit Anerkennung und Pietät von Hebbel. Er schien innerlich nicht glücklich. Ich entsinne mich, daß er einmal den Ausspruch tat: „Ich leide an einer unheilbaren Krankheit — ich werde alt."

Man hat mich im späteren Leben oft gefragt, wie früh ich denn eigentlich zu dichten begonnen habe. Solch eine Frage halte ich für dilettantisch. Es gibt junge Leute, besonders heutzutage, die jede Niederschrift von Versen für ein Gedicht halten und die sich daher, kaum daß sie die Kinderschuhe abgelegt haben, auf Grund phantastischer Phrasen für Poeten halten. Es ist der Ehrgeiz mittelmäßiger Talente, sich frühzeitig gedruckt zu sehen in öffentlichen Blättern; sie schreiben ohne inneres Erlebnis, oder sie simulieren ein solches. Wer kennt nicht die alljährlichen Weihnachts-, Oster- oder Herbstgedichte, die halb rätselhaften, halb unmöglichen Traumfaseleien mancher Zeitschriften? Gar nicht zu sprechen von den Gelegenheits- oder Vereinstollheiten, den unblutigen Verseschlachten, die sich einbilden, mit germanischer Mythologie unser liebes deutsches Volk zu retten.

Ich wußte viele Jahre nicht, ob ich ein Dichter sei. Ich schrieb gewiß auch vieles dumme Zeug, wie ein anderer auf lose, verflatternde Blätter. Aber ich verwarf es, wie meine Stimmung wechselte und wie meine Erfahrung wuchs. Ich schrieb allerlei aus meiner Natur heraus, aber ich hatte das Gefühl, daß es vermessen sei, unfertige Naturlaute, halb entlehnte, halb ursprüngliche Gedanken und Empfindungen selbstvergnügt zur Schau stellen. Mein ganzes späteres Leben hat mich belehrt, daß Henrik Ibsen das richtige Wort in seinen „Kronprätendanten" gesprochen hat, wenn er des echten Sängers Gesang eine „Gabe des Leides" nennt. Und das Leid ist auch zu mir gekommen. Nun wurde ich mir selbst erklärlich. Die Kindergedanken, die Jünglingsempfindungen, wie rein und echt sie sein mochten, sie wurden erst mündig gesprochen durch die Erfahrungen des Mannes. Wer zur Welt sprechen will, muß gegen sich selbst am strengsten sein. Mehr als für jeden anderen Künstler gilt für den Poeten das Wort Hamlets: „Reif sein ist alles."

Der mehrmals oben genannte Lur erklärte beispielsweise einmal ganz feierlich: „Wenn du ein Kerl wärst, den man für einen Dichter halten soll, so müßte ich den Beweis davon gedruckt in der Gartenlaube lesen. Dann glaub' ich an dich." Ich ließ das gleichgültig durch mein Ohr gehen, denn ich geizte nicht nach der Anerkennung eines Laien. Da kam aber sofort „die Gabe des Leides" zu mir. Meine liebe Mutter mußte sich einer lebensgefährlichen Operation unterziehen. Und sie mißlang nicht. In der übergroßen Freude schrieb ich das Gedicht „Mutter und Kind", sandte es kurzweg an die Gartenlaube und wuchs nun erst in der Schätzung des Lur, als es rasch darauf mit einem schönen Bilde in derselben Zeitschrift gedruckt erschien.

Meine ältere Schwester, deren Hochzeit wir noch in Lindach gefeiert hatten, war bereits nach vierjähriger Ehe gestorben. Immer trüber und schwerer lasteten die wirtschaftlichen Verhältnisse auf meinem veränderten Vaterhause in Gmunden. Immer trauriger gestalteten sich jetzt die allgemeinen Verhältnisse meines Gesamtvaterlandes Oesterreich. In durchaus deutscher Bildung, ja als Sohn des alten Oesterreich in großdeutscher Gesinnung aufgewachsen, welche nach dem Vorbilde der Vergangenheit trotz aller Irrungen und Schwankungen unserer österreichischen Politik immer noch nicht auf die Hoffnung verzichten wollte, es möchte dem

Hause Lothringen-Habsburg nach langem Interregnum doch noch einmal beschieden sein, eine durch die Erfahrungen der Zeit geläuterte, die Bedürfnisse der Nation verstehende, von undeutschen Adelseinflüssen befreite, wahrhafte Vormacht des gesamten deutschen Volkes zu werden, litt ich ebenso unter dem öffentlichen Jammer, wie unter dem häuslichen Weh.

Die Uebergabe unseres nicht schuldenfreien Hauses an meinen fast tauben älteren Bruder, der infolge seines Ohrenleidens auf seinen Beruf, die Pharmazie, verzichtet hatte, die Verheiratung meiner Lieblingsschwester Luise, das Kränkeln meiner Mutter, eine völlige Vereinsamung und Entzweiung in mir selbst, vielleicht das unverstandene Werden des Künstlers in einer von Tag zu Tag trostloseren Atmosphäre der Gegenwart machten mich in der Blüte der Jugend zu einem völligen Menschenfeind, der die Gesellschaft mied und an jeder Zukunft verzweifelte.

Hiezu kam noch, daß ich, von Kindheit an selten bei ungetrübter Gesundheit, durch bronchiale Leiden mehrmals dem Tode nahe, an ein glückliches Leben nicht mehr glaubte und meinen Leib mit einer Art Galgenhumor jedem Wetter und jeder Fährlichkeit preisgab. So entsinne ich mich noch jenes Unheiltages, da ich mit Lur ohne Führer und ohne Bergstock aus dem Tal der Karbachmühle die Felswände zur Eisenau erkletterte. Wir waren bereits in bedeutender Höhe und einer vom andern in weitem Abstande. Ein vorspringendes Felsstück, das mich im Aufstieg hemmte, und das ich für festgelagert hielt, wollte ich umarmen, um mich hinaufzuschwingen. Aber das trügerische Gestein ließ los von seiner Grundlage, senkte sich gegen meine Brust und begann, da ich es unwillkürlich umklammert hielt, mit mir abzuschieben. Ich verstand kaum die Gefahr. Mein Genosse, hoch über mir, stieß einen durchdringenden Schrei aus. Die Geistesgegenwart jedoch verließ mich nicht. Den Stein loslassen, mich während des Abschiebens auf die linke Schulter und Hüfte neigen, mit dem steifaufliegenden linken Fuß einen Halt im Gerölle und Gefuge der Schleifbahn suchen, war das Werk eines Augenblickes. Ich stieß auf Widerstand, ich fand einen Augenblick Halt. Steif auf dem Bauche liegend, jedoch nach links geneigt, öffnete ich unter meinem Leibe dem Felsblock, der mich hinunterdrücken wollte, eine freie Bahn, er rutschte unter mir die Wand hinab — und mit weitgeöffneten Augen, jetzt erst unter mich blickend und sozusagen am Abgrund hängend, sah ich mit Entsetzen, wie der große Klotz in Riesensprüngen an den Schroffen sich zerstoßend, erst in wenige, dann in viele Teile sich zerschellend, in die ungeheure Tiefe fuhr.

Mein linker Fuß, auf einem schmalen Bodenrande glücklich festgehalten, hatte mich vor dem Absturz gerettet, und ich konnte bald, auf allen Vieren kriechend, sicheren Boden finden, die hilfreiche Hand meines Genossen ergreifen und zur Karbachmühle hinabsteigen.

Dort, bei einem Glase Most, tranken wir auf ein glücklich gerettetes Leben. Ein alter Schiffsmann, dem ich die Stelle bezeichnete, sagte treuherzig: „Herr, dös is a Mirakel. Sö müaßen zu was Guaten b'stimmt sein!"

Aber die Schwermut war damit nicht gebannt und die Lebenshoffnungslosigkeit trieb mich jetzt auf ein kurzes Abenteuerleben in die Fremde. Ich wollte zur Marine. Wegen nicht genügender körperlicher Unverwüstlichkeit zum militärischen Seedienste reichte ich um eine Aspirantenstelle bei der Marine-Verwaltung ein, wurde angenommen und ging nach Triest als Aspirant.

Hier kam ein wunderlicher Zustand über mich. Als Deutscher unter Welschen und Slawen litt ich bald an Heimweh. Als Poet war ich von dem Zauber des Meeres, des südlichen Landes und der Anmut und Gutmütigkeit dieser fremden Menschen angezogen. Das Amt in der Villa Necker, wo mir der Kontre-Admiral den Eid der Pflichterfüllung abnahm, war nicht ungemütlich. Ich wurde rücksichtsvoll behandelt und mit der Feder zur Aktenabschrift (von Schiffsbeschreibungen) verwendet. Unser Chef, der Verwalter, ein Bruder des Leibarztes Kaiser Maximilians von Mexiko, behandelte mich mit einer Art Auszeichnung, indem er mir Bücher lieh. So jenes Werk dieses Neuschöpfers der österreichischen Marine, welches „Unter der Linie" betitelt, Maximilians Reise nach Brasilien schildert. Eine Stelle dieses Buches blieb mir unvergeßlich. Der Erzherzog machte mit seinem Gefolge in einem See bei Bahia häufige Lustfahrten und zwar Einzelfahrten in kleinen Booten, die man seither auch bei uns als „Seelentränker" bezeichnet. Im winzigen Fahrzeuge mit ausgestreckten Beinen ruhig sitzend, ist es die Aufgabe des Schiffers mit überquer gehaltener, kleiner Ruderstange, bald rechts bald links tippend, dieselbe aufs Wasser senkend, das Schifflein durch strenge Herhaltung des Gleichgewichtes in taktmäßigen Schlägen vorwärts zu leiten.

In einem solchen Seelentränker befand sich als Seeoffizier und Begleiter des Erzherzogs auch Tegetthoff, der spätere Admiral und Sieger von Lissa. Und da ereignete sich etwas ganz Ungewöhnliches und Charakteristisches für die Geistesgegenwart dieses Seehelden. Jener See beherbergte viele Arten gefährlicher und giftiger Schlangen. Tegetthoff, bereits in seinem Boote sitzend, das keine freie Bewegung gestattete, bemerkte plötzlich, daß dicht am Schiffsschnabel, zu seinen Füßen, eine dieser Schlangen lag, die den Kopf erhob gegen ihn. Jeder andre würde zu seiner Rettung sich zur Seite ins Wasser geworfen haben, um diese gefährliche Nähe los zu sein. Anders der Seeheld. Ruhig das Tier ins Auge fassend und sein leichtes Ruder wie eine Lanze erhebend, zielte er nach dem Reptil und mit einem einzigen Stoß nagelte er den Kopf der Schlange in die Ecke des Schiffsschnabels, ihn zerschmetternd und sich mit Kaltblütigkeit aus größter Lebensgefahr befreiend. Mit Recht erkannte Maximilian in diesem Zuge der Besonnenheit den Geist des nachherigen Meisters zur See vor Helgoland.

Von allen fremden Sprachen konnte ich nur die italienische liebgewinnen. Weniger ihre hohe Abkunft, als ihre ebenso kräftige als weiche Lautmusik machen sie zu einem bezaubernden Elemente. Um sie rasch zu erlernen, bezog ich ein Zimmer bei einer rein italienischen Familie. Ein Marinebeamter, ein gewisser Morak, der Montags meist betrunken, oft gar nicht ins Amt kam, und für den ich manchmal die Arbeit verrichten mußte, brachte mich öfter in ein ihm befreundetes Landhaus in der Campagna über der Stadt. Die Lage war bezaubernd. Ein Vorgarten, durch ein eisernes Gitter von der Straße getrennt, führte ins stille Haus, an dessen rückwärtiger Seite der Garten in Terrassen zu Weinlauben, Feigen und Lorbeeren malerisch emporstieg, um einen weiten Ausblick auf die amphitheatralische Bucht, die tiefgelegene Stadt, die Küste und das Meer zu gewähren. Die Mutter des Hauses war eine Venetianerin und Witwe eines deutschen Beamten. Sie hatte mehrere Töchter, von denen Emilia die schönste und anmutigste war. Die Mutter allein sprach vollkommen Deutsch. Einmal führte sie mich im Obergeschoß des Hauses in ein Gemach, an dessen Wänden Bilder deutscher Städte hingen. „Das sind die Erinnerungen meines Mannes," sagte sie.

Das erstemal war ich der Familie zufällig auf dem Cimitero, dem großen Friedhof von Triest, von Morak vorgestellt worden. Ich hatte einen melancholischen Tag und betrachtete die vielen deutschen Namensüberschriften der Grüfte längst verwelschter Familien. Später kam ich mehrmals in dieses stille Haus. Emilia spielte auf dem Flügel und bemühte sich dazwischen, mich zu ermutigen, ihre schöne Sprache zu erlernen. Oft saßen wir im kühlen Flur oder wandelten durch den Garten. Unbeschreiblich war der Blick auf das

Meer in der Abendstunde, wenn die Sonnenglut Himmel und See in rotbrennendes Feuer verwandelte. Als ich, vergeblich nach Worten für meine Stimmung ringend, einmal ausrief: „Es ist ein Unglück, daß ich nicht gut Italienisch sprechen kann," sagte Emilia rasch: „Auch sein ein Unglück, wenn man nicht kann Deutsch."

Durch dieses ungesucht herzliche Wort verband uns junge Menschen bald eine unausgesprochen empfundene Freundschaft; hätte mich nicht das Schicksal so bald wieder fortgerissen, diese Empfindung würde bedeutend und mächtig für mich geworden sein. Emilia war eine bezaubernde, madonnenhafte Gestalt mit blassem Gesicht, dunklem Haar und großen, himmelblauen Augen.

Erst viel später erkannte ich, daß hier, wenn auch noch ungeahnt, in meiner Seele das Urbild meiner „Sulamith" entstand. Ich besaß damals in meinem Reisekoffer nur ein einziges Buch. Die deutsche Bibel von Martin Luther. Oft las ich darin. Aber nicht aus Andacht, sondern aus Freude an der alten Sprache des Reformators. Und da las ich denn auch das „Hohe Lied". Ist es da zu verwundern, wenn in der Schönheit dieses Gartens, in der Stille dieses Hauses, in der Nähe dieses märchenhaft holden Mädchens, bei all dieser im Herzen verschlossenen Träumerei das „Hohe Lied" zur Ahnung einer Tragödie wurde, die ich viel später erst und unter viel herberen Lebenskümmernissen zu gestalten vermochte und als mein Erstlingswerk Heinrich Laube in Wien überreichte?

War es da ein Wunder, daß ich, der eigentlich heimatlos geworden, dessen Gegenwart mit allem Vergangenen gebrochen hatte, dessen Zukunft uferlos war, in eine um so tiefere Schwermut versank, als mir allmählich das Mißverhältnis zwischen den Zielen der unbewußt doch nur künstlerischen Lebenssehnsucht meiner Seele und den rein drillmäßig materiellen Anforderungen des Verwaltungsdienstes täglich klarer wurde? Nicht die kümmerliche künftige Besoldung, nicht die Aussicht, jahrelang an den Kiel eines Fahrzeugs gefesselt zu sein, ohne die Hoffnung, die fremde Welt mit Nutzen für mein Bildungsbedürfnis und mit Freiheit studieren und genießen zu können, sondern das Oede eines aus Mischlingen meist undeutscher Nationen ohne jedes Ideal nur durch ein — im Grunde doch etwas lares Reglement zusammengehaltenen Beamtenwesens, das vom Offizierkorps doch nicht gleichwertig geachtet wurde, verleidete mir gründlich den planlos ergriffenen Beruf, über dessen Anforderungen ich persönlich jedoch nicht zu klagen hatte. Im Gegenteil, je hoffnungsärmer das Amt war, ich fühlte mich, wie später unter ähnlichen Verhältnissen, aufs lebhafteste zu meinen Arbeitsgenossen hingezogen. Es gibt überall gute Menschen, wirklich gute Menschen, die im Getriebe des Alltags, in der Beschränktheit des ihnen zugewiesenen herben Loses das Herz nicht einbüßen. Ja, es ist rührend zu sehen, wie diese Glücksstiefkinder in ihrer Armut noch den innern Reichtum besitzen, am Schicksal fremder Menschen teilzunehmen, zu raten und zu warnen.

Hätte mir eine gütige Natur nicht das Auge und das Ohr verliehen, diese Gestalten und diese Stimmen in mich aufzunehmen oder zu verstehen, bei ihnen Aussprache, ja Trost zu finden, ich wäre viel ärmer geworden, als ich war. Ich wäre bestärkt worden, die Straße des Pessimisten zu wandeln und das Licht der Welt nur nach meiner eigenen trüben Brille zu beurteilen.

Die Mühseligen und Beladenen, um ein Wort der Bibel zu gebrauchen, sind es von jeher gewesen, die mir die getreuesten, mitunter die erheiterndsten Begleiter auf dem Pfade des Lebens wurden. Ihre Grillen und Schnurren, der einzige Luxus, den sich die Armut gönnen darf, befruchteten meine empfängliche Phantasie, und ihre Wünsche und Hoffnungen förderten meine eigene Neigung zum Baue von Luftschlössern. Ich ahnte damals freilich nicht, daß solche Gesellschaft eine Vorschule von Aktstudien wurde, die ich allerdings nur so nebenher betrieb, die aber meine Menschenkenntnis heilsamer förderten, als später die meisten Gestalten der sogenannten guten Gesellschaft und der vollkommenen Bildung, deren Glanz mir vielfach als Firnis, deren Kultur mir noch häufiger als Genußsucht, Eitelkeit und Selbstüberhebung sich entpuppte.

Da war in unsrer Triester Amtsstube ein alter Mann, dessen Gestalt und Wesen mir unvergeßlich bleibt für alle Zeiten. Er hieß Seubowitz und war Kanzleidiurnist unsrer Verwaltung. Wir saßen im gleichen Zimmer der Villa Necker. Wir grüßten uns freundlich, sprachen wenig und hatten viel Arbeit. Er schien mir deutscher Abkunft zu sein, zeigte aber hohe Achtung vor allem, was französisch war, besonders vor dem Zeitalter Napoleons des Ersten, und erinnerte mich mit Vorliebe daran, daß Triest und diese Küsten einstmals zur „illyrischen Provinz" geschlagen wurden. Das hätte mich ihm, bei meinem fast krankhaften Deutschtum, nicht näher gebracht. Meine gute Mutter, die aufs zärtlichste ihr Leben lang um mich besorgt war, schrieb mir regelmäßig von acht zu acht Tagen einen ausführlichen Brief. So hat sie es bis an ihr Ende gehalten. Ebenso regelmäßig pflegte ich ihr zu antworten. So brachte mir denn wöchentlich der Postbote ins Amt den mütterlichen Brief, der heiß und andächtig gelesen, vorher ersehnt, hinterher entsprechend nachgenossen wurde. Was gibt es Schöneres, als den Brief einer Mutter? Der alte Mann beobachtete mich schweigend und nicht ohne Teilnahme an den Ausbrüchen meiner Freude über die ersehnten Briefe. Einmal aber sagte er plötzlich: „Das ist schön, daß Sie Ihre Mutter so verehren." Ganz erstaunt gab ich ihm zur Antwort: „Wie sollte ich sie denn nicht verehren?" Da beugte er sich tief über seine Schreibarbeit und sagte mit leiser Stimme: „Auch ich habe einen

Sohn. Er lebt in Kairo; es geht ihm sehr gut. Aber er hat seinen einsamen Vater ganz und gar vergessen." — Als ich betroffen nach ihm hinüberblickte, sah ich seine Augen gerötet. Aber, ohne sich's merken zu lassen, daß ihm der Schmerz die Tränen in die Augen getrieben hatte, bezwang er sich, trocknete seine Brille mit dem Sacktuch und murmelte: „Daß denn immer mein Glas so trüb ist!" — Lieber, guter, alter Seubowitz! Du wirst ja längst nicht mehr auf Erden wandeln, aber ich wünsche und hoffe, daß dein Grab nicht einsam und ungeschmückt von Kindeshand geblieben sei. Tausende von Menschen habe ich vergessen — dich nicht!

Und so kam denn auch der Tag, wo ich einsah, daß es besser sei, meine Lebenshoffnung nicht auf das Meer, nicht auf den einförmig mühevollen Dienst der Seeverwaltung, sondern wieder nach dem Norden zu verlegen auf das feste Land. Der Kriegskommissär, dem ich meinen Wunsch mitteilte, drückte mir die Hand und sagte: „Ich beglückwünsche Sie zu diesem Entschluß. Bei uns hätten Sie trostlose Aussichten als geistig selbständiger Mensch von akademischer Bildung." Um einen Scherz zu machen, fügte er bei: „Sie würden sich auch schlecht mit dem Schnaps befreunden."

Das Hafenadmiralat stellte mir sofort in freundlichster Weise ein lobendes Zeugnis über Wohlverhalten und Fleiß aus, und ich verabschiedete mich für immer von meinen Vorgesetzten und liebgewordenen Kameraden.

Nun begann die traurigste Zeit meines Lebens. Meine Eltern übergaben das mit Bauschulden belastete Haus meinem Bruder, der eine übereilte, kümmerliche Ehe einging, und retteten sich nur ein ärmliches Wohnungsrecht im Hinterhofe. Meine Schwester Luise verehelichte sich mit einem Privatmanne aus Neigung, folgte aber ein Jahr darauf der älteren Schwester Amalie im allzu frühen Tode nach.

Nach Wien zurückgekehrt, ohne hilfreiche Verbindungen, ohne materiellen Halt, wäre ich wohl körperlich und geistig

bald zugrunde gegangen, wenn ich nicht großmütige Gast=
freundschaft in einer wohlhabenden und gebildeten Familie
gefunden hätte, deren Söhne mir von der Mittelschule her
befreundet waren. Die Mutter des Hauses, eine geistig vor=
nehme Natur, reich belesen und von gediegenem Urteil, stell=
te mir ihren Bücherschatz zur Verfügung und förderte da=
durch meine literarische Ausbildung in unvergleichlicher
Weise. Mit Ausschluß alles gewöhnlichen Lesefutters genoß
ich die Meisterwerke der Vergangenheit wie der Gegenwart
und schärfte meinen Blick für das Große und Dauernde, ohne
blind zu sein für die Unterströmungen der Zeit.

Endlich gelang es mir, Kinder eines reichen Hauses zu
unterrichten und auf diesem Wege eine bescheidene Stelle als
Kontrollbeamter der k. k. priv. Südbahn in Wien zu erhal=
ten.

Nun saß ich als geistiger Galeerensklave und Ziffern=
mensch in der „Jammerkanzlei". Vergebliche Sehnsucht nach
dem Meere und dem Süden, den ich verlassen, erfaßte mich
hier täglich. Aber, so schrecklich diese Frone war, ich denke
nicht ohne Dankbarkeit an diese bittere Schule meines Le=
bens, ja, ich segne sie, weil sie ein zweifach gutes Ergebnis
für meine Zukunft vorbereitete. Einerseits stieg aus den trü=
ben Wassern dieses dumpfen Sklavendaseins wie ein wohl=
tätiges Licht mein nicht zu tötender Humor, wenn auch vor=
läufig nur schüchtern und mehr persönlich; anderseits öffnete
sich vor meinen nur allzulang verschleierten Träumeraugen
ein so schwindelhaft tiefer Abgrund von Menschennot und
Elend, von Verkommenheit und Verzweiflung, daß mich jah=
relang und jahrelang vom Morgen bis zum Abend nur ein
einziger Gedanke verfolgte: „Du darfst nicht untergehn, du
mußt dich retten."

Aber die gütige Natur hatte mir auch in diesem geistigen
Kerker nicht die Gabe versagt, das menschlich Versöhnende,
das unbemerkt Gute, das harmlos Drollige zu bemerken und,

gemäß einem Selbsterhaltungstriebe, es für mein Gestaltungsbedürfnis mir innerlich anzueignen.

Hier war eigentlich der Glühofen, aus dem manches Werkstück meines doch nie zu tötenden Humors zeitweilig zutage stieg. Und je ärmer unser Glückskreis war, um so dankbarer begrüßte ich die wenigen heiteren Gestalten, die durch Jahre meine engere Gesellschaft wurden. Immer bleibt dem Menschen das Wichtigste der Mensch. Wissen, Rang und Abkunft, Bildung und Reichtum sind wohl köstliche Güter. Aber, wo d i e s e r Mantel fehlt, da bleibt als letztes — um mit König Lear zu sprechen — nur „das nackte, zweizinkige Tier" übrig. Und wir alle waren solche bis auf die Haut geschälte Rüben.

Karl Moor hätte Rekruten aus unsrer Bande werben können. Die Mehrzahl war ja ohnehin aus den „böhmischen Wäldern". Und da gab es für den Menschenbeobachter ungeahnte Gegensätze, Licht und Schatten. Eigentlich eine diabolische Atmosphäre, in der die vom Schicksal verdammten besseren Seelen wie in einem Fegefeuer zappelten. Um mit dem Schatten zu beginnen, so fehlte da nicht der donnernde und blitzende oberste Chef der Kontrolle, der unnahbar blieb, über den ich jedoch niemals Ursache zu klagen hatte. Da fehlte nicht der durch Trunk und Schulden ganz verkommene Proletarier, der aus besseren Tagen „was er einmal war" nicht vergessen konnte, aber durch Lumperei vollständig stumpf war. Ein bildhübscher Kerl von dreißig Jahren, der zeitweilig mit prachtvoller Tenorstimme — wenn der Vorstand abwesend war — Triller und Hopser aus Wiener Walzern trällerte, sprach niemals je ein einziges Wort, so wurstig war ihm unsre Gesellschaft. Sprach man ihn aber ernsthaft an, sei es dienstlich, sei es persönlich, so gab er einen Ruf zur Antwort, der für die Eingeweihten eine Wortzusammenziehung bildete, die ich aus Höflichkeit und Takt nicht erklären kann, nur dem Ahnungsvermögen überlasse.

Sagte man: „Wie geht es Ihnen?" So murrte er: „..... n
.... rsch!" Er wurde später Sicherheitswachmann und verschwand spurlos. Er soll der Sohn eines Kammerdieners des weltbekannten Staatskanzlers Fürsten Metternich gewesen sein, hörte ich sagen. Hier fehlte auch nicht der unheimliche Wucherer. Ein gewesener alter Soldat, — jetzt ein graubärtiger, fast ehrwürdig aussehender, süß lächelnder Zahlenmensch mit kleinen, stechenden Augen, der immer mit Kollegen flüsternde, kurze Bemerkungen tauschte und heimliche Wechsel aus einer dicken Brieftasche zog. Er hatte ein häßlich geschminktes Weib, das ihn demütig um das tägliche Geld anfocht, und ein kränkliches, langbeiniges Kind, das als Statistin eines Theaters Brot verdienen mußte. Ich war so glücklich, niemals bei ihm pumpen zu müssen. Er hielt mich deshalb offenbar für anormal. Bat ihn einer um Geld, so sagte er laut: „Ich verlange gar nichts dafür." Verstand der Unglückliche diese Umschreibung buchstäblich, so erhielt auch er „gar nichts". Aber ein Wechsel — mit etwas geändertem Inhalt — öffnete sofort die Brieftasche der Barmherzigkeit. Es gab Geschöpfe unter uns, welche den ganzen Gehalt allmonatlich verpfändet hatten — durch Jahre — und nur das Federnpauschale von zwanzig Kreuzern bezogen.

Man denke sich diese Galgenstimmung! Man denke sich dazu den Kontrast: Die eingeschobenen Protektionskinder, die im Handumdrehen Inspektoren wurden, die Ritter des Großkapitals in jenen Tagen der großen Schwindelbanken und des Tanzes fast aller um das goldene Kalb. War ein Leichtsinn unter uns, so wurde er auch grauenhaft bestraft. Ich konnte diese Aermsten nur herzlich bedauern. Solch einem Unglücklichen, der gegen mich immer ein guter, lieber Kamerad gewesen war und der mir plötzlich Verdacht einflößte, weil er mir eines Tages alle Blumentöpfe, die er am Amtsfenster pflegte, mit feuchten Augen zum Geschenke machte, folgte ich in den Belvederegarten und entriß ihm dort die

Pistole. Er entfloh und stürzte sich in die Donau. Ich will die Schatten dieser Unglückseligen, die ich noch in meiner Erinnerung trage, nicht weiter heraufbeschwören; sie mögen ruhen. Sie haben mich zwar oft in tiefste Melancholie gestürzt bis an die Grenze des Menschenhasses, aber sie vermochten nicht das wenige Licht zu ersticken, das in diesen Latomien leuchtete, das Licht posserlich gutmütiger, hie und da zwerchfellerschütternder Menschlichkeit und Allzumenschlichkeit. Drei Typen sind mir als Muster dieser Art kameradschaftlich näher getreten. Ich will versuchen, sie flüchtig wiederzugeben. Der Behäbigste und Liebenswürdigste unter allen war mein Freund Anton Rathgeb. Er war der Urtypus des Wieners „vom Grund". Klein und untersetzt, von klugem Gesicht, mit Schnurrbart und Fliege überm Kinn, fleißig und witzig, schlagfertig in der Rede, guten Herzens, durch und durch „honett", ein braver Sohn, vielleicht ein bißchen „Muttersöhnlein", wohlhabend von Haus, vielfach angepumpt, aber nach einigen Erfahrungen humoristisch zugeknöpft gegen durchschaute Gauner, wurde er in diesem Panoptikum der Sonnenschein meiner Tage. Seine Schwachheit war, hübschen Mädchen nachzusteigen, einen guten Tropfen zu trinken und die zeitgemäßen Volkssängerlieder anzustimmen, die in jener Periode auf allen Gassen und in allen Gossen erklangen. Er hieß bei uns deshalb „der kleine Biz". Er hatte auch wunderlicherweise den zweiten Spitznamen „der Pfarrer". Es war dies eine kleine Bosheit unseres Kollegen Schmidtler, eines künstlerisch begabten jungen Mannes, vormaligen Klosternovizen, nachmaligen Opern- und Konzertsängers, Theaterdirektors, Chormeisters — und was weiß ich! Unser guter Rathgeb hatte durchaus nichts Geistliches an sich und in sich. Ursprünglich nur für den Kaufmannsberuf vorgebildet, hatte er bereits in einem Geschäfte gedient, diesen Beruf aber auf ärztlichen Rat aufgegeben wegen leichter Herzaffektionen. Ein noch boshafterer Kollege behauptete, „wegen Herzausdehnung beim Schwingen der Zuckerhüte vom Wagen ins Magazin hinein".

Von der lateinischen Sprache hatte er deshalb mit Recht nicht den geringsten Begriff. Aber seine natürliche Darstellungsgabe und sein heiteres Nachahmungstalent ließen ihn auch ab und zu Gastrollen in der Wiedergabe kirchlicher Zeremonien versuchen. Er erteilte uns plötzlich den Segen. Er versuchte da zu unserm höchsten Gaudium den weihevollen Lateiner zu simulieren, wobei er ein unglaubliches Kauderwelsch zutage förderte. Die Schlußformel endete jedesmal mit dem Rufe „Ozolorum!"

Zu meiner Freude lebt „der kleine Biz" in Wohlsein und Verfettung heute noch im behäbigsten Ruhestande als alter Junggesell. Er ist ein reicher Mann und heißt bei seinen Nichten und Neffen „der Onkel Toni". Er wird von seiner Wirtschafterin in seiner luxuriösen Wohnung gut gepflegt und sorgfältig gefüttert. Sein freundliches Gesicht ist von Wohlbehagen gerötet. Er hört ein bißchen schwer und geht abends in kein Konzert oder Theater mehr. Liest höchstens das Tagblatt. Jeden Vormittag jedoch sitzt er beim Frühschoppen in der Schwemme „Zum grünen Anger". Im Sommer führt er das gleiche Leben in Windischgarsten; nur daß er dort auch Kegel schiebt. Es ist ein Ereignis, wenn er aus alter Liebe zu mir nach Döbling kommt. Sein Herz ist ohne Rost und Tadel geblieben. „Ozolorum!"

Der zweite aus dieser Heldenschar war Alois Fallenbichel. Er bildete körperlich den stärksten Gegensatz zum „kleinen Biz". Er war alt. Schon über fünfzig. Er war bucklig. Sein Kopf war etwas Unbeschreibliches. Ich habe ihn wohl hundertmal gezeichnet; mit Worten aber ist dieses Kuriosum nur ahnungsweise wiederzugeben. Er war ein Spitzkopf mit krebsartig herausgetriebenen Augen hinter einer Brille. Seine Nase war hochschneidig von Rücken und dabei gebogen, als hätte sie einen Höcker, so wie ihr Herr. Das Bewunderungswürdigste an dieser Nase war, daß sie nicht, wie andere sterbliche Nasen ihre Wurzel zwischen den Augen, sondern über der Augenhöhe in der Stirne drinnen hatte; wie ein Gebirgskamm, der aus einer Fläche langsam aufsteigt. Da die Vorderzähne durch ihre Länge den Mund hinderten, sich völlig zu schließen, und im Profile eine Wölbung nach außen bildeten, so hatten sie den Anschein von Hauern und der Kopf glich dem Haupte eines Ebers. Das Gesicht und der ganze Mann waren aber durchaus gutmütig, ja jovial, solange man seinen Widerspruch nicht durch irgend etwas reizte. Er hieß in unserm engsten Kreise der Herr „Baron". Warum? Das weiß ich eigentlich nicht. Wenn er jovial war, sprach er durch die Nase und drehte dabei seinen alten Siegelring. Sein Höchstes war ein „Pfiff" Wein und ein „Zigarrl". Es ging bei uns die Sage, daß er draußen irgendwo mit einer „Geliebten" glücklich zusammenlebe, nachdem er sein böses und sündhaftes Weib von sich gejagt hatte. Die Bosheit des Geschickes bescherte ihm aber Zwillinge, die er altkatholisch taufen ließ und nach Vater und Mutter „Alois Anton" benannte, wie auch der altkatholische Pfarrer hieß. Dieses Original entzückte mich. Ich besang ihn in allerlei Balladen. Ich übersetzte seinen Namen in mehrere Sprachen in ähnlicher Weise, wie „der kleine Biz" sein Latein mißhandelte. Soviel ich mich entsinne, etwa: deutsch Fallenbichel, französisch Fallembüschell, italienisch Fallimpiccolo, englisch Fellenbötschel. Wenn es ihm zu dick wurde, sagte er ruhig: „Halt's Maul!"

Einmal nur sah ich ihn in rasender Wut wie ein gereiztes Wildschwein. Rathgeb hatte ihn durch irgend etwas beleidigt. Die Augen kugelten ihm aus ihren Höhlen, der Speichel spritzte zwischen den Eberzähnen heraus, die gekrallte Faust ergriff das große gläserne Streusandfaß — und eben noch konnte ich dazwischen springen, sonst hätte er's im tobenden Zorn gegen den Kopf des „kleinen Biz" geschleudert.

Von dieser Stunde an waren die beiden unversöhnliche Feinde.

Mir blieb er bis zu unsrer Trennung gewogen. Ja, seiner Beihilfe verdanke ich in gewissem Sinne die Erleichterung meiner Erlösung aus diesen Verhältnissen. Wie das zuging, werde ich später darlegen.

Das dritte Original war Wilhelm Art. Er war Beamter der Nordbahn und im Abrechnungsbureau mein Gegenarbeiter. Er war geborener Sachse, aber nicht von der geschmeidigen, ängstlichen, sondern von der unternehmenden Sorte. Was uns ursprünglich verband, war etwas durchaus Aeußerliches, der Besuch des Theaters. Wir hungerten lieber, als daß wir ein Kunstereignis versäumten. Weil ich aber stets das Bedürfnis hatte, mich im Theater während der Zwischenpausen, wenn auch nur flüchtig, über Werk und Wirkung auszusprechen, meine Begeisterung über Gelungenes, meinen Unmut über Mattes oder Geschraubtes in ein verständnisvolles Ohr zu gießen, so schulte ich ihn allmählich zu meinem auserwählten, sehr bereitwilligen Begleiter, der das, was ihm an Tiefe und Kunstverständnis fehlte, durch gesunden Verstand und natürlichen Witz ersetzte. Seine unglaubliche Behendigkeit in Erreichung vorgesteckter Ziele machte ihn förmlich zu meinem Famulus, besonders bei der glücklichen Erwerbung billiger Theaterkarten.

Die zahlreichen Fälle, wie er dabei für seine eigene Person, teils bittend, teils imponierend, das Bessere, ja selbst Freiplätze zu erobern wußte, vermag ich nicht mehr darzulegen. Aber ein ungewöhnliches Beispiel seiner Verwegenheit und Gefahrverachtung möge hier Platz finden. Ich hatte ihn beauftragt, uns Karten für die vierte Galerie des alten Hofburgtheaters zu Grillparzers „Weh dem, der lügt" zu verschaffen. Er stellte mir meine Karte pünktlich zu. Ich erstaunte, ihn diesmal gar nicht an meiner Seite, gar nicht in der vierten Galerie, überhaupt nicht im Theater zu erblicken. Aber nach Schluß des ersten Aktes tauchte er im Hintergrunde auf. Als wir am Schlusse der Vorstellung uns begrüßten und ich ihn fragte, warum er ohne Sitz im Hintergrunde stehengeblieben sei und mich nach dem gewohnten Ausgang wenden wollte, zeigte er mir eine mittlere Ausgangstreppe, welche direkt in den alten Turnierplatz der Hofburg hinabführte. Als wir da hinabstiegen, sagte er: „Diesmal bin ich ganz ohne Karte hier heraufgestiegen, aber natürlich erst nach Schluß des ersten Aktes. Mitten unter dem rauschenden Applaus, wo die Billeteure nichts hörten, trat ich ein, ohne Ueberrock, als hätt' ich draußen bloß Luft geschnappt. Man muß auch manchmal seinen Kunstgenuß gratis haben."

Als dieser Sonderling sich verheiratet hatte und bei schmalem Solde auch kein Geld, wohl aber Kinder ins Haus gekommen waren, wurde er in der Beschaffung der notwendigsten Dinge so erfinderisch, daß die unglaublichsten Gerüchte von seiner Findigkeit uns umschwirrten. Gelegentlich eines Besuches, den ich ihm abstattete, setzte er mir eingesottenes Obst vor, von dem ich durchaus genießen mußte. Es waren Birnen, klein und ursprünglich etwas holzig, aber gut und weich bereitet. Als ich mein Lob darüber aussprach und seine Freigebigkeit rühmte, sagte er: „Mein Bester, das kostet mich gar nichts, als etwas Zucker und Wasser." Als ich weiter fragte, von woher er die kleinen Birnen bezogen habe, gab er zur Antwort: „Von unserem Herrgott." Weil ich den Kopf schüttelte und um nähere Erklärung bat, sagte er endlich: „Sie unpraktischer Mensch, das ist höchst einfach. Meine Hermine begleitet mich täglich in den tiefsten und entlegensten Teil des Praters hinab. Dort gibt es in den Auen hie und da halbwilde herrenlose Birnbäume und anderes Zeug. Ich erklettere solch einen Baum, die Hermine breitet unten ihr Tuch auf die Erde, ich schüttle und wiege mich im Wipfel, die Birnen fallen herab, wir sammeln sie, tragen sie heim und beschaffen uns fürs Haus unser Dunstobst." Als die Kinder sich mehrten und die Ernährung des Kleinsten die Kraft der Mutter übermäßig in Anspruch nahm, erfand er eine neue Kriegslist. „Wissen Sie," sagte er zu mir, „wie ich zeitweilig den Buben beruhige und die Frau schone? Das ist sehr einfach und hilft zeitweilig über den kritischen Augenblick hinweg. Der Bengel ist immer durstig und begehrt nach der Mutterbrust. Allzuviel ist ungesund. Wenn er nun mal zu recht ungelegener Zeit zu schreien beginnt, wenn die Hermine kochen oder außer Hause just was beschaffen muß, da heb' ich ihn einfach auf die Arme, knöpfe mein Hemd auseinander und lege ihn an die Vaterbrust. Der Kerl bildet sich ein, an der Milchquelle zu liegen, saugt und saugt — und wird beruhigt." — Die Zahl solcher Erfindungen war endlos. Außer Art waren auch noch andere gute Gesellen in unserm Kreise, wie der schweigsame Lukas, der eine herrliche Baritonstimme besaß, nur sang und nie sprach. Diesem verdankte ich später die Bekanntschaft mit dem angehenden Opernsänger und fruchtbaren, hochbegabten jungen Tondichter Adolf Wallnöfer, mit dem mich eine dauernde Freundschaft verband. Er vertonte prächtig einige meiner Lieder, so den „Falkner", ein Heidelbergerlied „Zu Heidelberg, da liegt ein Faß", sowie in jüngster Zeit die Gesänge meines Schauspiels „Fridolin". Ein gottbegnadeter Künstler.

Ein höchst trauriges Ereignis riß mich plötzlich aus dieser halben Kapitulation mit den scheinbar allmächtigen Verhältnissen heraus. Ein älterer Amtsgenosse, ein Pole, aus besseren Verhältnissen herabgekommen und tief verschuldet, vergiftete sich mit Phosphor und wurde von Fallenbichel sterbend in seine Kammer gebracht. Vom Leichenhofe des allgemeinen Krankenhauses, wo wir in der Kapelle unter Schmidtlers Leitung ein Grablied sangen, schritten wir hinter dem Sarge paarweise — Rathgeb und ich nebeneinander — zu dem Währinger Friedhof. Dort sank der Arme in ein Mas-

sengrab. Jeder von uns engeren Amtskollegen — es war
kein Dutzend Menschen — warf ihm eine Scholle nach. Dieses Begräbnis wirkte auf mich wie eine Hinrichtung. Ich
weiß nicht, wie es heute um jene Beamtenkreise steht. Damals aber herrschte unter uns Not und Aussichtslosigkeit,
wenn man kein eingeschobener Günstling der oberen Zehntausend oder keine geriebene, falsche Kreatur war. Schlechter Hungerlohn, statt Beförderung meist Enttäuschung, Roheit und Unbildung, Eigennutz an der maßgebenden Stelle,
herzbewegende Armut, erdrückende, geistlose Ziffernarbeit,
dazu bei den zweifelhaften Elementen dieses heterogenen
Kreises Sittenfäulnis, Trunksucht, Schulden und noch viel
Schlimmeres, das wir mit dem Mantel des Vergessens bedecken wollen. In grauenvollem Gegensatz zu diesem Sklavenelend stand die Genußgier der Zeit, die Ueppigkeit der
Wohlhabenden, die allgemeine Jagd nach Millionen, die
Spielwut mit künstlich gesteigerten Papieren, der Größenwahn, die Geckenhaftigkeit und die Verlogenheit der öffentlichen Meinung. Längst schon hatte Oesterreich infolge von
Königgrätz seinen Austritt aus dem historischen Zusammenhang mit Deutschland vollzogen und mit endlosen Experimenten sogenannter Neubelebung auf dem entgegengesetzten Wege, so mit der Zweiteilung der Monarchie, dann allmählich
mit der schrittweisen Verzichtleistung auf die überlieferte Einheitlichkeit des Reiches geendet. Falsche Ratgeber und ehrgeizige Politiker wollten den Schwerpunkt der Macht nach
— wie es jetzt hieß — Budapest verlegt wissen; und unter
dem Vorgeben der Versöhnung aller Nationen der Monarchie und dem durchaus inhaltslosen Schlagworte allgemeiner Gleichberechtigung und Freiheit wurde nur der Millionenhunger, die Titelsucht und die Herrschbegierde einzelner
oder geschlossener Gruppen begünstigt, das Volk belastet, das
Reich zersplittert. An die Stelle des alten, von Adel und
Klerus beherrschten Oesterreich trat ein vom Kapitalismus

und der Phrase geknechtetes, durch nationale Streber verhetztes Staatengebilde. Auch unter uns Aermsten machte sich dieser Bildungs-, Sprachen- und Rassen-Gegensatz um so empörender geltend, als gerade wir deutschbürtigen Oesterreicher uns gegen jeden Fremden benachteiligt und zurückgedrängt sahen und keine Hoffnung bestand, diese bereits in der Staatsverwaltung herrschenden Zustände jemals aus dem Körper einer Privatgesellschaft getilgt zu sehen, einer Gesellschaft, deren Chef ein Franzose, deren Hauptsitz Paris war.

Jenes Begräbnis des armen Selbstmörders riß mich empor zu schaudernder Selbstbesinnung. Kleinmut und Zweifel warf ich von mir. Wiederaufnahme meiner fast vollendeten Hochschulstudien und — Hingabe meiner tiefsten Seele an die keiner Partei dienende, reine und ewige Kunst, im Geiste meines Volkes, das war die Losung und der Schwur, womit ich den Rückweg von diesem Trauergange antrat.

Noch hatte ich einen ungefähr zweijährigen Kampf um dieses Ziel zu bestehen, denn noch waren drei Semester des Hochschulstudiums zu absolvieren. Ein Urlaub mit Bezug meines kleinen Gehaltes zur Ausarbeitung der schriftlichen Hausarbeiten und zur Vorbereitung auf die schriftliche Klausur und mündliche staatliche Lehramtsprüfung war gänzlich ausgeschlossen. Ich durfte diesen Plan nicht einmal vorzeitig verlautbaren, denn hunderte armer Teufel hätten Gott gedankt für meine karge Stelle, und die Direktion hätte einen für ihr Bereich Müßigen mit Recht sofort an die Luft gesetzt. Nachdem ich meine Inskription an der Wiener Alma mater erneuert, wendete ich mich um hilfreichen Rat an meinen vormaligen Lehrer, den Aesthetiker und Philosophen Hofrat Dr. Robert Zimmermann, der durch seinen Geist wie durch seine Herzensgüte mich in meinem Vorhaben aufs freudigste ermunterte und unterstützte. Auch der berühmte Geograph, Professor Dr. Simony kam mir in herzlichster Weise entgegen, sowie der Germanist Professor Dr. Karl Tomaschek. Sie wußten, daß ich nur ein frühes Morgenkollegium und ein spätes Abendkollegium besuchen konnte und im übrigen auf mein persönliches Nachtstudium angewiesen war, wenn meine Kräfte das überwinden konnten.

Als nun aber die drei Semester vollendet waren und ich mich um die schriftlichen Hausarbeiten (aus Geschichte, Geographie und Aesthetik) bewarb, entstand neuerdings die Frage, wie ich, auf einige Wochen zumindest, die nötige Freiheit vom Amte erlangen könnte.

Da rettete mich mein Freund Alois Fallenbichel. Ich litt zufällig an einem hartnäckigen Katarrh, dessen Heilung in kaltfeuchter Jahreszeit unbedingt Schonung und kurzes Fernbleiben vom Amte erforderte. Ein Entschluß mußte rasch gefaßt werden. Eine Entdeckung meiner Absicht, nicht meiner Genesung, sondern meiner Prüfungsarbeit eine längere Zeit zu widmen, wäre bei dem ausgebildeten Spioniersystem der Anstalt, die ihre Untergebenen mißtrauisch und rücksichtslos behandelte, die unmittelbare Ursache meiner sofortigen Entlassung geworden. Ich vertraute daher Fallenbichel meine Absicht und meine Sorge an. Er war ein ebenso kluger als bereitwilliger Helfer. Einen Bundesgenossen fand ich auch in einer seiner Schwächen. Er liebte über alles „ein feines Zigarrl". Da ich häufig in befreundeten Kreisen geladen war und viel öfter gute Zigarren erhielt, als ich sie selbst rauchte, so gewährte es mir großes Vergnügen, ihn mit solchem Rauchwerk häufig zu beschenken. Das gewann mir sein ganzes Herz. Ab und zu pflegte er mich auch um kleine Münzen anzupumpen, wobei es drollig war, daß er oftmals zur Erzielung neuer kleiner Pumpe eine originelle Abrundungsarithmetik anwendete. Wenn er beispielsweise mir achtzig Kreuzer schuldete, griff er in die Tasche, als wollte er zahlen, sagte dann aber plötzlich: „Achtzig Kreuzer bin ich dir schuldig — gib mir schnell noch zwanzig, dann ist's gerad ein Gulden." Da ich diese ganz kleinen Gefälligkeiten gerne leistete und niemals an sein Gedächtnis appellierte, war ich seiner blinden Ergebenheit sicher.

In dem kurzen Zeitraume von drei Wochen gelang es mir, die drei Arbeiten zu bewältigen. Fallenbichel gebrauchte die List, sich als „Lockspitzel" im Amte anzubieten, als welcher er mich häufig und unerwartet besuchen wolle, ob ich auch wirklich leidend zu Hause sei. Er wußte seine mißtrauischen anfänglichen Bemerkungen so geschickt in wachsende Bedenken über meinen Zustand und mein wenig Gutes versprechendes Aussehen zu verwandeln, daß ich vor jedem anderen „Besuche" gesichert war und täglich meine Arbeiten in der k. k. Hofbibliothek emsig betreiben konnte. Längst waren dieselben approbiert und ich wieder im alten Joche, als endlich die unabweisbare Notwendigkeit an mich herantrat, zur Bewältigung der Vorbereitung auf die abschließenden Prüfungen mir mindestens ein halbes Jahr freie Zeit von jeder Amtspflicht zu verschaffen. Wie sollte ich aber leben ohne Gehalt, da ich ohne irgendwelche andere Hilfe war und meine guten Eltern, gänzlich verarmt, jetzt selbst der Hilfe bedurften?

In dieser schweren Zeit, da der innere Kummer auch deutlich auf meiner Stirne geschrieben stand, trat eines Tages ein Wesen, das ich jahrelang nicht mehr gesehen hatte, meine Base Josefine Gläser, die Tochter meines Vaterbruders, auf mich zu und sagte schlicht und herzlich: „Ich glaube zu wissen, daß du unglücklich bist und deine Studien vollenden möchtest. Darf ich dir, solange du es nötig hast, monatlich hundert Gulden anbieten? Nimm sie an und vollende deine Prüfungen. Solltest du — es wäre ja möglich — durchfallen, so wird kein Mensch erfahren, daß ich dir dieses Anerbieten gemacht habe."

Dankbar ergriff ich diese rettende Hand und ich darf wohl sagen, daß von diesem Tage an mir der Weg zum ersehnten

Ziele einer würdigen Lebensstellung eröffnet war. Fröhlich steuerte ich darauf los, ermuntert von meinen Lehrern, freundlichst, jedoch ohne Gehalt auf neun Monate beurlaubt von meiner Direktion und neugeboren in meinem Herzen durch die Empfindung, jetzt ein freier, der Bildung und Wissenschaft hingegebener Mensch zu sein. Josefine wurde die Retterin meines Lebens und meiner Kunst. — Und bis zum Tage, wo ich dies niederschreibe, ist sie in Leid und Freude mein Schutzgeist geblieben.

Die Prüfung ging glücklich vorüber. Ich kehrte pünktlich nochmals in das alte Joch zurück, nicht wissend, wohin ich mich wenden würde. Ich war damals an einer Entzündlichkeit der Augen infolge der ihnen zugemuteten Anstrengungen erkrankt, aber bereits wieder arbeitsfähig, als eines Tages ein junger Freund von der Hochschule (der spätere Lemberger Universitätsprofessor und Literarhistoriker Hofrat Dr. Werner) in meine Stube trat und mir die frohe Botschaft brachte, der berühmte Hochschulprofessor Hofrat von Hartel wolle mir, wenn ich noch keine Stelle in Aussicht hätte, Empfehlung und Weisung erteilen. Werner begleitete mich zum Hörsaal, aus dem der Bezeichnete liebenswürdig auf mich zutrat und nach kurzer Frage mir seine Karte einhändigte, die mich an den Landesausschuß Dr. Luftkandl als Kandidaten für die freigewordene Stelle eines Supplenten an der Landes-Oberrealschule (nachmals dem Obergymnasium) der Stadt St.-Pölten in Niederösterreich wärmstens empfahl.

Es ist aber nicht der Zweck dieser Erinnerungen, den bescheidenen Lauf meines bürgerlich gesicherten, beruflich stillen Daseins in der Sphäre eines Professors an der Mittelschule einer Kleinstadt in der Nähe Wiens zu verfolgen, wo mir jetzt die persönliche Freiheit und die freudige Tätigkeit des Jugendbildners zuteil ward; ein Leben, wie es Tausende führen, die von der Schulbank auf dafür vorherbestimmt sich fühlen, deren Denken und Streben, reich an Mühen und Sorgen, streng im Pflichtbewußtsein, reicher oft noch im Entsagen, nur im Bannkreis der Schule dahinfließt.

Diese Blätter sollen mir vielmehr Tage und Jahre in Erinnerung rufen, welche für mein Dasein noch viel höhere Bedeutung gewannen, weil sie mich, wenn auch unter harten Kämpfen mit der Ungunst der Zeit und der Menschen, meiner eigentlichen Herzensgöttin, der dichterischen Kunst, immer wärmer, immer freudiger in die Arme führten. Und da muß ich noch einmal zurückgreifen in meine Wiener Leidenszeit, um den Werdegang meines poetischen Seelenlebens in seinen ersten Offenbarungen mir zurückzurufen.

Die jungen Männer von heute, die mir da bis zu dieser Stunde häufig und oft bis zur Zudringlichkeit ihre ersten poetischen Versuche ins Haus schicken, sind ein ganz anderer Schlag von Menschen, als ich mir seinerzeit einen wahrhaften Kunstjünger vorstellte. Sie sind so ganz und gar von ihrer Berufung, ja oft von ihrer Auserwähltheit eingenommen, daß ich mir längst abgewöhnt habe, ein Urteil auszusprechen.

Halbe Kinder schreiben Romane, Novellen, Tragödien. Es fällt ihnen nicht ein, zu warten, bis sie das zu Schildernde aus der Erfahrung ordentlich kennen gelernt haben. Wenn solch ein Junge Freude oder Leid empfindet und es reimt, so glaubt er, nun ist er ein Dichter. Das Zeitungslesen verwirrt und erhitzt ihm den Kopf. Statt in die Kunst gerät er in die Streberei. Wer die Kunst aber als etwas Hohes und Heiliges erachtet, gleichsam als etwas Prophetisches, der wird sich nur nach strenger und werktätiger Prüfung in ihren Dienst begeben. Leute von der Feder, die sich mit Vergnügen bemerklich machen wollen, schließlich die Feder als nicht zu verachtendes Handwerkszeug, ja selbst als einträgliches Erwerbsinstrument betrachten, endlich nicht zuletzt als literarische Klapper zum Ostertag der eigenen, wohlvorbereiteten Auferstehung; solche Leute, sie mögen die einflußreichsten Plätze in der Literaturwelt erobert haben — sind keine Dichter von Gottes Gnaden. Sie beherrschen, solange sie an der Arbeit sind, die blinde Tagesmeinung, den Markt, die Mode, das Geschäft; — aber sie sind tot, sobald sie die Feder aus den Händen legen, den Kontorstuhl der herrschenden Firma verlassen, denn ihr Werk ist ein Mechanismus, dem die ewige Seele fehlt.

Wehe dem Kunstjünger, der diese Marktschreier mit den berechtigten, wahren Führern der Kunst verwechseln würde!

Ebensogut wie heute gab es auch damals angemaßte und selbstbewußte Scheingrößen. Die wahren geistigen Führer, stolz auf sich selbst zurückgezogen, wie Grillparzer, vom Lebenskampf erschöpft oder krank, wie Otto Ludwig, von der Dummheit der Oeffentlichkeit nicht begriffen, von der Gemeinheit der Gegner mit Unflat beschmutzt, von den Witzblättern in den Kot gezogen, wie der große, heute die ganze Welt beherrschende Richard Wagner — solche Führer waren nur in weniger Menschen Geist lebendig. —

Wien, das liebe, oberflächlich lustige, börsenspielvergiftete, seiner alten Schlichtheit beraubte, von keinem eigenen, ursprünglichen Ideal belebte, von Tag zu Tag weiterduselnde Wien, tanzte beim Maskenspiel und sang in allen Gassen Offenbachs:

„Ich bin der Pascha von Rhododendron,
Bin ein Lichtentaler Hausherrnsohn!"

Ich darf wohl sagen: das Herzweh und die Empörung gegen diese ideallose, für mich trostlose Welt hat mich zum Dichter gezwungen.

Hatte ich bisher alle Eingebungen glücklicher Augenblicke mutlos von mir gewiesen, alle flüchtigen Pläne im Joche des Alltags vergessen, mich selbst im Hochmut der Verzweiflung grausam verleugnet, so brach jetzt — nach der Vergiftung meines Amtskollegen, wie ich bereits angedeu=

tet — plötzlich und allgewaltig die Macht der Poesie aus mir hervor.

Auf den Bänken des Volksgartens, besonders unter der alten Platane, nahe dem Theseustempel, überfiel mich förmlich das Fieber der Konzeption meiner „Sulamith". Es überfiel mich so plötzlich, daß von einer Planskizze des Stückes, einer vorhergesehenen Gliederung der Handlung bei dieser Schnellgeburt meiner Phantasie anfangs gar keine Rede war. Um nicht die überschwengliche Stimmung wieder, wie so oft, zu verlieren, hielt ich das Allerlebendigste fest, das mir auf meinen einsamen Wandelgängen blitzschnell aufleuchtete. Und dieses Lebendigste, das ich fliegend und abgerissen niederschrieb, war die Verzweiflung und der Todessprung der Sulamith. Mit Staunen erkannte ich, als ich es wieder las, daß ich da das Fragment, ja den Abschluß einer Tragödie in Händen hatte, einen fünften Akt, wenn ich so sagen darf, der halbausgesprochen, dunkel angedeutet, die Elemente seiner noch ungeschriebenen Vorläufer vollständig in sich enthielt. Als ich kurz darauf, ganz gegen meine sonstige und bis heute noch festgehaltene Gewohnheit, das Fragment einem befreundeten Landsmann mitteilte und dieser ohne mein Wissen dasselbe dem Germanisten der Hochschule, Professor Dr. Tomaschek mitteilte, der es lobte, aber dazu die Bemerkung machte, ein dramatisch Veranlagter hätte nicht bloß ein Finale, sondern etwas Ganzes, ab ovo erschaffen müssen, da erwachte in mir das fröhliche Gefühl meiner Kraft und ich vollendete, streng nach dem Gesetze der Entwicklung der Charaktere und der jetzt in hellem Lichte mir aufgehenden Handlung, tapfer von rückwärts nach vorwärts arbeitend, den 4., den 3., den 2. und endlich den 1. Akt. Welch ein Gefühl der Freude, als mein Schmerzenskind nun vollendet vor mir lag! — Aber wie viele Berge gab es da noch zu übersteigen! In wessen Hand sollte ich es legen? Wo den Direktor finden, der sich Zeit nahm, das

Stück zu lesen, der bereit war, es auf die Bühne zu bringen?

Laube stand damals zwar nicht mehr im Zenit seiner Macht; er war im Burgtheater durch Dingelstedt ersetzt, auf dem Umwege über Leipzig wieder nach Wien gekommen und hatte die Leitung einer neugegründeten Bühne, des auf seine Anregung hin entstandenen Wiener Stadttheaters übernommen. Es sollte eine Trutzanstalt gegenüber dem Burgtheater werden. An Laubes Arbeitskraft hat es nicht gefehlt. Aber das Haus krankte im vorhinein an seiner materiellen Gründung. Die Aktionäre hatten sich ganze Sitzreihen frei vorbehalten. Mit der Kasse stand es bedenklich; das Haus war belastet, und die Künstler, unter welchen sich allererste Talente hervortaten, konnten in ihrer Gesamtheit die damals noch ungebrochene Phalanx der Größen des Burgtheaters nicht in den Schatten stellen, so geschickt auch Laube die große Presse für sein Haus zu interessieren wußte. So kam das Jahr des großen Börsenkrachs heran, der vollends alles erschütterte und Laube zwang, die schlüpfrigste Mache der Pariserbühnen und die in Berlin emporgekommene, neue, streberische Mittelmäßigkeit in seinen Spielplan vorwiegend einzustellen. Alles zusammen keine Ermunterung für den alten Bühnenleiter, das eben schüchtern eingereichte Schauspiel eines von niemand gekannten, von keiner Seite befürworteten Romantikers auch nur zu lesen, geschweige denn einer praktischen Beachtung zu würdigen.

Aber darin unterschied sich der Alte von seinen Gegnern wie ganz besonders von seinen Nachfolgern, daß er — bei all der schweren Not der Zeit — trotz aufgezwungener Zugeständnisse an den Tag, sein dramaturgisches Gewissen unverdrossen sich bewahrte, und Neuheiten gegenüber, die nicht der Schablone anzugehören schienen, niemals fragte: wer steht hinter dem Werke und dem Autor? sondern: ist es gut oder schlecht gemacht?

Und so kam es, daß nach allerdings langem Zögern, langem Zweifeln und nicht geringen Bedenken wegen der Kosten der Ausstattung des orientalisch kolorierten Stückes, er mir die Annahme zusagte, allerdings mit dem Beding, daß ich noch recht viel Geduld haben müßte, bis eine Aufführung zu ermöglichen sei.

Ein junger Schauspieler, Alexander Rosen, dem Laube besonderes Vertrauen schenkte (er mußte die Stimme des Publikums bei jeder Erstvorstellung im Theater erlauschen und den Alten informieren) vermittelte die Botenberichte des damals oft sehr übelgelaunten Bühnenlenkers an mich.

Während ich so zwischen Furcht und Hoffnung schwebte, schien plötzlich das ärgste Unheil eingetreten zu sein. Die Finanznot und Laubes Zank mit den Hauptaktionären veranlaßte den alten Herrn auf ja und nein von der Leitung des Stadttheaters zurückzutreten. Rosen brachte mir die Hiobspost. Ein Brief Laubes teilte mir mit, daß er die Tragödie mit einer eigenhändig geschriebenen Empfehlung und Einleitung der Buchhandlung Rosner zum Drucke übergeben habe.

So erschien 1875 mein Erstlingswerk als Buch.

Im Oktober dieses Jahres trat meine Berufung ins Lehramt ein, ich schied von Wien nach St.-Pölten.

Neue Pflichten, ein neuer Lebenskreis, frische Luft, kleinstädtische Behaglichkeit, eine freie Natur, drollige, mitunter urwüchsige Gesellschaft, vor allem sehr viel Arbeit umgab mich.

Menschenbeobachtung, mit Seele, Aug und Stift, gab mir in kurzer Zeit die verlorene Heiterkeit.

Mein Anstaltsdirektor, Wilhelm Henke, ein gewissenhafter, herzensguter, höchst feinsinniger Mann, der mir in jeder Weise den Uebergang vom Phantasten zum vorschriftumgürteten, inspektionsbedrohten Schulmann aufs liebevollste erleichterte, behandelte mich wie ein Freund und Vater.

Meine Kollegen waren berufseifrige, friedfertige Gesellen — wenn sie nicht am grünen Tisch saßen, in der Konferenz, wo der Ehrgeiz des Fachmännischen und die Pünktlichkeit des Pädagogischen zu meinem Erstaunen oft die sanftesten Lämmer in Tiger und Leoparden gegeneinander verwandelte, wenn es sich um die richtige Erklärung einer etwas dunklen höheren Vorschrift handelte.

Mit Freude sah ich mich hier in einen ernsten, verantwortlichen Pflichtenkreis gestellt, unter Genossen, die nur in die Welt gesetzt zu sein schienen, um bis zum Jüngsten Tage Schulmeister zu bleiben. Das gefiel mir, wenn ich auch nicht geneigt war, jede Formalität für einen Zuwachs meiner Menschenwürde zu halten. Dadurch lernten wir uns gegenseitig bald kennen und ich durfte mir, weil man mich verstand, und durchaus eine gemütliche Harmonie herrschte, manches freie und heitere Wort erlauben. Man forderte mich des öfteren auf, den einen oder den anderen unserer Kollegen zu zeichnen in seiner charakteristischen Eigentümlichkeit. So entstanden mit Feder und Pinsel zahlreiche Bildchen, die mir alle abgenommen wurden und zum Teile die Heiterkeit befreundeter Kreise erweckten. Unser Kollege Kalchhauser, ein urwüchsiger, wohlbeleibter, seelensguter Mann, Religionsprofessor, der mich wohl leiden mochte, aber die Geduld verlor, wenn ich ihn „du Linienschiff der Gerechtigkeit" nannte, pflegte, wenn ihm die notwendigen schlagenden Argumente fehlten, stets mit den Worten zu schließen: „Du bist a Narr!"

So lebte ich denn unter seltsamen Originalen, bei regelmäßiger Arbeit, an meiner Weiterbildung nicht untätig, viel in der freien Natur, bald auch, obwohl widerstrebend, in die geselligen Kleinstadtzirkel gezogen. Als ich aber nun gar im Fasching den Ball des bürgerlichen Kasinos besuchte, wo mein Kollege Lindenthal (von mir genannt der blonde Pepi) sich als galanter Löwe im Reigen schwang und jeder

Tänzerin ins Ohr flüsterte: „Ach, wie Sie heute wieder reizend sind!" — Da wagte ich mich auch unter das tanzlustige Volk und — lernte ein siebzehnjähriges, dunkeläugiges Fräulein kennen, das Kind eines hochgeachteten Hauses, welches anderthalb Jahre später meine liebe Frau geworden ist.

Diese anderthalb Jahre gehörten unter die glücklichsten meines Lebens. Der sechsunddreißigjährige Junggeselle beging alle Torheiten eines rettungslos Verliebten und meine Kollegen und Bekannten im Städtchen nahmen mich nun ebenso ausgiebig aufs Korn, wie ich vorher sie aufs Korn genommen hatte.

Die Besitzung der Eltern meiner Braut, eine alte Fabrik, vorzeiten ein Jagdschlößchen, lag in einem weitläufigen Park mit Wiesenflächen, Wandelgängen und teilweise hohen uralten Bäumen. Dieser Garten bildete in der sonst ziemlich flachen und einförmigen Ackergegend eine vielbewunderte, träumerische Oase. Hier verlebte ich — vor und nach meiner Anerkennung als Bräutigam — mit meiner Angebeteten manches glückselige Stündchen.

Inzwischen war Laubes 70. Geburtstag herangekommen. Er war wieder Direktor des Wiener Stadttheaters geworden. Ich schrieb ihm einen kurzen herzlichen Glückwunsch.

Die Wirkung ließ nicht lange auf sich warten.

Eines Vormittags, ehe ich ins Gasthaus zu Tische ging, umwandelte ich, wie es ortsüblich war, die städtische Promenade. Da begegnete mir eines der Häupter der Stadt, ein mir schon befreundeter Rechtsanwalt, der mir laut zurief: „Ich gratuliere Ihnen, Herr Professor!"

Als ich nach der Ursache dieses Glückwunsches fragte, reichte er mir sein Zeitungsblatt, die Neue Freie Presse. Da las ich nun, daß gestern die Leseprobe meiner Tragödie „Sulamith" im Wiener Stadttheater stattgefunden habe.

Nun wurde ich bald auch brieflich zur Generalprobe ein=

geladen. Ich hatte die Erstaufführung meines Werkes zum Besten des Lese- und Redevereins der deutschen Studenten in Wien gewidmet. Niemals werde ich dieser Erstaufführung vergessen. Mein ausgezeichneter Regisseur war der geniale Künstler Dr. Rudolf Tyrolt. Seine schöne Frau spielte die Königin von Saba. In der Titelrolle schuf Katharina Frank ein hinreißendes Meisterwerk. Emerich Robert spielte den König Salomo. Ein auserlesenes Publikum füllte das Haus bis zum Giebel. Nach jedem Aktschluß erbrausten wahre Stürme, die die Künstler herausjubelten. Ich wurde in gleicher lauter Weise begrüßt und mußte sechzehnmal danken. Ich saß in einer Proszeniumsloge neben zwei bildhübschen Mädchen, meiner Braut Hermine und ihrer Kusine Stefanie. Vor Schluß des letzten Aktes ereignete sich ein höchst komischer Vorfall. Begreiflicherweise hatte ich nicht geeilt, mich zu zeigen, um meinen braven Künstlern den Vortritt zu lassen. Als sich aber am Schlusse der Ruf nach dem Autor stürmisch erhob, wollte ich endlich von meiner Loge im dritten Stocke die steile Wendeltreppe hinab zur Bühne eilen. Aber die eiserne Tür zur Stiege hatte das alte Weib, das hier die Pförtnerin spielte, bereits versperrt.

Ich schlug mit der Faust so lange an die Pforte, bis sie sich rasch nochmals öffnete und flog hinab. Unten stand Laube, den ich vor die Rampe hinausführen wollte, im Gefühle der Dankbarkeit. Aber der Alte war grimmig, stieß mich buchstäblich unter die Künstler vorwärts und schrie: „Hinaus! Wollen Sie das Publikum beleidigen?" So flog ich denn mit Salomo und Sulamith förmlich betäubt hinaus und empfing einen schönen Kranz mit schwarz-rot-goldenen Schleifen, den ich seit jenem 18. Oktober 1876, allerdings als einen arg zerzausten Veteranen noch aufbewahre. Der Dichter Mosenthal umarmte mich und bezeichnete meine Sulamith als das beste Werk nach Grillparzers „Esther", schon nach Erscheinen des Buches.

Die maßgebende Kritik begrüßte teils auszeichnend, teils wohlwollend das Werk und seinen künstlerischen Erfolg. Der alte Laube — hierin ganz echt und meine Sache wie seine eigene empfindend — empfing mich des andern Morgens mit den Worten: „Nun, junger Mann, haben Sie nach einem solchen Abend wirklich schlafen können?" Als ich ihm das versicherte, beglückwünschte er mich herzlich und warm als Poeten und Bräutigam und sagte mir viel Lobendes auf meine Braut. Es ist hier der Ort, des für mich denkwürdigen Mannes mich in wenigen Zügen zu erinnern. Ich hatte mich ihm, trotz mehrseitiger Ermutigung, die letzten Jahre hindurch nur selten genähert, niemals mich aufgedrängt. Das Gehaben gewisser junger Leute um ihn, die durch ihn emporkommen wollten, ihm schmeichelten, Feuilletons in den Blättern „Aus dem Salon Laube" schrieben, war mir geradezu abstoßend. Der Alte durchblickte solche Zudränger und benützte sie klug als Leibtrabanten, die er sich ab und zu gefallen ließ, soweit er sie brauchen konnte. Aber da er durchaus ein auf sich selbst gestellter Mann war, besaß er stets die Achtung vor eigener Selbständigkeit bei anderen. Das fühlte ich und das wurde und blieb das Band der Sympathie zwischen uns. Denn nur der gewissenhafte Bühnenkenner und der Mann der Tat hatte mich angezogen. Niemals Laube der Bühnendichter, der dem Bühnendirektor sein Leben verdankte und mit ihm gestorben ist. Meine Phantasie entstammte dem Feenlande Grillparzers, meine Tradition der Bewunderung Hebbels, den Laube nie verstand und ablehnend (trotz der „Nibelungen") tief unterschätzte. Mein Herz gehörte Otto Ludwig, den Laube allerdings sehr hoch schätzte, ohne ihn wesentlich vor dem höchst unbedeutenden Neueren zu fördern. Er war ein Mann der rastlosen Arbeit des Tages, werktätig und frisch zugreifend, immer praktisch, zuletzt als ihn der pekuniäre Erfolg seines Unternehmens im Stiche ließ, praktisch auf Kosten seines besseren Gewissens, als er nicht bloß die technisch vorgeschrittene, sondern auch die schmutzige Tageskunst der Franzosen in sein Haus übersiedelte, um dessen Fortbestand zu retten.

Das konnte mich nicht hindern, seine Vergangenheit hochzuachten, ohne die Einseitigkeit seiner Launen und Antipathien zu billigen. Unvergeßlich bleibt mir sein Ernst und seine Hingebung bei der Leitung der Generalprobe meiner „Sulamith". Einmal sprang er selbst auf die Bühne, um einem Schauspieler über Gebärde und Stellung hinwegzuhelfen. Das andere Mal rief er der Darstellerin der Titelrolle plötzlich zu: „Sprechen Sie diese schönen Worte noch einmal, Fräulein!" Ganz erschreckt aber war ich von seiner praktischen Unerschrockenheit, ja Unverfrorenheit, die sich glücklicherweise bei der Aufführung als unnötig erwies. Gegen Ende des zweiten Aktes, da Jerobeam mit gezücktem Speere hervortretend, den König bei der Geliebten vor der Leiche des alten Ephraim überrascht, haben die Jagdbegleiter des Königs, sieben grüngekleidete Knaben, Bogenschützen, ihre Pfeile gegen den Eindringling Jerobeam zu richten, worauf der König folgende Worte dem Nebenbuhler zuruft, oder vielmehr über ihn hin an seine Jagdgenossen (die sieben grüngekleideten Knaben) richtet:

„Ihr Schützen,
Wenn eure Pfeile, siebenfach geschärft,
Nach seinem Herzen drohend, ihm nicht sagen,
Der Kampf sei ungleich, den sein Wahnsinn kämpft,
So zieh ich diesen Dolch aus meinem Gürtel..."

Bei dieser Stelle unterbrach Laube den Darsteller des Königs, indem er in die Szene rief: „Wie viele grüngekleidete Knaben stehen auf der Bühne?" „Jetzt nur sechs!" rief der Inspizient. „Das siebente Kostüm ist noch nicht fertig." Da brummte Laube: „Herr Robert, sagen Sie also: Ihr Schützen, wenn eure Pfeile s e c h s f a c h geschärft...". „Um Gottes willen," rief ich dazwischen, „das siebenfach ist ja nur symbolisch zu verstehen —" „Tut nichts! — nur vorwärts! Weiter!" kommandierte der Alte und die Probe ging ihren Weg fort. In der Vorstellung aber klappte alles; da standen sieben grüne Knaben und der Text blieb unverändert. — — —

So war ich mit einem Schlage, wie man im Zeitungsdeutsch zu sagen pflegte, ein sensationeller Mann geworden. Der Journalist Stern schrieb in der Wiener Deutschen Zeitung: „Hundertundein Kanonenschuß! Ein Prinz ist uns geboren! Ein echter und rechter Poet —." Fast durch ein Jahrzehnt hieß ich nur in den öffentlichen Blättern der Dichter der „Sulamith". Hätte ich nur einen Tropfen Blutes von einem industriellen Streber besessen, wie sie jetzt die Zeit in Scharen vorbereitete, ich hätte mein materielles Glück begründen können. Denn nun empfing mich auch Dingelstedt und versicherte mich seiner wärmsten künstlerischen Anerkennung. Ja, der Sekretär desselben bat mich, als ich mich verabschiedet hatte, geheimnisvoll in sein Gemach und sagte mir unter dem Siegel des Vertrauens, der Herr Baron lasse mich versichern, er halte es für seine Pflicht, mich zu fördern, meinen künftigen Werken im Burgtheater die Bahn zu brechen und mein Glück tatkräftig zu begründen. Ich war von diesen überaschenden Eröffnungen erfreut und förmlich betäubt.

Ich hatte für den Augenblick nichts Fertiges in Vorbereitung. In meinen Beruf zurückgekehrt, fand ich mich in weitabliegende aufreibende Pflichten und Arbeiten verwickelt. Kann es einen größeren Gegensatz geben als pädagogische Disziplin und theatralische Kunst? Schulinspektionskonferenzen und dramatische Phantasien? Pegasus im Joche war kein schlechteres Zugtier als ich strengeingespannter Schulhausgaul! Aber — gottlob! — es war immer in meiner Natur etwas vom geborenen Schauspieler, der mit jeder Rolle fertig wird. Ich machte aus der Not eine Tugend und fühlte bald auch den Segen rüstiger Arbeit im Kreise der Jugend, die mir täglich lieber, täglich verehrungswürdiger wurde in ihrer Unverdorbenheit und rührenden Dankbarkeit für jedes gute Wort. Zu jener Zeit erfreute mich der serbische Dichter Brancic mit einer Uebersetzung meiner „Sulamith", wofür er von der serbischen Akademie mit einem Preise geehrt wurde. Nun führte ich mit Mut und Zuversicht den Kampf um eine unbestrittene Lebensstellung, nicht minder um meine Braut, deren Eroberung nur Neid und Mißgunst, Verleumdung und Haß von fernster wie von nächster Nähe aus entzündete.

Aber wir ließen uns nicht trennen und am 4. Juli 1877 feierten wir in aller Stille in der Marienkapelle der Mariahilferkirche in Wien unsere Vermählung. Etwa drei Jahre mögen also dahingegangen sein, bis ein neues Drama fertig auf meinem Pulte lag.

Täglich mit den Lehren der Weltgeschichte beschäftigt, täglich im Kreise der mir anvertrauten deutschen Jugend, konnte ich nicht blind und taub gegen die zersetzenden Tendenzen sein, die allstündlich an der Arbeit waren, mein altes Vaterland unter den Schlagwörtern der Gleichberechtigung und politischen Befreiung in hundert widerstrebende Atome aufzulösen. An mir selbst empfand ich den Fluch einer allzu kosmopolitischen, jedes gebotenen Ursprungsbewußtseins entbehrenden, farblosen Erziehung.

Ein Vollblutmagyar war Staatsminister. — Budapest diktierte die Politik. Die deutschliberale Partei fraß aus der fetten Krippe und kümmerte sich nur um Stellenjägerei, nicht um das wahre Heil und Unheil des deutsch-österreichischen Volkes.

So geschah es, daß der Ausgleich der beiden neugeschaffenen Reichshälften, die treuesten Bannerträger des einstmaligen Reichsgedankens, die Blutzeugen und Märtyrer von Jahrhunderten, die jenseitigen Deutschen, allen voran die Siebenbürger Sachsen, der brutalen Entrechtung und Nieverwerfung seitens der Ungarn und der Magyaronen gleichgültig preisgab.

Mich ergriffen die verhallenden Notschreie, die diesseits der Leitha kein Ohr fanden. In einer schlaflosen Nacht warf ich das „Sturmlied der Siebenbürger Sachsen" auf ein Blatt Papier und sandte es andern Morgens an Heinrich Reschauer, den braven und hochverdienstlichen Herausgeber der „Deutschen Zeitung" in Wien. Andern Tags, als das Sturmlied im Feuilleton erschien, mußte schon mittags eine neue Auflage des Blattes veranstaltet werden, so vergriffen war die Nummer, wie der edle Mann mir schrieb. Hunderte von Briefen aus Deutsch-Ungarn liefen bei mir ein und sandten mir Dank und ergreifende Segenswünsche. Der spätere evangelische Pfarrer, mein herzlieber Freund Julius Antonius, damals ein Einjährig-Freiwilliger, und der heute hochgeehrte Universitätsprofessor Dr. Berwert mit einem jungen Dr. med. Fabricius erschienen als Dankesdeputation der Siebenbürger Sachsen in meiner schlichten Wohnung in St.-Pölten, um mir die Empfindungen ihrer Blutsgenossen zum Ausdruck zu bringen. Selbst unser kleines Städtchen war in Rebellion. Die Deutschgesinnten begrüßten mich mit Ehren. Auch der Direktor meiner Anstalt, allzeit ein Mann von Herz und Charakter, freute sich meines offenen Wortes. Manche wichen mir aus. Ein sogenannter guter Freund, der jede Woche einen Abend bei mir bisher zugebracht hatte, erklärte mir, daß meine Kollegen protestieren müßten, wenn ich noch einmal etwas Derartiges veröffentlichen würde. Er stellte von da an seine regelmäßigen Besuche ein; aber mein edler Direktor drückte mir bewegt die Hand. Mein Herz war so voll der Ueberzeugung, daß ich recht getan hatte, daß ich des Getratsches nicht achtete.

Kurz darauf erschien ein öffentliches Dankgedicht als Antwort der sächsischen Nation in der Wiener Deutschen Zeitung, das mit den Worten begann:

7*

> „Hab Dank, du edler deutscher Mann,
> Daß du das Wort gesprochen,
> Du hast den langen, schweren Bann,
> Der uns gedrückt, gebrochen!"

Inzwischen hatte ich mit Eifer und Andacht das Buch des Engländers Charles Boner über Land und Geschichte Siebenbürgens gelesen. Das begeisterte mich zur Schöpfung meiner Tragödie „Der Königsrichter". Ich schilderte mit poetischer Wärme und dramatischer Freiheit das Schicksal jenes Markus Pemflinger, der sich für die Sache des Kaisers und seiner Nation geopfert hatte.

Als das Werk in Leipzig bei Breitkopf und Härtel als Buch erschienen war, reichte ich es Dingelstedt für das Hofburgtheater ein. Aber — da hatte ich die Rechnung ohne den Wirt gemacht. Unsere Bühnen begehrten Komödien, ernste oder heitere, die auf den Geist des Tages und der Großstadtleute berechnet waren, — kein das Gewissen der Menschheit vom Schlafe emporrüttelndes Werk. Die Ungarnfurcht beherrschte die maßgebenden Klassen der Gesellschaft; von der Feigheit sämtlicher Bühnen gar nicht zu sprechen. Das Berliner Hofschauspielhaus schrieb mir: „Für die Beziehungen der österreichischen Völker gibt es hier kein Interesse." Dingelstedt lehnte mit freundlichem Wunsche nach einer anderen Arbeit höflich ab. Dagegen empfing ich ein herzlich zustimmendes Schreiben Sr. Exz. Ritter von Schmerling. Und — fast dreißig Jahre mußten vergehen, bis unser Volksurteil so gründlich geändert war, daß ich es erleben durfte, daß der „Königsrichter" unter einem wahren Beifallssturm durch die deutschen Hochschüler Wiens — ohne jede Zensurschwierigkeit — im Wiener Raimundtheater seine Erstaufführung erlebte. Wieder wurde im mechanischen Gehirn der Oeffentlichkeit ein neuer Name für mich geprägt. Ich hieß jetzt der Dichter des Sturmliedes der Siebenbürger Sachsen. Die

Leute vom Handwerk ahnen ja nicht, daß es dem Dichter auf seinen jeder Absicht fremden Wege weder um ein orientalisches Liebesgedicht, noch um ein aufdringliches Deutschtum, überhaupt um kein Schlagwort, nur um die Freude an lebensvoller Menschendarstellung zu tun sein kann und um die Befreiung seines Herzens von der Ueberfülle der Empfindung und der geistigen Bilderschau. Die Handwerker des Tages arbeiten ja wie die Schuster und Schneider, heute so morgen so, wie es die Mode begehrt, die vom letzten Skandal und von der neuesten Dummheit ihre Erquickung holt.

Daß der Dichter das Schicksal seiner Nation in seiner Seele miterlebt, miterleidet, er mag wollen oder nicht, das ist ihnen schwer verständlich. Einen mächtigen Herrn anzusingen, einer einflußreichen Partei ein tiefes Kompliment zu machen, kurz durch Wort und Schrift sich selbst in grelle, helle Beleuchtung zu setzen, gut und selbst — wenn es nicht anders sein kann — schlecht, jedenfalls möglichst oft und viel genannt zu werden, das ist das wahre und einzige Ziel der mehr oder minder klugen Köpfe, die es vorziehen, die Feder zu führen, anstatt auf viel einfacherem Wege durch Handel mit Holz, Butter oder Zuchtschweinen ihr einziges Ideal, möglichst viel Geld, aus der Dummheit der Mitwelt zu gewinnen. Kommt dazu noch eine politisch=vermoderte Epoche, eine Großstadt, die im Kreuzungspunkte gegensätzlicher Rassen und Interessen ihres eigenen Ursprungsgedankens verlustig, durch berechnete Schmeichelei sogar auf ihre schlimmsten Schwächen stolz geworden ist, endlich eine Presse, die mit Millionenmitteln nur für die Millionenmacht der stillen harten Mächtigen arbeitet, in deren Händen das Reich nur ein klug verteiltes Gebiet der Ausbeutung geworden ist, dann ist der Künstler, der nicht zur alles beherrschenden Sippe zählt, für diese Meute ein Tor, für die Einsichtigen aber ein Märtyrer.

Solche trübe, wenn auch nur flüchtig aufsteigende Betrachtungen der ewigen Wirklichkeit, müssen aber wie graue, öde Wolkengebilde, wie schnöde Wetterfetzen jedesmal zerstieben, wenn ich das Lieblingskästchen meines Archives aufschließe und in dem Paradiesgärtlein schöner, unverwelklicher alter Briefe mich verliere, die mir mit hundert Zungen predigen, daß es außer dem Bereich der Macher und Unternehmer, deren Schnittzeit ja doch so vergänglich ist, noch eine bessere, höhere Welt gibt, die Welt der großen Künstler und der edlen Geister.

Und wenn es auch niemals meine Absicht sein kann, dieses Heiligtum zu entweihen, indem ich seine Rosenblätter vor die Blicke der Oeffentlichkeit hinstreue, als ob ich mich selbst schmücken wollte, so übermannt mich doch die Gewalt der Erinnerung an zwei besonders geliebte große Künstler derart mächtig, daß ich beider Briefe, mir selbst zur Herzensbelebung, dem gleichgesinnten Leser zur Freude hier herbeiziehen will. Der erste Brief ist vom Hofschauspieler Josef Lewinsky. Die Veranlassung zu des Meisters Schreiben ist hier gänzlich gleichgültig. Ich gebe den Brief nur als Dokument und Offenbarung feinkünstlerischer Gesinnung. Er ist datiert vom 9. Juli 1878 aus Franzensbad.

„Verehrter Herr Professor, fast machen Sie mich ängstlich durch das Uebermaß an Vertrauen, welches Sie in meine künstlerische Einsicht, in meine geistige Macht setzen.

Es lohnt mich allerdings reichlich, wenn ich hie und da erfahre, daß ich auf einzelne, die sich einer geistigen oder künstlerischen Bedeutung rühmen dürfen, einen Eindruck gemacht, der ermutigend und fördernd auf deren Schaffen eingewirkt; aber ich bin mir recht wohl bewußt, daß das Anregende in mir nicht der positive künstlerische Wert meiner Darstellungen, sondern die G e s i n n u n g ist, die mir innewohnt, eine Art gewaltigen Ernstes, mit welchem ich meinen

Beruf auffasse, der in meinem Schaffen ersichtlich sein mag und zuweilen ermunternd wirkt.

Aber ich will redlich Ihnen jederzeit meine Meinung sagen: ob Ihnen dieselbe ein Rat sein kann, wollen wir abwarten. Den Fehler, in welchen Sie sich nach Ihrem eigenen Geständnis eingelebt haben, werden Sie wohl bekämpfen können, nachdem Sie ihn klar erkannt. Vergessen Sie nie, daß Ludwig n u r durch seine qualvolle Krankheit, die ihn monatelang vom Schaffen ferne hielt, gezwungen war, Kritik zu treiben in seiner Weise, und daß es ihm nie beigekommen wäre, eine solche Anatomie des Wesens und der Technik des Dramas zu treiben, wenn er nur imstande gewesen wäre, niederzuschreiben, was seinem unglaublich produktiven Gehirn massenhaft zuströmte. Haben Sie nur den M u t Fehler zu machen, vertrauen Sie dem lieben Herrgott, der, halb unbewußt, in dem Künstler schafft, mehr, und dem richtenden, grübelnden Verstande viel weniger. Vermutlich sehen Sie zu l a n g e auf einen Punkt; dadurch entdecken wir in allem Unvollkommenes, aber zuletzt entsteht denn doch die Frage, ob die Fehler in dem betrachteten Gegenstande, oder nicht vielmehr in dem überreizten, spähenden Auge liegen. Lassen wir also vorderhand alles Theoretisieren, sondern schaffen Sie in guter Stunde, wenn Ihnen dieselbe geschenkt wird und senden Sie mir gütigst Ihr fertiges Werk, ehe Sie es der Direktion einreichen. Ich werde es bei der ersten Lektüre auch nicht mit kritischem Auge, sondern mit dem Herzen lesen, wie ein ganz naiver Hörer mir die Worte herankommen lassen und erwarten, wie mich dieselben bewegen. Der Stoff scheint ein glücklicher und so vertrauen Sie Ihrer günstigen Stunde und sperren das alte Weib, die kritische Sorge, vor die Tür. Ich hoffe, im Herbste von Ihnen zu hören und werde mich Ihrem Werke gänzlich hingeben.

Mit herzlichen Wünschen und voller Aufrichtigkeit

Ihr Josef Lewinsky."

Und nun steigt ein junges, schönes, sonniges Bild vor mir empor, das lieblichste Gretchen der deutschen Bühne, die so traurig und so früh dahingeschiedene, unvergeßliche Josefine Wessely.

Der Brief ist datiert vom 24. Oktober 1882.

Durch das nach Dingelstedts Tode interimistisch waltende Regiekollegium mit Zustimmung des Generalintendanten Baron Hofmann wurde meine „Sulamith" nun auch im Wiener Hofburgtheater zur Aufführung vorbereitet. Der Brief ist ein Seelenbild. Lassen wir die Künstlerin sprechen.

„Sehr geehrter Herr Professor!

Versenkt ins Studium meiner lieben Sulamith, komme ich erst heute dazu, Ihnen für Ihre freundlichen Zeilen zu danken. Sie haben mir darin alles ausgeplaudert, was ich von Ihnen über diese liebe Gestalt zu erfahren strebte und so ausgerüstet, bin ich ans Studium gegangen, welches mich nun ganz gefangennimmt. Es ist dies ein unbeschreiblicher Zustand, in dem ich mich da befinde. Wo ich gehe, was ich auch spreche, sehe, unternehme, alles, was mir mit einem Worte begegnet, vermengt sich mit dem Bild der Rolle. Gäbe nur Gott, daß schon alles glücklich vorbei wäre. Was in meiner Kraft liegt, die schöne Gestalt Ihrer Phantasie lebendig und wahr zu verkörpern, Ihnen und dem Publikum zu Dank — soll geschehen. Donnerstag ist die erste Probe. Also glückauf noch einmal. Auf frohes Wiedersehen zur Kostümprobe und zur Schlacht!

Ihre Ihnen sehr ergebene
Josefine Wessely.

Sie hat mir, als die Schlacht vorüber war, noch manches gute, treue, wahre Wort geschenkt. Sie hat selbst, trotz ihres Genius und ihrer hochkünstlerischen Stellung viel gelitten — viel gelitten! Ein junger Tod raffte sie so rasch dahin — mit achtundzwanzig Jahren.

Eine liebenswürdige junge Schauspielerin, Fräulein Gusti

Telmar, heute Frau Direktor Karl Richter, schenkte mir das letzte Bild der Künstlerin Josefine Wessely. Welch ein Gesicht! Noch immer so schön, wie sie bei jener Kostümprobe war, aber seelisches Leiden und Schatten des Todes ziehen wie blasse Reflexe darüber hin. Dieses Bild gehört ins Allerheiligste meiner Erinnerungen.

In solcher Stimmung etwa schrieb ich mein deutsches Bauernlied auf fliegenden Blättern „Stefan Fadinger".

Wenn irgendwo ein geschichtliches Ereignis in der Erinnerung des Volkes lebendig geblieben ist, so ist dies hier der Fall in den Gauen meiner obderennsischen Heimat. Ein mehrwöchentlicher Ferienbummel führte mich in Begleitung meiner Frau an alle die denkwürdigen Stätten der vier alten Viertel Oberösterreichs vom Maierhoferberg bis zur Weiberau und dem Hausruck. Robert Hamerling und der schon sterbenskranke Dichter Viktor v. Scheffel bezeugten mir ihre Freude über das Werk.

Nun hieß ich der Dichter des Stefan Fadinger. Mich aber hatte nicht bloß das geschichtliche Schauspiel der erbarmungslosen Gegenreformation und der Reiz des Lokalkolorits, mich hatte aus unmittelbarer Nähe ein düsteres Denkmal jenes Volksmartyriums ergriffen, der Bauernhügel bei Pinsdorf in der Nähe Gmundens, der hart neben der alten Straße liegt, einige tausend armer Teufel bedeckend, die hier im letzten Kampfe gegen die Uebermacht Pappenheims gefallen waren. Mein verstorbener Schwager Johannes Forstinger, ein gebildeter Katholik, hatte den armen Evangelischen einen granitenen Obelisk gestiftet, zu dem ich oft gepilgert bin.

Es ist nicht meine Absicht, aller meiner Werke einzeln zu gedenken. Diese Blätter wollen ja nur ein Gärtlein der Erinnerung sein, nur manches grünen Plätzchens gedenkend, wo ich gerne verweilen mochte, oder höchstens eines kurzen Nebenweges zwischen Rosen und Dornen. Es ist auch nicht meine Art, mich in Beziehung zu den Dichtern meiner Epoche zu stellen, die bereits einen berühmten Namen erworben hatten. Mit Peter Rosegger war ich bereits brieflich in respektvolle Berührung geraten, als er in seinem Heimgarten meinen „Weltverdruß" veröffentlicht hatte. Als die deutschen Hochschüler Wiens eine Festvorstellung von Anzengrubers „Meineidbauer" im Theater an der Wien veranstalteten, wozu ich aufgefordert wurde, eine einleitende Apotheose zu schreiben, welche als „Cheristane" dem Stücke voranging, wurde ich mit Meister Anzengruber und dem anwesenden Dichter Rosegger persönlich bekannt, indem ich als dritter geladener Gast an der Hoteltafel beiden näher kam. Anzengruber stand damals noch in seiner Vollkraft, eine Andreas-Hofer-Gestalt. Ich höre noch seine, ich möchte sagen, vom Bewußtsein geschwellte Stimme, mit der er seiner Freude Ausdruck gab, daß es ihm vergönnt war, uns „das echte Volksstück" zu schenken. Der mit blitzenden Augen und pechschwarzem Haar jugendlich beweglich neben ihm sitzende „Peterl" erhob sich zu einer witzigen „stoansteirischen" Rede, die nach den Worten des ernsten Meisters wohltätig zündete, worauf der damals auch noch frischtannenhaft kräftige Meisterdarsteller der Anzengruberschen Muse, Ludwig Martinelli, der in der Titelrolle des Feststückes geglänzt hatte, auch noch kernig zu Worte kam.

So wurde ich mit dem berühmten Kleeblatt auf einem Sitz befreundet. Anzengruber drückte mir beim Abschied die Hand und sagte gemütlich: „Wann S' mi' amal brauchen, so kumman S' nur. Bleiben Sö ollweil bei dem Schaner wia d' Sulamith?" Ich mußte lachen und sagte dankend: „Das weiß ich selber noch nicht." Die große Kunst Anzengrubers, gepflegt von bedeutenden Künstlern, hob unsere Bühne mit wohltätiger Kraft und reizvoller Originalität geraume Zeit aus ihrer Versumpfung. Die Zeitgeschichte weiß von einem hohen Aufstieg Anzengrubers zu erzählen, dem in den letzten Lebensjahren des Dichters eine versteckte

Opposition der Wiener Bühnen folgte, so daß das reifste
Werk seiner letzten Periode, „Das vierte Gebot", seine Erst=
aufführung draußen in Baden erleben mußte. Der Wiener
„Gschpaß" trat wieder seine Herrschaft an und wird ewig
der guten, echten Kunst den Boden streitig machen, weil
eben der „Gschpaß" das bequemste und einträglichste Futter
für die Massen ist.

Ich fühlte, daß ich meinen eigenen Weg gehen müsse. Von
der großen Tragödie Grillparzers hatte ich gleichsam den
Segensgruß empfangen bei meinem ersten Schritt zur „Su=
lamith".

Das Bauern= und Wiener=Lokalstück Anzengrubers, so
tief ich es verehren mußte, war doch nicht meine Welt, weil
es das ausschloß, was ich beispielsweise in den Bildern
Defreggers bewunderte, den großen Zug des Nationalhe=
roischen, des vaterländischen Heldentumes. Der Niedergang
alles dessen, worauf ich als Deutscher stolz war in meinem
Vaterlande, die Sehnsucht, das Verlorene wenigstens im
künstlerischen Bilde wiederzuerwecken, ließ mich mit verdop=
pelter Liebe auf die Vergangenheit blicken, deren Gedächt=
nis noch nicht ausgelöscht ist in den denkenden Köpfen und
empfindenden Herzen. Und das führte mich zu Stoffen, die
in Geschichte und Sage, in Fels und Strom, in Trümmer=
burgen und Denksteinen erhalten sind bis auf den heutigen
Tag.

In diesem Geiste erschuf ich den „Schmied von Rolands=
eck", den „Schenk von Dürnstein", „Das Steinfeldmärchen",
„Die Spinnerin am Kreuz". Der Humor machte sein Recht
geltend im „Schelm vom Kahlenberg", im „Fridolin". Das
alte Volksbuch reizte mich, in „Münchhausens letzter Lüge"
die Gestalt des nie verlegenen Abenteurers heraufzubeschwö=
ren in einer Komödie. Waren einige dieser Werke mit Glück
auf die großen Bühnen von Wien und Berlin gedrungen
und von dort aus über zahlreiche Provinztheater Oesterreich=

Ungarns und des Deutschen Reiches gegangen, so sah ich andere bei volkstümlichen Festen zu wiederkehrenden Zeiten von Turnern und Arbeitervereinen in Oesterreich und Deutschböhmen in Freilichttheatern, also vom Volke selber, aufgeführt. Das Beispiel der Schweizer, die ihren Wilhelm Tell zur Erhebung und Stärkung des nationalen Geistes mit schlichter Volkskunst immer wieder sich vor Augen führen, erbringt wohl den Beweis, daß auch unsere Geschichte und Sage der Kunst und der eingeborenen Volksnatur neue Belebung, Kräftigung und Freude zuführen könne. Ich erlebte auf denkwürdigem Boden unter festlich gestimmten Volksgenossen unvergeßliche Tage und Stunden.

War ich im Laufe der Jahre mit bedeutenden Schriftstellern, wie Scheffel, Hamerling, Hans Herrig, Rosegger, zuletzt mit dem größten Dramatiker Deutschlands, Ernst von Wildenbruch, und dem weihevollen, einzigartigen Sänger von der Festenburg, Ottokar Kernstock, brieflich in Verkehr getreten, ja mit den zwei Letztgenannten in das Verhältnis innigster Freundschaft gekommen, so gewährte mir der teilnehmende Zuspruch, die Ermunterung und Anerkennung dieser bedeutenden Männer die Ueberzeugung, daß ich, obgleich abseits von der Liga der bühnenbeherrschenden Spekulationsfirmen, doch auf dem Wege ehrlicher Kunst und unbeirrter Natur geblieben sei, ohne mich durch Unverständnis, Beschränktheit oder Neid böswilliger oder verbummelter Besserwisser von Gottes Ungnaden auch nur im geringsten irren zu lassen. Eines meiner Lieder sagt:

„Was ist denn geschehn? Laßt sie schwätzen und schreiben!
Die Blätter vergehn, die Werke bleiben."

Den gewaltigsten und tiefsten künstlerischen Eindruck meines Lebens habe ich in Bayreuth empfangen. Wer dort den „Parsifal" und „Tristan und Isolde" erlebt hat, der ist mit einem Feuerzauber gegen all den Katzenjammer moderner

Kunstzustände gefeit und gesichert. Jeder junge Künstler sollte aus diesem Olympia sich die Lebensweihe holen.

Das Schicksal hat mich aber auch mit manchem drolligen Modell zusammengeführt, von dem ich manches, gerade wegen der Gegensätzlichkeit unsrer Naturen lernen konnte. Ich will ein solches Original aus der Erinnerung heraufbeschwören und pietätvoll festhalten, was ich seinem Umgang verdanke.

Eines Tages war in unserm Städtchen eine Gestalt aufgetaucht, welche nicht geringes Befremden erregte. Es war Graf Emerich von Stadion. Er verkehrte mit niemand als dem gleichfalls hier ganz zurückgezogen lebenden Schriftsteller Emil Vacano. Ich wußte nichts von beider Vergangenheit, weder literarisch, noch biographisch. Nur von Vacanos Postarbeiten in großen illustrierten Zeitungen hatte ich manches gelesen. Beide schienen mir bewußt oder unbewußt Nachahmer Sacher Masochs zu sein, den sie bewunderten.

Da geschah es, daß eines Abends der mir fremde Graf im Theater eines meiner Stücke sah und sich derart davon berührt fühlte, daß er mich persönlich aufzusuchen beschloß. Ich war zufällig vom Hause abwesend, als die Klingel gezogen wurde und meine Frau, vor Schrecken ratlos, einer Erscheinung gegenüberstand, die ich einigermaßen also zu beschreiben versuchen will. Eine kavaliermäßig hohe, frappierende Erscheinung. In der Ferne mehr jugendlich als alt; in der Nähe erschreckend gekünstelt. Auf dem Haupte schiefsitzend ein kleines Hütchen; darunter eine rötlichbraune Perücke, das Haar über Stirne und Schläfen herabgekämmt in malerisch nicht geglückter Nachahmung uralter Frisuren aus der Zeit Lord Byrons. Ueber den Salonrock einen langen rotbraunen Havelock und über die Beine schwefelgelbe Gamaschen. Nur der dünne in Schwänzchen aufgerichtete rötliche Schnurrbart und zwei kurze seitliche Bartstreifen vor den Ohren erschienen als unbestreitbar natürlich. Seltsam dagegen waren die Augenbrauen, deren beginnendes Silber durch naiven Auftrag von schwarzem Stoppelkohlenruß energisch überdeckt war. Zu dieser Erscheinung kam eine heisere, hohe Fistelstimme und ein unsicheres, fast ängstliches Benehmen, das, als der Gast abgelegt und Platz genommen hatte, in noch seltsamere Taktik überging. Der herzensgute Mann, voll Angst, daß seine Perücke ihren Standpunkt wechseln oder irgendeine Blöße zeigen könnte, zog hastig ab und zu, aber stets unter dem Schutze der Tischplatte, ein kleines Spiegelchen hervor, klemmte es in die innere Handfläche und warf unter lebhafter Bewegung der Arme rasche, orientierende Blicke hinab, die meine arme Frau, welche solche Manieren nie gesehen hatte, in wahre Verzweiflung brachten. Dreimal nacheinander bestürmte er am selben Tage meine Wohnung, ohne mich anzutreffen. Erst auf der Gasse kam ich ihm in den Weg und ich fand unter der peinlich ängstlichen Hülle des menschenscheuen Absonderlings einen herzensguten, geistvollen, durch Not und Demütigungen schmerzlich niedergedrückten Mann.

Er besuchte uns nun regelmäßig an bestimmten Abenden; und als wir zur Ferienzeit in die Alpen zur Sommerfrische zogen, bat er mich in einem wahrhaft rührenden Briefe um „das brüderliche Du".

Jetzt, wo er längst im Grabe ruht, halte ich es für eine Pflicht der Dankbarkeit, seiner seltenen Gaben und Vorzüge zu gedenken.

Als Poet konnte er auf mich keine Wirkung üben, weil das allzu Romantische, mitunter Kapriziöse, fast Abergläubische seiner auf das Pikante gerichteten Schauspiele, sowie das Stammbuchblumenhafte seiner kurzen Verse, als Produkt einer Salonerziehung mir halb als eine Verirrung erschien, halb als Dilettantismus.

Aber der Mensch in ihm, der allzeit getreue Kamerad, der

unermüdliche Warner und Berater, der geistvolle Vorleser,
der eminente Spieler der vollendeten sowie der erst werden-
den Rollen meiner Stücke, der ist mir ebenso unvergeßlich, wie
unersetzlich geblieben. Er besaß die goldene Eigenschaft des
Herzens, sich selbst zu vergessen und nur dem Wohl und Weh
meines Gestaltens und Schaffens zu leben.

Wenn mich der Zweifel entmutigen, die Gemeinheit nie-
derdrücken wollte, dann richtete mich sein nie ermüdender Zuspruch immer wieder auf. Niemals werde ich die guten Worte
vergessen, die er einmal zu mir sprach, als ich in einer schwer
verdüsterten Stunde dem Abscheu und Lebensverdruß erlie-
gen zu müssen glaubte. Hochaufgerichtet sprach er mit seiner
verschleierten, teilnehmenden Stimme: „Ich beschwöre dich,
lieber Franz, nur in einem einzigen Punkte folge dem großen
Grillparzer nicht nach; leg' die Feder nicht aus der Hand
und laß dich nicht vergrämen. Bereite den Kanaillen, die
dich unterdrücken oder ignorieren wollen, ja nicht den Triumph, als wolltest oder könntest du nichts mehr schaffen. Gott
hat dir den Humor verliehen; arbeite für die Zukunft und
verachte sie!"

Nie habe ich einen zweiten Menschen gefunden, der, wenn
ich ihm nur eine flüchtige Skizze mitteilte, Tag und Nacht
nicht Ruhe fand, bis er mich dahin brachte, dieses oder jenes
auszuführen, durchzukomponieren, abzuschließen. War ich
stimmungslos, so konnte er nicht müde werden. mich in gute
Stimmung zu versetzen, sei es, daß er auf dem Flügel, den
er genial beherrschte, mir einen Beethoven, Wagner, Liszt
oder Chopin vorphantasierte, oder mir eine meiner halbferti-
gen Szenen dialogisch meisterhaft vorlas. In dieser Kunst
war er mein förmliches Haustheater.

Unerschöpflich war er in seinen Lebenserinnerungen, die
ihn mit den höchsten und tiefsten Persönlichkeiten, beinahe allen Künstlern oder Kunstautoritäten seiner Zeit in Berührung gebracht hatten.

Fehlte ihm nach meiner Empfindung jene letzte Kraft, die ich das Männliche und Natürliche in der Kunst nennen möchte, so besaß er dafür den ganzen Ueberfluß des Amüsanten, Pikanten, Abenteuerlichen, Absurden, den eine Zickzackerziehung in der Salonatmosphäre des hohen Adels einem nervösen, erzentrischen Geistesbummler mit Phantasie und gutem Herzen einimpfen mußte.

Zwanzig Jahre haben wir kameradschaftlich zusammen verlebt. Niemals hat mich seine Ueberspanntheit beirrt, denn er gestattete, daß ich sie heiter belächle; aber hundertmal habe ich seine Winke und Ratschläge in bezug auf Technik und psychische Steigerung im dramatischen Aufbau als gut und wertvoll erfunden. In den kleinen Nestern, wo er lebte, wo er mit seinem Diener Franzi wirtschaftete, der sein Sekretär, sein Koch, sein Krankenwärter, sein Begleiter auf den einsamen Spaziergängen war, Orte, die er beständig wechselte, — besuchte ich ihn auf kurzer Bahnfahrt an regelmäßigen Sonn- und Feiertagen zu regelmäßiger Arbeit, die in gründlicher Aussprache über halbfertige Pläne, in Rezitationen, Musik und, solange er nicht durch sein späteres Leiden zur Zimmerhaft verurteilt war, in kleinen Waldspaziergängen bestand.

Arm und gesellschaftlich vereinsamt, ja menschenscheu und wunderlich, schien er viele Jahre in diesem schlichten Verkehre sein Genügen zu finden. Wenn ich durch Arbeiten oder Unwohlsein einen solchen Tag versäumte, kam eine wahre Verzweiflungsepistel an mich. Kümmerlich von einer Tante unterstützt, lebte er so dahin, ein ewiger Träumer als Poet, als Mensch durch Jahrzehnte dem Phantom des Familienmajorates nachjagend, heute von Hoffnung erhoben, morgen durch Enttäuschung niedergestürzt.

„Hoffen und Harren macht manchen zum Narren!" Die symbolische Wahrheit dieses Sprichwortes habe ich in dem langsam sich vorbereitenden geistigen Zusammensinken dieses hochbegabten und trefflichen Menschen mit Schaudern beobachtet.

Einen Schlaganfall, der ihn streifte, hatte man mir — vielleicht auch ihm verheimlicht und als Nervenerschöpfung definiert. Plötzlich, aber viel zu spät, kam das Majorat. Der Aermste, der nicht mehr aus der Stube wollte, mußte nun seine Schlösser in Böhmen, Bayern und Württemberg bereisen. Der Unpraktische, der nie zu rechnen verstand, sollte die Erträgnislisten seiner Verwalter prüfen. Der plötzlich Reichgewordene, mit einem Einkommen von jährlich hunderttausend Kronen, sollte nicht nur die Wünsche seiner Familie, sondern die unglaublichsten, gierigen Zumutungen seiner nun plötzlich auftauchenden zahlreichen Verehrer und Verehrerinnen befriedigen. Händeringend bat er mich oft, diese Bettelbriefe zu lesen, diese Anbiederungen abzuweisen. Mein Humor stand ihm redlich bei. Ich diktierte — im Reichsgrafenstil. Mit seiner Gesundheit ging es unerbittlich abwärts.

War er von Jugend auf kein gesund natürlicher Mensch gewesen, hatte er Sonne und Regen, Licht und Luft von jeher gefürchtet, ja seine Fenster nur aus Rücksicht für mich, sobald ich eintrat, auf kurze Zeit geöffnet, weil ich darauf bestand, so bezog er jetzt wider meine Warnung in Wien eine dunkle, allerdings standesherrengemäße Wohnung, wo ich ihn nur noch zweimal lebendig traf. Ein Schlaganfall endete sein, gerade auf der Höhe materiellen Wohlbefindens durch Aergernisse, Reizungen und Enttäuschungen verekeltes, trauriges Dasein für immer. — Lebe wohl, alter Freund! Ich habe dir ein kleines, schlichtes Denkmal geweiht unter meinen Gedichten als letzten Gruß. Mit Emerich von Stadion ist allerdings die Zahl meiner lieben und treuen Freunde nicht im geringsten erschöpft. Im prosaischen Teile meiner gesammelten Schriften werde ich Gelegenheit und Raum finden, manche liebe Gestalt heraufzubeschwören und festzuhalten.

Bittere Stunden des Schmerzes und der Trauer bereitete

mir der Herbst des Jahres 1885. Am 9. September starb mein guter Vater nach schweren Leiden an Gefäßverkalkung. Der milde, im Leben mehr schwache Mann ging mit erhebender Ruhe und ergreifender Gottesergebung dem Tode entgegen, der durch drei volle Wochen jede Stunde des Tages und der Nacht unmittelbar bevorstehend erschien. Nie vergesse ich die Frage des Vaters, die er einmal bei vorübergehender, täuschender besserer Stunde plötzlich an mich richtete: „Franz, wird denn nicht endlich meine Auflösung eintreten?" Mit einem lauten Schrei, als ob sein Herz zerspränge, starb mein guter Vater. Er wurde in Gmunden begraben. Die Mutter, trostlos und völlig gebrochen, nahmen wir zu uns nach St.-Pölten. Hing sie doch an meiner Hermine und diese an ihr wie Mutter und Tochter! Aber ihr Leben schien in des Vaters Sarg gebannt zu sein. Die geistig unverwüstliche, humorvolle Frau siechte körperlich dahin. Der Genuß einer Lieblingsspeise, eines Fisches, erzeugte ein gastrisches Fieber, das nicht mehr weichen wollte. Um Mitternacht des letzten Februar 1886 folgte sie in sanften Phantasien meinem Vater in das ewige Jenseits hinüber.

Diese letzten Minuten verbrachte sie in leisen, hingesprochenen Fieberworten, denen meine Frau und ich atemlos lauschten, um ihrer letzten Gedanken teilhaftig zu werden. Da geschah etwas Wunderbares. Der kalte Verstand wird es eine Suggestion nennen; uns war es ein himmlischer Trost. Plötzlich fragte meine Mutter mit matter Stimme: „Sind denn alle meine Kinder da?" Die Augen hatte sie geschlossen. Ich wußte, daß mein Bruder, der aus Gmunden herbeigeeilt war, ihr jetzt in der Versonnenheit nicht allein vorschwebte, denn sie sprach oft und gerne von ihren längst verstorbenen Töchtern. Ich empfand, daß ihr Geist nicht bloß scheidend das Diesseits, sondern ahnungsvoll das Jenseits zu begrüßen schien, und da tat ich eine barmherzige Lüge. Ich sagte leise: „Alle, alle deine Kinder sind bei dir, Mutter." Da öffnete sie halb die leuchtenden blauen Augen und fragte freudig: „Der Karl auch?" „Jawohl, der Karl auch." „Und die Mali?" „Ja, die Mali." „Und die Loisi?" „Ja, Mutter, auch die Loisi, alle sind wir da." Da hauchte sie selig: „Alle seh' ich, alle sind da!" und verschied.

Bevor ich zum Abschluß meiner persönlichen Lebensskizze weiterschreite, möchte ich nur über drei meiner eigenartigsten dramatischen Werke eine kurze Betrachtung einflechten, weil sie einerseits meiner Lebensanschauung, anderseits meiner Richtung und Kraft im Bühnentechnischen einen deutlichen Ausdruck verleihen.

Schon frühzeitig hatte mich, unter dem Einflusse der Schillerschen Briefe über Faust, gewiß auch unter der Einwirkung der halb poetischen, halb philosophischen, „kritischen Gänge" Friedrich Theodor Vischers, der Gedanke verfolgt und nicht mehr losgelassen, in meiner Art mich in die Lösung dieses Problems, nicht gelehrt, sondern dichterisch zu versenken.

Nur ein Tor könnte glauben, daß ich mich vermessen wollte, an dem unantastbaren Werke Goethes rütteln zu wollen. Millionen verehren Goethes Geist, beugen sich in Liebe und Bewunderung vor diesem Einzigen und können doch der Empfindung nicht Schweigen gebieten, daß dieser zweite Teil des Faust bei allem Reichtum der Gedanken, aller Feinheit und Mannigfaltigkeit der Erfindung jener zwingenden Notwendigkeit in Gang und Lösung entbehrt, die nach seinem strengsten Gesetze ein Drama fordert. Hatte schon Schiller bezüglich einer Fortsetzung seine eigenen Gedanken — vor Vollendung des Faust — an Goethe ausgesprochen, so bleibt Grillparzers Urteil nicht überflüssig, hier angeführt zu werden. In seinen tagebuchförmigen Studien zur deutschen Literatur, 1833, sagt er hierüber:

„Ueber jenen zweiten Teil des Faust. Was läßt sich sagen? Goethe hatte teils durch das höhere Alter, größtenteils wohl aber durch die kanzleiartige Geschäftigkeit seiner letz-

ten Jahre von jener lebendig=versinnlichenden Kraft einge=
büßt, welche allein Gestalten gibt und Gemütsinteressen er=
weckt. Die Figuren, die er aus seinen Jugendschätzen berei=
chert, hatten sich ihm daher zu Träumen und blutlosen Schat=
ten verdünnt, die man noch immer billigen, ja bewundern
muß, denen man sich aber nicht mehr mit Teilnahme ver=
wandt fühlt. Auch mag dazu noch gekommen sein jener be=
greifliche Wunsch von Goethes letzter Zeit, keines seiner gei=
stigen Kinder unversorgt zurückzulassen. So wie ihn das
veranlaßte, mit weitem, allgemeinen Streben in individuel=
ler Besonderheit angefangene Werke fortzusetzen und abzu=
schließen, so scheint es ihn sogar verleitet zu haben, Teile
und Bruchstücke, die ursprünglich nicht füreinander bestimmt
waren, gewaltsam in einen Verband zusammenzudrängen
und die Sorge für die Herstellung der Einheit zum Ganzen
der Bewunderung der Zeiten und der Gewalt seines Namens
überlassen zu haben. Was bei Wilhelm Meisters Wander=
jahren sichtlich geschehen ist, dürfte bei dieser Fortsetzung des
Faust zum Teile auch der Fall gewesen sein. Die darin auf=
genommenen antikisierenden Bestandteile wenigstens sind of=
fenbar Bruchstücke aus einer Tragödie Helena, die Goethe
in früherer Zeit entwarf, in der Folge aber wieder aufgege=
ben hat. Ebenso trägt die klassische Walburgisnacht deutliche
Spuren eines antiquarischen Scherzes, unabhängig von
Faust, den mittelalterlichen Wunderlichkeiten der Brocken=
szene ähnliche Monstrositäten der griechischen Zeit gegenüber=
zustellen. Es ist ein poetisch ausgeführtes Schema, wie Goe=
the sie zu machen liebte."

Läßt sich gegen diesen Ausspruch eines für Goethes Wert
und Größe mit Liebe und Ehrfurcht, bis zu einem gewissen
Grade ihm dichterisch ebenbürtigen Geistes, nichts einwen=
den, so gilt gewiß von diesem zweiten Teile des Faust ein
anderes Wort Grillparzers, das von Goethes allgemeiner
poetischer Anlage spricht, um so mehr im besonderen:

„Goethes Talent", sagt Grillparzer, „ist meiner Meinung nach vorherrschend episch. Daher die wenige drastische Kraft seiner Dramen. Das Drama überhaupt soll ein Spiegel sein, in dem sich die lebendige Handlung malt; sein Drama ist ein Gemälde. Goethe ist als D i c h t e r in allem unendlich groß, was er macht; als d r a m a t i s c h e r Dichter scheint er mir durchaus ohne Belang. Die äußere Form des Dramas erstlich besteht im Dialog; zum dramatischen Dialog ist aber nicht genug, daß verschiedene Personen abwechselnd sprechen, sondern das, was sie sagen, muß unmittelbar aus ihrer gegenwärtigen Lage, aus ihrer gegenwärtigen Leidenschaft hervorgehen; jedes Wort muß überdies eine unverkennbare Richtung nach dem Zwecke des Stückes oder der Szenen haben, und dieses Letztere ist bei Goethen größtenteils nicht der Fall. Seine Personen sagen gewöhnlich alles, was sich über einen Gegenstand Großes und Schönes sagen läßt. Das ist recht schön, und ich möchte um alles in der Welt keine der schönen Reden in Tasso und Iphigenia vermissen, aber dramatisch ist es nicht."

Was nun aber mein persönliches Verhältnis zur Idee einer Faustvollendungstragödie betrifft, so habe ich nur in ganz bescheidener Weise, ja in Andacht vor dem Riesenwerk Goethes die Empfindung meiner Individualität zum Ausdrucke gebracht. Es sei mir gestattet, hier einiges zu wiederholen, was ich vor längerer Zeit brieflich gegen meinen jungen, treuergebenen Freund, Franz Wastian, ausführlicher geäußert habe.

Der Gedanke zu diesem Drama, Mephistopheles in Rom, reicht in seiner Entstehung in eine ferne Zeit zurück, ist aber nur allmählich gereift und keineswegs auf kunstphilosophischem oder kritisch ästhetischen Wege entstanden. Etwa nach Ausbruch des großen deutsch=französischen Krieges 1870/71 erwachte in mir wieder lebhaft die Erinnerung an Friedrich Theodor Vischers Fauststudien sowie an Schillers Forderung an Goethe, den Helden dieser Tragödie ins handelnde, großgeschichtliche Leben einzuführen. Greifbare, dramatische Gestalt gewann die Erscheinung Fausts durch die genußreiche Lektüre des 8. Bandes von Gregorovius genialer „Geschichte der Stadt Rom im Mittelalter". Welche Aehnlichkeit zwischen jener Schlacht von Pavia und diesem Sieg von Sedan! Zwischen dieser Belagerung von Paris und jener Erstürmung Roms und der Kapitulation der Engelsburg anno 1527! Dort wie hier der Sieg der deutschen Kraft über die fremde Ueberhebung. Bei dieser Betrachtung dämmerte in mir der Gedanke auf, das weltpolitische sowie das religiösgeistige Element jener alten Epoche, das sich in meiner Zeit täuschend zu wiederholen schien, im farbenreichen Bilde jener Renaissancezeit dichterisch zu beleben. Deutsches Kaisertum und römisches Papsttum, Zwiespalt der Christenheit und Reformation der Geister; auf dieser Grundlage, auf diesem Hintergrunde erblickte ich Faust als Führer im Lager Frundsbergs unter den evangelischen Landsknechten, als Erstürmer Roms, als vermittelnden Sieger, über dessen Haupt jedoch Kaiser und Papst sich die Hände reichen. Aber nicht dieses äußere Gewand war mir die Hauptsache, sondern Fausts Seelentragödie. Ich hatte immer die dunkle Empfindung, daß Goethes herrlicher Faust 1. Teil zwar eine Gretchentragödie unvergleichlicher Art, aber nur die Exposition einer Faust=Tragödie sei. Dieser Abschluß im Armensünderturm endet mit Mephistopheles Ausruf „Her zu mir!" für Faust so rein äußerlich, daß wir von des Helden innerer Sühne für alles, was er an Gretchen verbrochen, durch das Fallen des Vorhangs buchstäblich abgeschnitten werden. Wenn ein Mensch von Geist und Gemüt die Geliebte solchem Jammer preisgegeben hat, erst der heimlichen Gewissensqual, dann der Verzweiflung, der Verlassenheit und Schande, endlich dem wahnsinnigen Kindesmord und dem Kerker und Hochgericht, dann muß sein künftiges Leben, wenn er es nicht durch Selbstmord endigt, nicht phantastischem, geistreichem Zauberspiel und beruhigtem Ausleben, sondern der großartigsten Sühne, freiwilliger Opferung von Leib und Seele gewidmet sein. Ueber dem Grabe des eignen selbstverwirkten Glückes muß er in den Dienst der Menschheit treten, und für das, was er als deren Ideal erkannt hat, geistige Freiheit, muß er leben, kämpfen, sterben.

Unsere Zeit, die Zeit der Humanität, der Geistesbefreiung, fordert, wie ich glaube, solch einen Abschluß der Fausttragödie. Das 18. Jahrhundert erblickte im Gretchen=Liebesmotiv, im Glücke des „Ich" den Himmel. Das 19., vollends das 20. Jahrhundert betrachtet das körperliche und geistige Elend unsrer Mitbrüder mit erhöhtem Anteil und hilfsbereitem Interesse, und unser Ideal ist Arbeit im Dienste des Menschengeschlechtes, nicht geistreiche Betrachtung und persönliches Glück. Weil aber Faust auf diesem kühn betretenen Wege noch einmal strauchelt, abgelenkt durch den Zauber weiblich sinnlicher Schönheit, (Helena von Urbino) so büßt er mit doppelter Berechtigung reuevoll durch den Feuertod. Diese kleine Darlegung glaubte ich mir schuldig zu sein gegenüber jenen, die eine Berührung des Faustproblems im Sinne unserer Zeit und aus eigenem Herzensbedürfnis blind schon für einen Frevel halten.

Wenige Jahre später bezeichnete man mich als den Dichter der „Spinnerin am Kreuz". Gewiß nicht mit Unrecht, insofern dieses Schauspiel mein populärstes und besonders von Benefizianten gesuchtes Stück auf den Theatern geworden ist. Wie die meisten meiner Bühnenwerke hatte ich es anno 1891 zum Besten eines jungen Schauspielers, namens Karl Richter, auf unserem kleinen Stadttheater in St. Pölten unter der Leitung Direktor Viktor Berthals, zur Probe für mich, sorgfältig inszeniert, und der Erfolg war schon in unserem Städtchen mit Fräulein Balder in der Titelrolle ein höchst erfreulicher. Wie die Schicksale der Menschen sich wandeln, glücklich und traurig, so möchte ich hier nicht unerwähnt lassen, daß aus jenem jungen Benefizianten inzwischen der tüchtige Direktor Karl Richter (gegenwärtig anno 1911 Leiter des Landestheaters in Klagenfurt und der Bühne in Villach) geworden ist, während der wackere Direktor Berthal, vielleicht aus Ungunst der Verhältnisse, ja aus Not, sich wenige Jahre nachher in Stadt Steyr erhängte. Die Balder, kurz darauf die Gattin eines Arztes, glückliche Frau und Mutter geworden, wurde einem frohen Dasein durch frühen Tod entrissen.

Der damalige Leiter des Hofburgtheaters, Dr. Max Burckhard, fand bei der Lektüre meines Stückes, das ich ihm nicht eingereicht hatte, zu meiner Freude so viel Gefallen an dem Opus, daß er mir brieflich dessen Annahme anzeigte. Ich fand mich um so beruhigter, als ich ein paar Jahre früher eine wirklich erwähnenswerte Sonderbarkeit mit diesem Stücke im deutschen Volkstheater erlebt hatte. Ich war noch vor Eröffnung dieser Bühne mit deren künftigen Leiter, Direktor von Bukovic persönlich bekannt geworden. Er war ein sympathischer Gentleman, der auf mich den besten Eindruck machte. Ich teilte ihm den Plan des Werkes mit. Er war Feuer und Flammen und trieb mich an, es zu vollenden, es solle eine der ersten Vorstellungen seines neuen Hauses werden. Als das Stück fertig und von ihm gelesen war, drückte er mir seine Freude aus und erklärte es mittelst Handschlags als angenommen, führte mich in das noch halbfertige Theater und beteuerte, daß ich auf dieser Stätte eine dauernde Heimstatt finden werde. Ein mir bekannter Agent fragte mich, ob ich schon einen Kontrakt in Händen hätte. Als ich mit der Bemerkung verneinte, Bukovic habe beteuert, zwischen uns zwei befreundeten Männern genüge der Handschlag, sagte er ironisch: „Herr, da kennen Sie die Grenzen dieser Bühnenleitung zu wenig. Es sitzt jemand im Hause, der die Pachtsumme aufgetrieben und sich das pro und contra bei Annahme und Ablehnung vorbehalten hat, einer, der überall mitspricht; Bukovic ist nur ein Schatten." Es wunderte mich auch später nicht mehr, als das Haus eröffnet war, daß nie mehr der Direktor zu sprechen, immer nur dieser eine an seiner Stelle gegenwärtig war; anfangs äußerst höflich, dann zerstreut, zuletzt fast schwerhörig, so daß ich es unter meiner Würde fand, diesen Stellvertreter und das Theater als vorhanden zu betrachten und jemals wieder an das gebrochene Versprechen zu erinnern.

Die erste Vorstellung fand zum Besten des „Wiener Journalisten- und Schriftstellervereines Concordia" im Karltheater, die folgenden im Hofburgtheater statt. Besetzung, Spiel und Ausstattung waren vortrefflich. Das Stück ging von Wien über Berlin auf zahlreiche reichsdeutsche, österreichische und ungarische Bühnen bis zu den kleinsten Wandertruppen herab. 1896 kam es durch Direktor Adam Müller-Guttenbrunn ins Raimundtheater und hat sich bis zur Wiederaufnahme ins Burgtheater, 1910, als lebenskräftig erwiesen. In Graz fand es eine ungewöhnlich herzliche Aufnahme, worüber mir Peter Rosegger schrieb:

„Lieber Freund!

Nachdem meine Frau mir von der Erstaufführung Deines Stückes soviel Hocherfreuliches erzählt hatte, raffte ich mich von meinem Krankenlager empor, um heute der zweiten Aufführung beizuwohnen. Ich sage Dir, Freund, das ist ein Drama! Aus der älteren Schule ein Meisterwerk, mit dem Du heute einzig dastehst. Wie hoch steht dieses Stück über all den Ibsens und Sudermanns und wie sie heißen mögen; wie klar und scharf ist das Bild, gleich einem alten Meister-Kupferstich, wie erschütternd und reinigend wirkt es! Und dieser dritte Akt! Die deutsche Bühne wird wenige Szenen haben, die mit diesem hochdramatischen, grausig-dämonischen dritten Akte vergleichbar sind. Was ließe sich da sagen! Wenn wir nur beisammen wären, daß wir so recht nach Herzenslust darüber sprechen könnten! Das Schreiben tut's nicht. Es ist jammerschade, daß Du nicht kommen konntest. Von einem Fieber sprichst Du. Du hast nach Graz zu fahren, wenn hier Dein herrliches Drama aufgeführt wird, damit Du siehst, wie man Dir dankt. Das Publikum war gefangen von der Kraft des Dramas und spendete brausenden, ehrlichen (nicht künstlich erzeugten) Beifall. Der einzige Tadel, den ich irgendwo aussprechen hörte, ist der: Zu ernst, zu düster ist das Stück! Und dies ist k e i n Tadel, sonst müßte an diesem Tadel Shakespeare längst zugrunde gegangen sein. Nach meinem Dafürhalten müßte die Spinnerin am Kreuz nicht bloß im Burgtheater auf dem Repertoire bleiben, wo man von den Neuern nicht viel Besseres hat, sondern auch auf alle deutschen Bühnen Oesterreichs und die Deutschlands übergehen. Wenn d a s nicht auf die Bühne gehört, und wenn d a s nicht dramatisch ist, dann weiß ich nicht, w a s man unter dramatisch versteht. Nun — der Mensch denkt, und der Rezensent lenkt! Unsere Schauspieler haben sich für Dein Stück begeistert und leisten darin ihr Bestes. Und nun, lieber Freund, laß Dich in Dankbarkeit und Verehrung küssen von Deinem

P. Rosegger.

Graz, am 9. Dezember 1892.

So erübrigt mir nur noch ein kurzes Wort über mein liebstes Werk zu sprechen, welches unsere ersten und besten Geister für mein reifstes und glücklichstes erklärt haben; über das deutsche Heldenspiel „Die Amelungen".

Viele Jahre habe ich es dunkel im Herzen getragen, habe gewissenhaft mit dem Stoffe gerungen. Kein abgeschlossenes Werk, kein altes Heldengedicht, wie die Nibelungen, lag mir vor. Denn die Bruchstücke des sogenannten Heldenbuchs von Dietrichs Flucht, der Rabenschlacht, Ecken Ausfahrt, Laurin usw. sind spätmittelalterliche, derbe Bänkel voll Blut und Drachenkämpfen, die nichts mehr von Charakterzeichnung und sicherer poetischer Führung, nichts von psychischer Einheit besitzen.

Was konnte mich also reizen, dieser Elemente dichterisch mich zu bemächtigen? Wo war hier die Einheit, der Kern, das Zentrum, unserer, wie allen künftigen Zeiten verständlich?

Auch hier geschah in meinem Herzen ein gnädiges Wunder. Nicht ich habe den Stoff mit Gewalt ergriffen, er selbst überwältigte mich.

Als ich nach meiner schweren Todeskrankheit aus unserem kalten, spätherbstlichen Norden mit meiner Frau über Tirol nach dem milden Süden fuhr, und wir eben aus der letzten Alpenpforte in weitem Bogen hinunter zur lombardischen Ebene rollten, da sah ich zur Linken am Fuß der Gebirge im brennenden Abendrot Verona liegen und darüber ein zur Kaserne entweihtes hohes Kastell, die einstige Burg König Dietrichs von Bern. Nicht jene verstümmelten Gesänge, sondern die wehmütige geschichtliche Wahrheit fiel mir aufs Herz, wie jene gewaltige germanische Königsmacht so schnell und furchtbar endete, König Dietrichs einzige Tochter, jung verwitwet, nach des Vaters Tode von der Macht des byzantinischen Nachbarreiches bedroht, von innerem Zwist des eigenen Volkes beunruhigt, durch den plötzlichen Tod ihres einzigen Söhnleins der Besinnung beraubt, reichte Hand und Krone ihrem schlimmsten Feinde, ihrem herrschgierigen Vetter, der sie nachher töten ließ. In diesen wenigen Zügen liegt noch keine Tragödie. Geschichtlich ist der Tod ihres Knaben nur Zufall und Unglück. Aber mit den Augenblicken poetischer Eingebung ist es ein ewiges Geheimnis. Ganz plötzlich, wie ich dieser schönen Königin Amalsunth gedachte, wußte ich etwas anderes. Ich sah im Geiste, wie nach ihres Vaters Tode von Worms am Rhein ein zweiter Knabe als Schutzbefohlener gebracht worden war, der

Enkel jener alten, all ihrer Kinder beraubten Königin Ute, das Söhnlein Kriemhildens und Siegfrieds, den ich Jung-Siegfried nannte. Blutsbrüderschaft verbindet nun die beiden Knaben. Der alte Hildebrant, des toten Königs Dietrich Waffenmeister, nimmt Amalsunths Söhnlein, das Königskind, Athalrich, in seinen Schutz.

Da entzündet Jung-Siegfrieds Tüchtigkeit im kindlichen Knabenwettstreit um den Preis den Zorn und Haß des jungen Athalrich. Er beleidigt, er bedroht Jung-Siegfried tödlich und wird aus Notwehr, nicht aus Absicht von dessen Speer getötet. Jetzt ruft die Königin Hildebrant zur Rache, zur Tötung des Schutzbefohlenen auf. Aber Hildebrant, über die Ursache des Unglücks unterrichtet, hat den Knaben unter dem Schutze Ekkewarts entfliehen lassen. Da befiehlt Amalsunth Hildebrants Enkelknaben Amelolt und Sindolt in den Turm zu werfen. Es geschieht. Der grenzenlose Jammer der Mutter schreit um Blutrache für ihr totes Kind. Aber keiner der Recken, die ihr bisher mit Leib und Leben zur Seite standen, will diese Tat, den Knabenmord, vollbringen. Da ruft sie ihren Vetter, ihren Todfeind, der vergeblich um sie geworben hatte und deshalb zum Hochverräter wurde, da ruft sie Diethart aus dem Kerker und bietet ihm den Amelungenhort, Reich und Krone an, wenn er die Knaben töte und ihr Rache gewähre. Er besteht auf dem höchsten Preis, er begehrt sie selbst zum Weibe und Amalsunth, jetzt die Feindin ihres eigenen, einst so geliebten Gothenvolkes, macht ihn, gegen die Stimme ihres eigenen Herzens, mit Hilfe der Wälschen und Wenden zum König. Dietharts verstoßenes Weib, ihre Nebenbuhlerin, die Wendin Wandala, tötet die Königin durch heimliches Gift.

So hatte ich in einer plötzlich aufflammenden Vision die Tragödie der Mutterliebe empfangen, die ich nun mit Ausscheidung aller Elemente, die nicht zum psychischen Zentrum gehörten, und mit freudigem Auftrag all der charakteristischen

Farben, die dieses altdeutsche Heldenbild begehrt, in ein bühnengemäß gesteigertes Trauerspiel einheitlichen Stiles verwandelte.

Ernst von Wildenbruch, unser größter Dichter, dem ich aus alter Bewunderung das Werk zueignete, schrieb mir darüber: „Daß Sie mich für würdig erachtet haben, mir gerade d i e s es Werk zu widmen, in dem — das fühle ich aus jeder Zeile heraus — ihre ganze Seele mit aller Wärme, Treue und Begeisterungskraft niedergelegt ist, macht mir diese ihre Widmung doppelt wertvoll, macht mich aufrichtig stolz. Ihr Dichter-Name war mir ja natürlich schon seit langem und in bester Weise bekannt. Ihre „Spinnerin am Kreuz" habe ich seinerzeit hier in Berlin aufführen gesehen und dem originalen Werke meine tiefste Seelen-Gefolgschaft gewidmet. Daß Sie in erster Reihe derjenigen Dichter Deutschösterreichs stehen, die den großen Zusammenhang mit den unsterblichen Elementen der deutschen Literatur aufrecht erhalten, war mir bewußt. Beurteilen Sie darnach selbst, welche Freude es mir bereiten mußte, als ich aus Ihrem Briefe ersah, daß Sie meiner Persönlichkeit und meinem Schaffen mit so großer Freundschaft zugetan sind. Die Gesinnung, die aus ihren „Amelungen" quillt, empfinde ich als meine eigene, darum begrüße ich Sie — da ja nun einmal das Gebiet der Literatur heutzutage zu einem Kampfgefilde geworden ist, als Kampfgenossen und Verbündeten und schüttle Ihnen in Gedanken treulichst die Hand, die Sie mir so schön dargeboten haben. Leben Sie wohl, verehrter Herr, und bleiben Sie, der Sie waren, Ihrem herzlichst ergebenen E r n s t v o n W i l d e n b r u c h."

Heinrich Bulthaupt, der geniale deutsche Dramaturg, der uns leider viel zu früh durch den Tod entrissen wurde, schrieb mir am 25. Dezember 1903: „Wäre ich nicht krank gewesen, als Sie mir Ihre „Amelungen" sandten (und noch bin ich nicht völlig genesen), gleich hätte ich Ihnen mit meinem Danke, als dessen Zeichen ich mir gestatte, Ihnen die neueste Auflage meiner Gedichte zu schicken, ausgesprochen, wie sehr mich das großzügige, dichterisch-reiche und doch knappe Werk gepackt und festgehalten hat. In welche Niederungen sich das Drama unserer Tage verirrt hat — Gott sei Dank, daß wir noch Poeten haben, die uns auf solche Höhen führen! Und nun möge Ihnen noch manches gelingen, gleich groß und schön. Von Herzen Ihr ergebener Heinrich Bulthaupt."

Und damit der Dritte in der Zahl der guten Geister nicht fehle, deren Wort und Zuspruch mir zum Licht und Trost geworden ist in meinem einsamen Schaffen, so folge hier der Brief des berühmten Sängers von der Festenburg, dessen Name ein klingendes Banner geworden ist in allen deutschen Gauen. Ich weiß, daß er mich allzuhoch ehrt: „Das Drama gehört zu dem Besten, was ich von Ihnen kenne, und bekräftigt meine Ueberzeugung, daß Sie der einzige österreichische Dichter sind, der nach dem Hinscheiden Grillparzers würdig war, das Szepter aufzunehmen, das dem toten Dichterkönig entsunken ist. Sie sind sein dramatischer Universalerbe, auf den der Reichtum des Erblassers: Die Melodie der Sprache, die klassische Formenreinheit, die meisterhafte Kunst der Individualisierung, übergegangen ist.

Ihre Muse hat die Schnürbrust des österreichischen Lokalpatriotismus gesprengt und atmet in vollen Zügen freie Germanenluft. Wir Deutsche sind wie knorriges Buchenholz: Lang braucht's, bis das zum Brennen kommt. Wenn's aber einmal in Flammen steht, dann gibt's ein braves Feuer und eine dauerhafte Glut. Warten Sie nur, bis wir lichterloh brennen — die Besten, die Gipfel ihres Volkes glühen schon — dann sollen Sie sehen, welche Brände der Begeisterung über Sie und Ihre Werke zusammenschlagen. Ich danke Ihnen, lieber hochverehrter Meister, für Ihre freundschaftliche Gesinnung recht vielmals und rufe dem herrlichen Amelungendichter ein treudeutsches, herzliches Heil! zu. In aufrichtiger Verehrung O. Kernstock."

Im Jahre 1905 veranstalteten die deutschen Hochschüler Wiens im Kaiser=Jubiläumstheater (jetzt Volksoper) zu Ehren des gefeierten Nationaldichters Ernst von Wildenbruch, eine festliche und vom schönsten Erfolg gekrönte Aufführung meiner Amelungentragödie. Frau Elli Stärk spielte mit edler Kraft die Königin, ihr Töchterlein ganz meisterhaft den Jung=Siegfried. Als Prolog sprach Frau Stärk im Kleide der Germania ein feuriges Gedicht, das uns Wildenbruch zu dieser Gelegenheit gespendet hatte.

Bleibt aufrecht, deutsche Brüder!

Eine Stimme ist zu mir gekommen
Von den Brüdern im deutschen Ost,
Meine Stimme soll euch Antwort geben —
Bleibt aufrecht und seid getrost!

Wohl weiß ich von Wind und Wellen,
Daß sie stürmend um euch geh'n,
Wohl weiß ich von euren Herzen,
Daß sie blutend in Tränen steh'n.

Ich weiß noch von einem Dritten,
Von einem Sterne des Lichts,
Von dem seid ihr hergekommen,
Und dem entreißt euch nichts.

So lang noch das Licht der Sonne
In der Erde das Leben entfacht,
So lange das Sehnen nach Wahrheit
Uns zu Kindern des Lichtes macht;

So lange der Mensch noch dürstet
Nach dem stählernen Trunke des Rechts,
Wirst du, Deutschland, nimmer erlöschen,
Du Seele des Menschengeschlechts!

Und wen du im Schoße getragen,
Geist bleibt er von deinem Geist,
So lang er das Herz nicht treulos
Vom Herzen der Mutter reißt.

Ein Seufzer ist zu mir gekommen
Von den Brüdern, die Haß umloht,
Meine Stimme soll ihnen sagen:
„Eure Not ist heilige Not!"

Wenn den Deutschen das Glück umschmeichelt,
Wird das Herz ihm im Leibe dumpf,
Wenn den Deutschen der Friede streichelt,
Wird das Schwert in der Scheide ihm stumpf.

Du, ringend in Sorgen und Sehnen,
Jugend, umlockte Schar,
In dir ist das Hungern und Dürsten,
Das einst in uns allen war.

Du wurdest zum Opfersteine,
Der das heilige Feuer trägt;
Bleibe aufrecht, deutsche Jugend,
Wenn das Feuer auch Wunden schlägt!

Eine Zeit ist einmal gewesen,
Wo die Menschheit in Trümmer brach,
Wo aus den Seelen der Menschen
Deine Stimme zum Himmel sprach.

Da, über den Wassern der Tiefe
Ging auf ein einziger Stern,
Es stieg aus der Nacht der Zeiten
Dietrich, der Held von Bern.

Sie sagen, er sei gestorben —
Er lebt noch immerdar,
Immer von neuem gebiert ihn
Das Land, das ihn einmal gebar.

Wenn immer die Menschheit sich streckte
Auf's Siechenbett kreisender Not,
Wenn immer das wankende Herz ihr
Umstrickte der würgende Tod:

Dann wieder und immer wieder
Steigt auf ein blondlockiger Held,
Dann baut aus germanischem Blute
Sich jung und lebendig die Welt.

Wohlauf! Und ruft nun den Dichter,
Er komme, es hebe sein Wort
Von der Seele uns Schranken und Fesseln,
Von den Augen die Zeit uns fort!

Denn Zeit ist nur trügendes Sinnbild
Staubiger Vergänglichkeit,
Alles Große, unsterblich,
Steht zeitlos, ü b e r der Zeit.

Es komme und leuchte ins Herz uns
Der nimmer erloschene Stern,
Es komme der Amelunge,
Der unsterbliche Dietrich von Bern!

Es ist hier wohl der richtige Ort, mich über die Art der Entstehung dieser Amelungentragödie auszusprechen. Die spärlichen und zerstückelnden epischen Quellen dieser Sage besitzen keine Spur der Einheit und Geschlossenheit, ja auch nur der psychologischen Notwendigkeit des Nibelungenliedes, das uns in 29 Handschriften erhalten, dem Dramatiker eine fertige strenggefügte Handlung entgegenbringt. Einst vielleicht noch größer und gewaltiger in seiner für immer verlorenen Urgestalt als die Siegfriedssage, vermischte sie teils Mythisches, teils Geschichtliches in immer dunkler verstandener, immer willkürlicher veränderter Form, deren Kern die Verherrlichung der Taten Dietrichs von Bern, des Gotenkönigs Theodorich des Großen, des Stifters des Amalerthrones in Ravenna und Verona bildete. Was uns an Liederresten erhalten ist, trägt die Spuren des Verfalles der Heldendichtung, ja fast des ritterlichen Bänkels an sich.

Voll Sehnsucht, diesen poetischen Kern wiederzufinden und bühnenwirksam und allverständlich nach den ewigen Gesetzen von Leidenschaft, Schuld und Sühne zu gestalten, versenkte ich mich in die geschichtlichen Quellen, welche uns durch den gotischen Geschichtsschreiber Journandes über das Schicksal Theodorichs und seiner Familie überliefert sind. Diese wahrhafte Geschichte des Gotenreiches und seiner Herrscher ist unstreitig großartig, handlungsreich und blutig, aber für den dramatischen Dichter, der ein in sich selbst konsequent abgeschlossenes, alles Zufällige ausschließendes Gebilde erschaffen muß, entbehrte sie der Einheit und tragischen Notwendigkeit. Dieser tiefpsychologische Prozeß, der erst vom Grunde heraus erschaffen werden mußte, beschäftigte mich, während andre Probleme leicht und rasch Gestalt empfingen durch Jahre und Jahre.

Königs Dietrichs plötzlicher Tod, geschichtlich infolge fieberhafter Erkrankung, mußte aus dem Charakter, dem Temperament, den Ereignissen motiviert werden. Das Ende seiner nachgelassenen, verwitweten Tochter, noch mehr ihr Ehebund mit ihrem verhaßten Vetter, vor allem aber der Tod ihres Knaben Athalrich, mußten in strengen tragischen Nexus gebracht, der Untergang des Königshauses dem Zuschauer von Anbeginn als drohend und aus der Konsequenz der Charaktere als unabwendbar durchgebildet werden.

In diesem Sinne rang ich mit dem Stoffe und ging an die Umgestaltung. Ebensowenig wollte ich ein sogenanntes historisches, buntgefärbtes Drama schaffen, wo Römer, Griechen und Goten nach altem Rezept einen lärmenden Theatertanz aufführen. Lebensanschauung, Sprache, Kostüm, Menschen und Schauplatz sollten der Größe und Einfachheit, der Schlichtheit und Kraft der deutschen Heldendichtung lebendig entsprechen. Ich schied daher alles aus, was am Stoffe rein byzantinisch, römisch, undeutsch war. Dietrich stirbt aus Uebermaß des Zorns wider seinen verräterischen Neffen Diethart. Seine Tochter, die Witwe, die Königin des väterlichen Reiches, gestachelt durch den Mutterschmerz über die Tötung ihres Lieblings, ihres einzigen Kindes, gereizt durch die verweigerte Blutrache an den schuldlosen Genossen des Toten, den jungen Enkeln Hildebrands, wirft ihren Haß auf das eigene Volk und bestellt zum Richter und Henker ihren Vetter Diethart, ihren vormaligen Gegner, um den Preis der Krone und ihrer Hand. Wie starb nun ihr Knabe? Zufällig, wie in der Geschichte, aus Entkräftung, wäre nicht tragisch. Hier liegt der Herzpunkt des ganzen Dramas. Des Knaben Tod muß im Streite, muß durch eines anderen Knaben Schuld (wenn auch nicht aus Mordabsicht) herbeigeführt werden. Hier setzte meine Erfindung ein. Kein Heldenlied meldet, was wohl das Schicksal jenes einzigen Söhnleins Siegfrieds, der im Odenwald erschlagen wurde, und Kriemhilds geworden. Das Lied wie seine Mutter schweigen von ihm. Diesen Knaben also, den ich Jung-Siegfried nenne, lasse ich auf das Gebot seiner

Großmutter, Königin Ute von Burgund, als schutzbefohlene Königswaise durch Markgraf Ekkewart zu dem Gotenkönig bringen, damit er nach altgermanischer Sitte eidlich und unverletzlich zum Blutsbruder des Knaben Athalrich erklärt und der Hut des alten Hildebrant übergeben werde. Athalrich ist kein wahres Heldenkind wie Jung-Siegfried. Er ist reizbar, eitel, schwächlich. Als Sieger im Knabenspiele mit Kranz und goldenem Speer bedacht, erregt Jung-Siegfried den Neid und Haß seines Freundes. Von Athalrich beschimpft, herausgefordert, ja sogar verwundet, ersticht er in der Notwehr und Uebereilung den Königsknaben. Amalsunth, erst des Gatten, dann des Vaters, jetzt auch des einzigen Kindes beraubt, fordert vom alten Hildebrant Blutrache am Täter, der von Ekkewart mit Hildebrants Billigung hinweggeflüchtet worden ist. Hildebrant verweigert ihr den Gehorsam zu solcher Tat. Nun fordert die Königin von ihren treuesten Recken, die hundertmal für ihren und ihres Vaters Thron geblutet haben, die Blutrache an den beiden Enkelknaben Hildebrants, den Spielgenossen ihres Athalrich, zu vollziehen. Alle weigern sich, dem Befehle des rasenden Weibes zu gehorchen. Da ruft sie Diethart, den Verräter, aus dem Kerker und verspricht ihm das Leben und die Freiheit, dann den Amelungenhort, zuletzt die Krone und ihre Hand. Dieser höchste Preis allein genügt ihm, er ist bereit und wird unter dem Jubel der Gotenfeinde, der Wälschen und Wenden König und ihr Gemahl.

Diethart hat, um Amalsunths Gatte zu werden, sein Weib Wandala, die Wendin, verstoßen. Amalsunth graut vor dem ungeliebten Gatten. Rasch reift die Empörung unter den ergrimmten Gotenrecken. Im Bunde mit Diethart naht die Flotte von Byzanz. Wittich, den das Gotenheer zum König erwählt hat, und der seit jungen Tagen die Königin liebt ohne Hoffnung, dringt zu ihr, um sie zu verständigen und zu gewinnen. Diethart und die Königin setzen sich zur Tafel

beim Abendwein. Hildebrants Fall durch Dietharts Schwert
läßt die Empörung losbrechen. Wittichs Schwert tötet den
Gewaltherrscher, aber auch die Königin, die vom Wein ge=
nossen hat, den ihre Nebenbuhlerin Wandala vergiftete,
stirbt als letzte ihres hohen Hauses. Von der Geliebten Leiche
hinweg stürzt Wittich der Heerkönig in den Kampf gegen die
nahenden Feinde, mit den Worten:

„Vor uns der Feind und hinter uns die Algen,
Wir kämpfen, bis der letzte Gote stirbt!" —

Ich habe schon zu Anfang dieser Blätter meiner Anschau=
ung über den Wert und die Bedeutung der Anerkennung,
die der Künstler seitens seiner Zeitgenossen findet, Ausdruck
verliehen — der Erfolg meines Lebens hat mir recht gege=
ben. Dem Nervösen, dem Krankhafteitlen, wird der Aner=
kennung niemals genug. Der Ruhige und Tieferblickende
wird das Maß seiner öffentlichen Wertschätzung nicht ab=
hängig machen von dem Wohlwollen der Theaterunterneh=
mer, der Literaturparteien, der Ruhmesauguren, sondern
von der warmherzigen Zustimmung aller Schichten und
Kreise der Mitlebenden, vom Höchstgebildeten und Selbst=
kunsttätigen bis zum einfachsten Naturkinde.

Daher irrten manche meiner heißblütigen Freunde, wenn
sie im Feuer edler Gesinnung und rüstigen Unmutes über
Taktlosigkeiten oder Torheiten, die sich jedem öffentlichen
Wirken in den Weg stellen, mehr Aufhebens machten, als
solche unschöne Spezialitäten verdienen. Im Gegenteile!
Die Welt ist nicht blind, ist nicht taub, ist nicht ohne Ge=
dächtnis. „Lügen haben kurze Beine" sagt ein Sprichwort.
Und Goethes herrlicher Erfahrungssatz, der da lautet: „Was
man in der Jugend wünscht, hat man im Alter die Fülle",
hat sich, wenn ich gerecht bin, an mir schon vor Eintritt des
individuellen Alters erwiesen. Haben doch nicht bloß meine
engeren Landsleute meines 50. Geburtstages gedacht durch

Veranstaltung einer festlichen Feier, an der alle Kreise der Gesellschaft aus Nah und Fern sich beteiligten, des Grußes aus dem Sachsenboden Siebenbürgens nicht zu vergessen. Meine lieben Landsleute in Oberösterreich aber ehrten mich am herzlichsten am Ostermontag des Jahres 1897 durch Enthüllung einer Gedenktafel an meinem Geburtshause in Altlambach (heute Erholungsheim für Bahnbedienstete, nahe der Westbahnhaltestelle Stadel Baura). Die Tafel aus schwedischem Syenit enthält nur die Worte „Franz Keims Geburtshaus".

Ganz im Geheimen war die schöne Feier zu meiner Ueberraschung vorbereitet worden. Ich sollte sie erst sozusagen in letzter Stunde erfahren. Ein Kollegium von sechs kunstfreundlichen Männern bildete den Festausschuß. Keiner der Herren war mit mir in persönliche Berührung bis zu diesem Tage gekommen. Seit meinem dreizehnten Lebensjahre hatte ich nicht mehr in der alten Heimat Lambach verweilt. Kein einziger meiner Jugendgenossen war mehr am Leben. Es war die neue Generation, die mir diese Liebe und Ehre erwies. Ganz besonders, wie ich erfuhr, hatte sich für die Verwirklichung dieser Huldigung der edle und verdienstvolle Herr Oberlehrer Karl Parys eingesetzt. Mit rührendem Eifer beteiligten sich die Herren: Hochwürden Dr. theol. Pius Schmieder, Senior des Stiftes Lambach, Hermann Deppermann, Fabrikdirektor, Hermann Neubacher, Oberlehrer, Friedrich Schlechter, Oberingenieur und Streckenchef, Josef Schilcher, Bürgermeister und Realitätenbesitzer, Johann Pharl jun., Bräuhaus- und Realitätenbesitzer. Als ich aus Gmunden vom Krankenlager meines Bruders mit meiner Frau und Dr. Ferdinand Krackowizer am Festplatze eintraf und den Bahnzug verließ, sah ich eine wimmelnde Volksmenge, wurde von festlicher Musik, dem Ausschusse, Deputationen, dem Gesangverein, dem Banner, einem Ehrentrunk, Blumen für meine Frau von einem allerliebsten Fräulein, endlich dem Festordner Oberingenieur Schlechter weihevoll begrüßt. Ueberwältigt durch die Macht dieser Stunde, umgeben von den alten Fichten meines heimatlichen Waldes, mußte ich, wie betäubt meiner toten Eltern und Schwestern gedenken und konnte — in plötzlicher Ergriffenheit nur beteuern, daß ich mir keines Verdienstes, nur einer Gnade Gottes bewußt sei. Ich schloß mit den Worten: Eines aber war ich und bin ich bis heute geblieben: ein „alter Stadlingerbua!"

Da ging ein Brausen und Juchzen durch die Menge der wetterfesten Gestalten, der einstigen Flözer und Traunfahrer und mit dem Juchzen flogen die grünen Filzhüte in die Luft. Ein ergreifendes Schauspiel.

Nun marschierten wir in fröhlichem Zuge ins Wirtshaus nach Stadel Baura, während aus den ärmsten Hütten kleine Sträußchen als Blumengrüße mir entgegen flogen. Fröhlich begann der Kommers. Städte und Märkte hatten ihre besten Vertreter gesandt. Auch Wien war vertreten, Klosterneuburg, Krems, Steyr und Graz. Ueber hundert Grüße aus nah und ferne, einer aus München, flogen herbei. Das Linzer Meisterquartett im Anschluß an die herzhaften Tischreden hob uns in die Regionen des Wohlklangs edler Musik. Und nun erlebte ich eine unvergeßliche, freudige, musikalische Ueberraschung. In genialer Vertonung wurden am Flügel einige meiner Lieder vorgetragen, die ich einst meiner Braut Hermine gewidmet hatte. Der mit Jubel begrüßte Komponist war mein junger flotter Landsmann, der Jurist Dr. Julius Berger, seit jener Stunde längst ein schneidiger, gesuchter Rechtsanwalt, allzeit mein rastlos werktätiger Freund, den das Schicksal offenbar um seiner Schneidigkeit und seiner sonstigen Tugenden willen zum glücklichen Gemahl einer der edelsten und schönsten Frauen Europas gemacht hat. Zu seinen Passionen gehört eine treusinnige Verehrung der salzburgisch-bayerischen Gebirgswelt, die nach

Versicherung sachverständiger Kenner am schönsten im stimmungsvollen königlichen Bräustübel zu Berchtesgaden in edler Gesellschaft genossen wird. Daher nenne ich meinen lieben Freund Julius den „Erzengel von Berchtesgaden". —

Einen düsteren Gegensatz zu dieser Lichtgestalt bildete der unlängst und plötzlich verstorbene Komponist Franz Josef Beer. Ich lernte ihn gelegentlich einer Sommerkur kennen und bald sehr lieb gewinnen. An einem Herzleiden kränkelnd, hatte er sich in bescheidener Beamtenlaufbahn bis zum Oberrechnungsrat emporgearbeitet, während er die spärliche Zeit freier Muße der Tonkunst widmete. Zahlreiche Lieder, Chöre und einige Operetten hatten ihm einen ehrenvollen Namen erworben. Ganz besonders entsinne ich mich eines ergreifenden Tonwerks „Walther von der Vogelweide", das im großen Musikvereinssaale lebhaften Beifall fand. Beer war ein von seltener persönlicher Herzensgüte ausgezeichneter Mensch. Er klagte viel über künstlerische Zurücksetzung, über traurige Kunstzustände. Ich bemühte mich redlich, den Armen aufzurichten. Für die Ursachen seiner Klagen durchaus nicht blind, ja selbst vielfach schwer geschädigt, vermochte ich doch immer wieder durch mein sanguinisches Temperament und meine lustige Verachtung alles Unschönen unserer Zeit, ihn für Stunden wieder aufzuheitern, ja mit meinen Tollheiten zu einem herzlichen Lachen zu bringen. Wir hatten sogar kleine Zukunftspläne flüchtig entworfen. Er ging nach Wiesbaden, wurde kränker und kränker und starb allzufrüh — an gebrochenem Herzen. Unsere musikalischen Kreise dürfen nicht vergessen, daß sie dem Toten eine schwere Ehrenschuld abzutragen haben.

Zu den unvergeßlichen Erinnerungen zähle ich die gastlichen Stunden, welche ich auf Einladung des Herzogs Elimar von Oldenburg im Schloß Erla an der Südbahn verbrachte. Die Herzogin, eine hohe, schöne Frau, gewährte mir Einblick in ihr Maleratelier, das ein Oelbild Bauernfelds von ihrer Hand enthielt. Pfarrer Formey und Frau, die mich dahin geleitet hatten, vereinigten sich nach der Tafel zu einer hübschen Hausmusik mit dem Schloßherrn. „Haben Sie schon einmal meinen Hund singen gehört?" fragte mich der Herzog. Als ich das verneinte, wies er auf seinen am Boden hingestreckten Bernhardiner, der zu schlafen schien, setzte sich ans Pianino und griff zwei Töne einer Oktave abwechselnd. Der Hund, halbträumend und gleichsam wehleidig, winselte sofort kräftig genau in derselben Tonart nach. Das Experiment wurde nach der chromatischen Skala fortgesetzt und vom Hunde, wie von einem Echo, winselnd beantwortet. In keinem Bürgerhause habe ich jemals so schlichte Vornehmheit, so herzgewinnende Einfachheit, so viel Güte bei soviel Geist gefunden. Wie gerne hätte ich der herzoglichen Aufforderung beim Abschiede, bald wieder zu kommen, Folge geleistet — es blieb ein Traum, denn der edle Schloßherr, der Künstler und Kunstfreund, der tapfere Mitkämpfer im großen deutschen Kriege wurde kurz nachher vom allerhöchsten Kriegsherrn in das ewige Wallhall abberufen. —

Indem ich jetzt auf die schlimmste Leidensperiode meines körperlichen Daseins zu sprechen komme, auf die Zeit, wo mich zum dritten Mal der Engel des Todes mit seinen schwarzen Flügeln überschattete, muß ich eines andern Schlosses und seiner gastlichen Insassen gedenken. Ich hatte gelegentlich eines improvisierten Wohltätigkeitskonzertes im Marktflecken Haag in Niederösterreich im Kreise der Mitwirkenden den Sohn des Kommerzienrates Hauschka, Herrn Hugo Hauschka kennen gelernt, der mit seinem Musiklehrer, Professor Kirschbaum am Flügel uns alle entzückte. Der sehr ernste junge Mann fühlte sich von meiner damaligen Ulkigkeit offenbar so erheitert, daß ich kurz nachher von seinem Vater, einem kunstliebenden Originale, energisch in seine Wiener Villa geladen, ebenfalls als Original behandelt und — ohne mein Verdienst — wie ein alter Hausfreund gehätschelt wurde.

In den Sommerferien, so wollte es der alte Herr, mußte ich auf mindestens eine Woche samt meiner Frau auf die Familienbesitzung Schloß Trautenburg in Steiermark kommen. Und wir kamen über Graz und Ehrenhausen dahin. Der Sohn des Hauses, eine mehr in sich verschlossene Philosophennatur, und dessen stille, sanfte, bejahrte Mutter bildeten einen interessanten Gegensatz zum alten Schloßherrn, einem impulsiven, heftigen Manne, der bei feinster äußerlicher Beherrschung sein vulkanisches Inneres verschloß. Der Sohn, der seinen Vater als unberechenbar kannte und schon mehrmals Zeuge gewesen war, daß der alte Titan so rapid mit seiner Gunst und Ungunst wechselte, daß mancher heute als sein Begnadeter zu Bette ging und morgen wegen eines Nichts als Gnadenloser über die Schwelle flog, zitterte unwillkürlich für mein Schicksal in des Alten Gunst.

Aber ich hatte das Glück, daß hier gewissermaßen zwei närrische Ströme ineinanderflossen. War schon unser Empfang im Schlosse Trautenburg ein ungewöhnlicher, so wurde unser Verkehr ein durchaus herzlicher und mein späteres Unglück entflammte sein Mitgefühl zu leidenschaftlicher Freundschaft. Unser Empfang offenbarte so recht seine Originalität.

Als wir die Schloßtreppe erstiegen hatten und den Flur des ersten Stockwerkes, den sogenannten Waffengang, betraten, sahen wir vor uns einen weißen Elefanten, auf dem ein graubärtiger Turbanträger saß, der einen blanken Hantschar in der Rechten schwang. Der Halbmond über dem Turban war allerdings bei näherer Betrachtung ein großes Kipfel vom Bäcker; der prachtvoll gekleidete Moslim war der Schloßherr selbst, der uns mit improvisierten Versen begrüßte und mit den Worten vom Elefanten sprang:

„Willkommen hier! laßt euch vor mir nicht grausen,
Und tretet ein und setzt euch zu der Jausen!"

Und nun geschah etwas Außerordentliches. Der Elefant
löste sich in seine Bestandteile auf. Seine Haut, ein weißes
Linnen, fiel zu Boden und enthüllte den Professor Kirsch=
baum, der mit gebeugtem Rücken stehend, Sitz und Hinter=
beine des Tieres vorgestellt hatte, während seine vorgestreck=
ten Arme auf den Schultern seines Sohnes ruhten, der den
Kopf und die Vorderbeine des Tieres fingierte und den lan=
gen Rüssel als gewickeltes Linnen vor sich schwenkte. Vom
Boden aber erhob sich eine prachtvoll geschmückte Odaliske,
die sich unter herzlicher Begrüßung als die sechzigjährige
Tante des Hauses zu erkennen gab. —

Hugo, der Sohn und künftige Schloßherr, den ich später
Ugolino getauft habe, war in jener Zeit ein ganz unbarm=
herziger Weiberfeind. Wollte man ihn vertreiben und in
sein Junggesellenzimmer zurückscheuchen, so durfte man nur
den Besuch einer jungen Dame aufs Programm setzen.
Wenn er heiratsfähige Mädchen witterte, zog er sich sogleich
in seine Klause zurück.

Um so unvergeßlicher blieb mir folgendes Ereignis. In
der Küche des Schlosses waltete eine gefühlvolle windische
Köchin. Nahe schon dem sogenannten gefährlichen Alter,
das von der Liebe nicht Abschied nehmen will, hatte sie die
Wohlgestalt und männliche Erscheinung des jungen Herrn
so heftig in ihr Herz geschlossen, daß sie auf alle weiblichen
Wesen des Schlosses in Eifersucht entbrannte, vom hüb=
schen Stubenmädchen angefangen bis zur sechzigjährigen
Tante. Ugolino pflegte jeden Samstag mit der Tante,
welche die Hausverweserin war, abzurechnen. Da dies bei
geschlossener Türe geschah, entstand im Busen der Köchin
Verdacht und Aufruhr. Ein Gewitter gefährlicher Natur
lag in der Luft, das folgender Art zum Ausbruche kam. Die
ahnungslose Tante trat plötzlich in die Küche und erlaubte
sich, irgend eine Rüge auszusprechen. Die liebeskranke Kö=
chin, durch diese Sprache gereizt und schwer beladen mit

einer Säule aufeinandergeschichteter Teller, warf mit erhobenen Armen den ganzen babylonischen Porzellanbau der entsetzten Dame vor die Füße. Noch war man im Hause über die Ursache und die Richtung ihrer Tollheit nicht im Klaren. Die Aufklärung trat plötzlich und drastisch ein. Als nämlich die würdige, sanfte Schloßfrau selbst eines Morgens die Küche betrat, fiel ihr die arme Hysterische schluchzend um den Hals und rief: „Gnädige Frau, ich kann nicht anders, ich muß den jungen Herrn heiraten. Ich liebe ihn!"

Ugolino, der die Bedenklichkeit der Situation am schnellsten begriff und verhindern mußte, daß uns die Rasende in ihrem Unglückswahn nicht alle mit Rattengift vertilgte, griff in seinen Beutel als nobler Junker, kündigte ihr den Dienst auf der Stelle und bestand auf ihrer sofortigen Abreise. Sie schied gerührt, sandte ihm aber andern Tages einen zarten Liebesbrief mit dem Angebot eines Stelldicheins in Graz. —

Es waren wunderschöne Tage im Schloß zu Trautenburg gewesen! Der alte Herr lud an Kaisers Geburtstag die ganze Gemeinde des Marktes Leutschach ins Wirtshaus zu Tanz und Schmaus; die Feuerwehr mußte uns mit Fackellicht zurück ins Schloß begleiten, worauf ich um Mitternacht auf des Festgebers Wunsch noch unter der alten Gerichtslinde eine unsinnige Galgenrede hielt, wobei ich mehr die tollgewordenen Hunde des Ortes als die beduselten Menschenkinder in Rührung versetzte. Es gab noch einen entzückenden Ausflug nach der Trümmerburg Schmierenberg hinter ihren vielhundertjährigen Edelkastanienriesen und sogar einen Bergstieg zum Wallfahrtswirtshause „Zum heiligen Geist", wo wir kein Wort windisch verstanden, kein deutsches Wort verständlich aufgenommen sahen und des nachts beinahe von den zahllosen Bettflöhen gefressen wurden. Wer hätte damals geahnt, daß dieses freundlichstille Schloß Trautenburg mir noch verhängnisvoll werden sollte. Am Morgen des 5. September 1893 nahmen wir Abschied von unsern so liebevollen Gastfreunden, bestiegen den Landauer und überließen unser Schicksal dem prachtvollen Sonnenschein, dem steifen Kutscher und den jungen, allzufeurigen Grauschimmeln, die uns in raschem Trabe durch den Markt Leutschach die ansteigende Bergstraße hinan entführten. Dreiviertel Stunden erstreckt die Windung dieser Straße sich aufwärts aus dem tiefgelegenen Trautenburger Tale. Oben angekommen, stutzten und scheuten plötzlich die Pferde. Baustämme, die ein umgeworfener Wagen neben der Straße verloren hatte, mochten die jungen Tiere erschreckt haben. Sie bäumten sich. Wäre ich ein ängstlicher, ja nur ein vorsichtiger Mensch gewesen, ich hätte den Angstruf meiner Frau befolgt, mit einem einzigen Schritte wären wir beide auf sicheren Boden aus dem Wagen getreten. Aber ich beruhigte meine Frau. Meine Gedanken waren weit von der gefährlichen Stelle, waren in der Stadt Graz, wo meine lieben Freunde zu meiner Begrüßung eine Vorstellung meiner „Spinnerin am Kreuz" im Stadttheater veranstaltet hatten für diesen Abend.

Der Kutscher stieg vom Bock. Anstatt aber die Pferde vorn beim Gebiß zu fassen, trat er mit langen Zügeln nach rückwärts und konnte so nicht hindern, daß sie plötzlich, wie toll nach rechts zur Seite sprangen. Wir fühlten einen Stoß, mit dem sie den Graben übersetzten, der Kutscher ließ die Zügel seinen Händen entgleiten und blieb zurück, während die tollen Tiere in weitem Bogen über ein zu Tal abfallendes Brachfeld immer tiefer und tiefer, immer wilder und wilder mit uns in den Abgrund hinunterrasten. Meine arme Frau warf sich an meine Brust, während ich, starr vor Schrecken, noch so viel Besinnung hatte, zu rufen: „Halte dich ruhig, Hermine!" Es waren nur Minuten, daß ich so die Pferde mit fliegenden Mähnen sah, daß ich die Räder zerkrachen hörte unter uns, bis eine letzte, plötzliche Wendung die Nabe eines Rades so heftig in den Ackerboden bohrte, daß wir beide plötzlich hoch in die Höhe geschnellt und samt dem vor uns im Wagen aufgebundenen Reisekoffer mit Gewalt aus dem zertrümmerten Gefährt hinunter auf die Erde gehauen wurden. Ich sage gehauen, weil wir platt und so schmerzhaft hart nach vorne hin aufschlugen, daß wir eine Weile ohne Besinnung und ohne Fähigkeit uns zu erheben, zwischen Glasscherben, Splittern und Trümmern neben dem Koffer in dem Stoppelfelde lagen.

Als ich endlich versuchte, mich aufzuraffen, war mein rechtes Bein so schmerzhaft, daß es zusammenknickend, mich wieder zu Boden warf. Meine Frau schien noch viel gefährlicher verletzt und klagte, ob nicht ihre Füße gebrochen seien. Das eine Pferd hing in den Aesten eines niederen Obstbaumes, das andere lag auf dem Rücken im nächsten Kleefeld. Die Deichsel war gebrochen, der Wagen zertrümmert. Als wir uns endlich aufrichten wollten, kam über das weite Brachfeld von der hochgelegenen Straße der Kutscher herab und rief: „Jesus Maria und Josef! Meine — Rösser!" „Ja," sagte ich, „und wir sind auch noch da!"

Windische Bauern auf der Höhe, die ich anrief, uns ein Ochsengespann zu beschaffen, lachten und gingen des Weges weiter.

Endlich erbarmte sich ein altes Weiblein, lief zum nächsten Hof und verschaffte uns einen mit Ochsen bespannten Leiterwagen, auf den ich meine Frau hob und mich selber streckte. Ein zweites Paar Ochsen schleppte den kranken Landauer hinweg; der Kutscher lenkte die unverletzten Pferde hinter uns die Höhenstraße zurück ins Schloß.

Anfangs befürchtete ich am meisten für meine Frau. Herz und Nerven waren bei ihr so furchtbar erschüttert, daß sie die Angst eines neuen Sturzes gar nicht los werden konnte. Vierzehn Tage verbrachten wir teils im Bette, teils im Zimmer. Der alte Schloßherr war wie rasend über den Knecht, den ich zu entschuldigen Mühe hatte. Ugolino und seine

Mutter ließen es an keiner Sorge fehlen. So erholten wir uns und konnten, mit etwas Schmerz und allen Farben einer Palette auf den betroffenen Körperstellen die Reise nach Hause antreten.

In Krieglach, wo sich Rosegger leidend befand, begrüßte uns in seinem Namen der Dichter Hans Fraungruber am Bahnhofe, während der Zug anhielt. In dem hochbegabten Poeten, der schon populär in seinem Steierland wurde, fand ich meinen einstmaligen ausgezeichneten Schüler vom Gymnasium wieder.

Wir hatten gehofft, das Schlimmste überstanden zu haben. Ugolino nahm mir förmlich einen Eid ab, Trautenburg nicht zu verschwören und nächstes Jahr gewiß im September wiederzukommen. Aus Dankbarkeit für die liebe Gastfreundschaft und weil ich nicht abergläubisch bin, versprach ich es und hielt auch mein Wort.

Scheinbar waren wir nicht innerlich verletzt. Ein volles Jahr ging herum, ohne daß ich in meinem Berufe wesentlich behindert war; nur eines war auffallend und machte sich immer lästiger bemerkbar: eine Schwäche des Herzens mit Atemnot, die mir das Aufwärtsgehen ansteigender Wege fast unmöglich machte. So kam der Herbst und wir fuhren wieder auf acht Tage nach Schloß Trautenburg. Und wieder kurz vor dem Tage des Abschiedes, geschah etwas Unerwartetes. Wir hatten alle zusammen im Walde kampiert. Beim Rückwege zum Schlosse wollten Ugolino und ich auf einem kürzeren Pfade voraus eilen. Der Gartenweg war mit dichtem, weichem Sand belegt und gewölbt nach beiden Seiten stark abfallend. Ich wollte hinanspringen, um der erste zu sein, glitt mit dem rechten Fuße aber so heftig mit der Ferse aus, daß ich in der Wade einen schmerzlichen Schlag wie von einem Beilhieb zu empfinden glaubte, einen Schlag, der sich wiederholte, sobald ich den Fuß wieder aufsetzen wollte.

Die wahrscheinlich im Vorjahre schwer beleidigte Vene war zerrissen. Ich verbiß den Schmerz, hüpfte, von Ugolino gestützt, auf einem Beine ins Schloß und saß noch ein paar Stunden am Abendtisch. Das war ein schwerer Fehler, denn der Fuß schwoll mächtig an und ich vermochte nur mit Unterstützung ins Zimmer und Bett zu gelangen. Töricht widersetzte ich mich dem dringenden Wunsche meiner Frau, einen Professor aus Graz zu berufen. Man brachte mir den örtlichen Hausarzt, der den gleichen Wunsch aussprach. Er behandelte mich sechs Wochen, ohne meine Verletzung und die Natur des gefährlichen Leidens erkennen zu können. Ich litt infolge der Verletzung der Vene an Venenentzündung und Thrombose. Das Leiden griff durch die Bauchhöhle hinüber auch in das zweite Bein. Furchtbare, fast unerträgliche Schmerzen brachten mich fast um die Besinnung. Thrombose erzeugt in der Vene einen stockenden, alle Zirkulation hemmenden Blutpfropf. Absolute Ruhelage ist Lebensbedingung, weil jede Bewegung den Pfropf aufwärts bis zur Kranzvene des Herzens treiben, Embolie und plötzlichen Tod bringen kann. Der junge Arzt diagnostizierte jedoch auf — Sehnenzerrung, hielt Bewegung für das richtige Verhalten, zwang mich aufzustehen, trotz Schmerz zu gehen — da fiel ich in Ohnmacht zu Boden.

Tag und Nacht wachte meine Frau an meiner Seite. Es entging ihr nicht, daß die Behandlung nicht glücklich, mein Zustand ein rapider Verfall sei. Mein Geist war zu umflort, als daß ich wahrgenommen hätte, wie es um mich und sie stand; denn erst nachträglich merkte auch ich, daß die Sorge um mein Leben und die Hoffnungslosigkeit ihr Gemüt, ja selbst ihre Geisteskräfte zu solcher Verzweiflung zerrüttet hatten, daß sie, nur um mich zu betreuen, sich vom Selbstmord zurückhielt.

Die Schloßfamilie mußte mit Anfang November nach Wien zurückkehren. Man bot uns freundlich an, bis zur

Besserung meines Zustandes im Schloß Trautenburg zu verbleiben.

Aber Hermine raffte sich auf, verständigte unseren Freund und langjährigen Hausarzt, Dr. Poduschka, daß er die Bahnhofsverwaltung verständige und den geeigneten Transport vermittle. Frühmorgens sechs Uhr trug man mich die Treppe hinab in den geschlossenen Reisewagen, der ein festes Lager für mich enthielt. Um acht Uhr trafen wir, begleitet von Ugolino am Bahnhof von Ehrenhausen ein. Auf einer Tragbahre hob man mich in den anfahrenden Schnellzug. In Graz blieb Ugolino zurück. Jede Viertelstunde wurde meine sichtlich abnehmende Lebenskraft mit etwas Milch und Kognak gestärkt. So ging es, liegend in einem separaten Abteil zweiter Klasse, über den Semmering. In Leobersdorf, wo die Seitenstrecke abzweigt, wurde der Wagen gewechselt und mein lieber Dr. Poduschka übernahm die Führung. Als wir acht Uhr abends in St. Pölten eintrafen, trug man mich die Bahnhofstreppe hinab zu einem Wägelchen und führte mich in unsere Wohnung. In Trautenburg war ich zum ersten Mal, hier zu Hause zum zweiten Male in Schmerzen rückfällig geworden. Nach kurzer geringer Hoffnung meines Arztes, erkannte auch der zweite beigezogene Arzt, Dr. Leitameier, daß der Zustand jeder Hoffnung auf Rettung zu spotten scheine. Das Bewußtsein war tief umflort, die Nahrung verweigerte ich. Die Schmerzen waren unbeschreiblich. Ich schwoll bis ans Herz herauf an wie ein Sack. Die Thrombose saß an der Hohlvene.

Unermüdlich waren meine Aerzte. Aber unerreichbar an tätiger Sorge bei Tag und Nacht, unvergleichlich an Ausdauer in Wartung und Pflege war meine arme Frau. Ein Konsilium mit Professor Oser eröffnete ihr, daß die Ärzte mein Befinden für rettungslos erkannten. Mein Fall sei so beispiellos extrem, daß sie in ihrer Praxis kein Beispiel solcher Art erlebt hätten. Das klang wie ein Todesurteil für die Aermste. Erschütternd berührte sie der wahrhaft elementare Anteil aus allen Kreisen. Neun Monate lag ich ohne eigene Bewegung auf dem Spannbrett und diese Bewegungslosigkeit auf dem Rücken ließ die Aerzte Druckbrand oder Lungenentzündung befürchten. Das Haupt konnte ich aus eigener Kraft nicht mehr aufrichten.

Als meine Frau aus Uebermaß der Erschöpfung die Kraft verlor, mich zu heben und zu wenden, teilte sie sich in die Pflege mit einer Ordensschwester. Langsam, nach Monaten kaum merklich, nur ihrem Blick verständlich, belebte sich mein Auge, fand ich wieder eine Stimme, konnte eines Tages merklich den Nacken heben, worüber sie in einen Tränenstrom der Freude ausbrach. Mein guter Doktor hob mich jetzt auf seinen Armen ins warme Bad. Im zehnten Monat durfte ich mit großer Mühe außer Bett sitzen wenige Stunden. Das war ein Elend, denn ich hatte Gehen und Stehen verlernt. Gute Freunde wurden allmählich vorgelassen. Auch jetzt zweifelten die Arzte noch an gründlicher Genesung, denn alle Funktionen lagen darnieder. Aber meine Frau, die sich über ihre Kraft die ganze Zeit hin aufrecht erhielt, begann — trotz der Aerzte — zu hoffen. Die Hoffnung war ihre einzige Kraft. Ihr hellsichtiges Auge, das immer forschend auf mich gerichtet war, erkannte die aufdämmernde Genesung. Mit den körperlichen, erwachten die geistigen Kräfte. Zuerst erfreuten mich — ganz wie in der Kinderzeit — Bilder und Witze der Münchner Fliegenden Blätter; dann verschlang ich die alten Jahrgänge von 1870 bis 71 der Augsburger Allgemeinen Zeitung und studierte weltvergessen nochmals den großen deutsch-französischen Krieg. Mein schönstes Weihnachtsgeschenk von Hermine waren die zehn wohlgebundenen Bände von Richard Wagners gesammelten Schriften und Dichtungen. Leise erwachte nun wieder der erloschene Humor. Aber vorläufig war ich ein humpelnder, herzbelasteter Invalide. Zwei volle Jahre blieb ich als Kranker beurlaubt, wurde endlich über Winter nach dem Süden geschickt, ohne der Schönheit Merans, Mailands, Genuas, San Remos froh zu werden. Denn ob ich auch sichtlich mich besserte, jetzt ging die Kraft meiner treuen Genossin zu Ende, jetzt brach bei ihr eine so furchtbare Rückwirkung aus, daß sogar die Anzeichen der schrecklichen Basedowschen Krankheit sich meldeten und ein Konsilium der dortigen Aerzte mir zur Kenntnis brachte, wolle ich das Leben meiner Frau retten, so müßten wir schleunigst nach Norden zurück. Mitte März zogen wir (mit Aufgebung der Romreise) über Genua nach Arco, wo sich meine Frau, trotz des neuen Schreckens, daß ich mich in Mailand mit schlechtem Trinkwasser nahezu vergiftet hatte, bis Mai mühselig und nur soweit erholte, daß wir in erträglicher Verfassung im frühlinggrünen, blütenreichen Wunderlande Salzburg unsre erste längere Rast halten konnten, um dann der lieben Heimat zuzueilen.

Ueber mein weiteres Leben will ich kurz hinwegkommen. Ein einziges Jahr noch versuchte ich, ins Schulamt zurückzukehren. Aber geistige, wie körperliche Kraft waren den immer steigenden Pflichten und Vorschriften des aufreibenden Berufes nicht mehr gewachsen.

Mein Hausarzt stellte mir die Entscheidung: Ruhestand und weiter leben, oder zusammenbrechen und möglicher Rückfall in die Thrombose. Im Sommer 1898, als ich mich mit meiner Frau in der Heilanstalt Dr. Deckers in München befand, erfuhr ich aus der Zeitung, daß der hohe niederösterreichische Landtag auf Antrag des Abgeordneten Dr. Scheicher, mich einstimmig in den Genuß einer Ehrenpension gesetzt habe, damit ich meiner dichterischen Tätigkeit erhalten bleiben könne. Diese freundliche Nachricht belebte uns beide, mir aber gab sie, zum erstenmal im Leben, die volle unabhängige Freiheit. Und es war auch wirklich Gottes

Segen dabei, körperlich und geistig. In erster Hinsicht lernten wir nach einem längeren Aufenthalte in der weltberühmten Naturheilanstalt Dr. Lahmanns „zum weißen Hirsch" bei Dresden nun die wahrhaft naturgemäße Ernährung und Lebensweise kennen, besonders die Heilkraft von frischer Luft und voller Sonne, anderseits lebten wir in wechselndem Menschenverkehr wieder seelisch frohgemut auf. Daß es auch jetzt noch Rückfälle schlimmer und schwerer Natur gab, darf ich nicht verschweigen. Jene Darmvergiftung von Mailand machte sich als chronisches Leiden seßhaft und schleppte sich durch Jahre mit solcher Steigerung fort, daß ich erst durch eine radikale Kur im Sanatorium Dr. Kuglers in Gmunden glückliche Heilung erlangte. Mit gleicher Dankbarkeit muß ich meines zweiten lieben Lebenserhalters gedenken, des ausgezeichneten Chefarztes der trefflichen Naturheilanstalt Wällischhof bei Brunn an der Südbahn, Dr. Marius Sturza, der mich, wie meine Frau nach dem natürlichen System Dr. Lahmanns seit einer Reihe von Jahren immer wieder zu neugebornen Menschen zu machen bestrebt ist. Bisher ist ihm das jederzeit noch gelungen. Wer ein neuer Adam werden will, der besuche Wällischhof und seinen grünen Garten mit Sonne, Luft und Wasser. War man einmal dort, so kehrt man zu neuer Stärkung immer wieder gern dahin zurück.

Was mich sonst über meine Jahre jung und frisch erhalten hat, das sind die belebenden Beziehungen zu einem Kreise gleichgesinnter hochbegabter Freunde, unter welche ich den Leiter der städtischen Sammlungen, Herrn Direktor Probst, Dr. Matosch, den heimatlichen Mundartsdichter (die oberösterreichische Nachtigall) die Maler Heilmann, Professor Hlavacek und seinen Sohn Erich, die Schriftsteller Hango, Christel, Prof. Hammer, Frimberger, Hörmann und Professor Emil Hofmann ganz besonders rechne. So lebe ich gerne vom Oktober bis zum Mai in Wien, um mich dann wie ein Wandervogel regelmäßig die andere Hälfte des Jahres in die heimatlichen Alpen zu begeben, wo Natur und Volksleben mir ein unerschöpflicher Verjüngungsborn geworden sind. Ich liebe mit nicht minderer Kraft das Land als seine Menschen. Sind mir von diesen allzuviele schon gestorben, Berg und Tal, Wald und Wasser finde ich immer wieder als meine getreuen Gesellschafter; ihre Sprache verstehe ich immer. Ein Teil von ihnen zu sein, ist mein Leben; ihr Leben aber ist die Mutter meiner Kunst. So kehre ich immer zu meinem eigenen Ursprung mit Leib und Seele zurück. Will ich mir da selbst einen Namen beilegen, so soll er nur heißen: „Der Landel=Bua". — Am liebsten verweile ich im herrlichen Gmunden am Traunsee, wo mein vieljähriger Freund, Edmund Födinger lebt, der geniale Zeichner und Maler, der Porträtist, der mich mit dem Stift verewigt hat. Ein kühner, künstlerischer Bergsteiger, weshalb ich ihn den „Gamsbeschleicher" nenne.

Seit Beginn des zwanzigsten Jahrhunderts fühle ich mich wieder als der nämliche der ich einstmals war und ich konnte außer meinem besten Werke den „Amelungen", die Komödie „Münchhausens letzte Lüge" die Schauspiele „Friedolin, ein Donaumärchen", „Die Sünde von Gottestal" und „Der Büßer von Göttweih" vollenden, nebstdem die Gedichtsammlung „Lieder aus der weiten Welt", die ich meiner lieben Frau zur Feier unserer silbernen Hochzeit, 4. Juli 1902 widmete. Mit meinem Wiederaufleben erholte sich auch Hermine. —

Vom Herzen dankbar will ich des warmen und erhebenden Anteils gedenken, den mir die gebildete Welt und insbesondere meine lieben Landsleute in Oesterreich, sowohl zu meinem sechzigsten, als ganz besonders jetzt zu meinem siebzigsten Geburtstage gewidmet haben. Dies aufzuzählen, wäre eine Unmöglichkeit. Es bleibt in meinem Herzen eingeschrieben, daß der neue Leiter des Hofburgtheaters in

Wien, Freiherr Alfred von Berger, am 28. Dezember 1910 meine „Spinnerin am Kreuz" in neuer Besetzung und Inszenierung mit wahrhaft künstlerischem Erfolge in Szene gehen ließ. Und ich danke an dieser Stelle dem tüchtigen Spielleiter, Herrn Hofschauspieler Max Devrient für seine edle Kunst, sowie sämtlichen beteiligten Künstlern für ihre warme und treue Hingebung für mein Werk. Ganz besonders aber freue ich mich, daß nur eine einzige Stimme der Bewunderung darüber laut wurde, daß die Darsteller der beiden Hauptrollen, Frau Caroline Medelsky als Spinnerin und Herr Arnold Korff als Kreuzwirt so großartige, hinreißende Meisterleistungen boten, daß die Dichtung allmächtiges Leben gewann. In einem der nachfolgenden Bände meiner gesammelten Schriften wird sich Gelegenheit finden, auf manche Persönlichkeiten, welche mich künstlerisch oder freundschaftlich angeregt oder gefördert haben, näher einzugehen. Ich kann mir nicht versagen, einige hier anzurufen. Wie ein traumhafter Reigen schreiten längst verblichene Gestalten an meines Geistes Auge vorüber. Voran zwei liebliche Jugendbilder, Fritzel Weiß, der Komponist und Agnes Tyrrel, die Tondichterin. Dann Hans Herrig in Berlin, Friedrich Schlögl und Anzengruber in Wien. Ehrwürdig und unvergeßlich grüßt mich meine berühmte Freundin, Frau Christine Hebbel. Vom Jahre 1862 bis zum Frühling 1910 sah ich sie tapfer leiden, kämpfen und siegen für den Geist ihres Gatten. Und als sein Genius der Nachwelt gerettet war, da schied sie. Wie viele schöne Stunden habe ich mit meiner Frau bei ihr im Hebbelhaus und Garten zu Gmunden verlebt! Wie getreulich hat sie uns vor zwanzig Jahren trotz einer schlechten Treppe und ihrer Gicht in Gmunden besucht! Wie glückselig erzählte sie mir vor gut einem Jahrzehnt von der herrlichen Aufführung der „Nibelungen" im Berliner Hofschauspielhaus, wo der deutsche Kaiser zu ihr die bedeutsamen Worte sagte: „Ihr seliger Ge-

mahl war im Geiste ein Mitbegründer unseres Reiches."
Ach! und wie verändert, fast erblindet war die leidende Frau,
als wir sie, ein Jahr vor ihrem Tode in Wien am Franzensring in ihrem Lehnstuhl sitzend zum letztenmal erblickten.
An der Stimme erkannte sie uns sofort. Bei beiden Händen
faßte sie uns und sagte: „Das ist eine Freude! Das ist eine
Freude!"

Im nächsten Frühling war die Dreiundneunzigjährige tot
— oder darf ich sagen, selig bei ihrem geliebten Gatten in
Walhall? — Dieser Tod war eine Erlösung. Ein anderer
Tod war dagegen ein lähmender Blitzschlag in die Seele von
ganz Deutschland, war ein brennendes Weh für mein Herz:
Wildenbruchs starkes, großes flammenhaft leuchtendes Leben war plötzlich erloschen. Was das deutsche Volk, was
die Welt durch diesen Tod erlitten hat, mögen Berufene verkünden. Mir aber ist mit diesem Einzigen der Beleber, der
Sankt Georg, der Sieger über den Drachen der Stumpfheit
und künstlerischen Unnatürlichkeit unserer Zeit gestorben.
Mir ist der Gottbegnadete, der Meister und der Freund in
Geist und Herzen verloren gegangen. In der Folge meiner
gesammelten Schriften werde ich Gelegenheit nehmen, diesem Herrlichen ein ausführliches Wort meiner dankbaren
Bewunderung zu zollen. Nach Otto Ludwig war er die
edelste Vereinigung von Charakter und Genialität. Möge
mein Freudenerguß hier Platz finden, den ich einst an den
Dichter der „Quitzows" richtete.

„Vom Norden kam's, zum Süden ist's gedrungen,
Dein tiefergreifend Hohenzollernlied,
Dein Lied der Treue, wie vom Sturm gesungen,
Der kühn vom Meer bis zu den Alpen zieht.

Du warfst uns nieder mit gewalt'gem Grimme,
Du hobst uns hoch zu neuer Lebenslust,

Dein Dichterwort war wahrhaft Gottes Stimme,
Du trafst des Volkes Herz in tiefster Brust.

Der edle Kranz, den scheidend das Jahrhundert
Ums Haupt dir flicht, bei Gott! du bist ihn wert,
Gesegnet sei das Volk, das dich bewundert,
Gepriesen sei der Kaiser, der dich ehrt.

Mich aber laß im Herzen sinnend denken
Des Größten, den mein Vaterland gebar,
Auch du wirst ihm den Zoll der Liebe schenken,
Ihm, der so herrlich und so einsam war.

Hat er nicht auch ein Königslied gesungen
Von Ottokar, von Habsburgs Glück und Stern?
Wie Rolands Hornruf ist sein Sang erklungen,
Vom Völkerbabel unverstanden, fern.

An ihren Lichtern sollt ihr sie erkennen,
Die Zeiten, ob sie vorwärts, ob zurück,
Zur Siegeshöh', ob zum Verderben rennen:
Des Geistes Anwert zeigt der Völker Glück.

Drum nimm den Kranz, den scheidend das Jahrhundert
Aufs Haupt dir drückt; bei Gott, du bist ihn wert,
Gesegnet sei das Volk, das dich bewundert,
Gebenedeit der Kaiser, der dich ehrt!"

Und den Schluß bilde meine Klage:

So hat auch dich des Todes Los getroffen?
Dein teures Haupt wird in die Gruft versenkt?
Du, unsre Kraft, du unser bestes Hoffen!
Verflucht der Deutsche, der nicht dein gedenkt!

Vom Himmel hoch war dir der Kranz beschieden,
Mit dem ein Gott nur Auserwählte ehrt;
Im Wahnsinnskampf der Zeit warst du der Frieden
Und in der Zeit der Not das deutsche Schwert.

Mag eine Welt von Herzen um dich klagen,
Wer hätte dich erkannt und nicht beweint?
Mir hast die schwerste Wunde du geschlagen,
Denn — du bist tot — und warst mein höchster Freund!

Nur wenn der Tod — nach deinen eignen Worten —
Kein Ende ist, wenn dieses Lebens Kleid
Hinuntersinkt, um zu vermodern dorten,
Die Seele aber ewig sich befreit:

Dann fühl' ich's, ja dann weiß ich's, du wirst leben!
Nicht nur in Marmor, Farbe oder Erz, —
Die du geliebt hast, wirst du treu umschweben
Und so auch mich! — Auch mir gehört dein Herz!

Der Großteil meiner liebsten Menschen weilt noch fröhlich in der Welt des Sonnenlichts. Von den Dichtern der Meister Rosegger, der zuerst in seinem Heimgarten meinen „Weltverdruß" aufnahm, uns oft und oft als humorsprudelnder Vorleser erquickte, meiner „Spinnerin" in Graz das beste, laute gute Wort zollte, immer ein aufrechter Freund blieb und trotz mancher Kränklichkeit so „stoansteirischer" Natur ist, daß er noch 100 Jahre tapfer leben und dichten wird zu seinem Ruhm und zur Freude künftiger Geschlechter. Da ist — wer kennt ihn nicht in allen deutschen Gauen? — da ist der Sänger von der Festenburg, der Gralsritter der deutschen Poesie, Meister Ottokar Kernstock! Sein Lied zu meinem letzten Wiegenfeste hat mich hoch in Apollo geadelt. Er hat uns im Zeitalter der grauen Wirklichkeit das Sonnengold der Schönheit wiedergegeben. Da sitzen noch in Graz als liebe Freunde und deutsche Poeten Dr. Goltsch, Skriptor Gawalowski und Aurelius Polzer. Da steht neben seiner schönen Gattin in seiner Bildhauerwerkstatt Meister Pygmalion (Professor Hans Brandstetter) der mein sterblich Teil als Relief fixiert hat, der mir Liebe und Treue bewahrt, seit wir uns in einem Wiener Caféhaus kennen lernten. Im selben Graz lebt auch der unermüdliche Harmoniensohn, der Evangelimann Dr. Wilhelm Kienzl. Bei dem Namen Graz muß ich des herrlichen Dichters Robert Hamerling gedenken, mit dem ich Briefe wechselte und dem ich aus innigster Verehrung mein Buch „Aus dem Sturmgesang des Lebens" widmete. Dort steht in der Sterngasse der Sternhof, den ich „die Burg der Wastiane" nennen möchte, dieser tapferen „Ritter vom Geiste". Dankbare Liebe verbindet mich mit dieser Familie vom Vater auf die Söhne. Der schneidige Volksredner Heini ist unter die Politiker gegangen, deren aufreibende Pflichten und Schlachten ihn mit einer mächtigen Wolke längst meinen sterblichen Augen entrückten. Der jüngere Bruder, der Cand. philos. Franz, ist mein unbeschreiblich treuer Freund, sozusagen mein Filius unigenitus mit gepanzerter Feder. Das Haus der Wastiane sei gesegnet für und für!

Dicht bei Graz, in Gratwein, im alten Runegau, lernte ich auf seinem weitausblickenden Sommersitz einen der herrlichsten Menschen kennen, den genialen Bühnenkünstler, Dichter und Lektor der Universität Graz, meinen geliebten Freund Ferdinand Steil, ein starkes, herzensfreudiges Rheinlandskind in voller Lebenskraft und höchster Künstlerweihe.

Wenn dieser hochbegabte Mann so glücklich ist, die bedeutungsvolle Sendung zu vollziehen, die auf seine Schultern gelegt ist, so wird das jetzt so bedenklich ausgebeutete und versumpfte deutsche Theaterwesen zu neuer, ungeahnter Blüte und Kraft gedeihen, dießseits und jenseits des Weltmeeres. Gott sei mit ihm!

Großes Heil ist mir in Wien zuteil geworden. Als Naturmensch, der im Wald geboren ist, als Schlenderer durch Feld und Flur, als Romantiker im Leben und Dichtung, hatte ich immer einen Schauder vor dem Getriebe der Großstadt. Mittlere und kleine Städte, Märkte mit uralten Häusern waren mein Fall. Graz blieb stets mein Ideal. Und dennoch tat ich den Schritt nach Wien mit Glück. Ich hatte es nicht zu bereuen. Ich fand neben dem großen Lärm, neben der Millionen-Schablone eine herzensfrische Gemeinde, eine gesunde Jüngerschaft alles Schönen, eine kleine unsterbliche Schar, die für das Edle in den Kampf zieht; ich fand Herz und Kunst.

Unter die edlen Männer, die in jüngster Zeit mit Geist und Anerkennung mich gefördert haben, gehören in erster Linie die Literarhistoriker K. M. Klob in Wien und Professor Eduard Engel in Berlin. Ein Poet tiefernsten und zugleich humorvollsten Geistes, ein allzeit getreuer Freund, ein allzu bescheidener Mensch, Oskar Pach, wurde mir, kaum daß wir uns inniger gefunden hatten, auf immer entrissen. Er gab mir die Anregung, diese Bekenntnisse meinen Freunden zu hinterlassen. Jahrelang bekämpfte er meinen Widerwillen, meine Unlust, über mich selbst zu sprechen. Als ich endlich daran ging, mich meines Lebens zu besinnen, starb er hinweg, ohne ein Wort gelesen zu haben. Meister Hänlein, der Bildhauer, hat uns sein liebes gutes Gesicht auf dem Grabstein zu Meidling lebenswahr festgehalten.

Mit Wärme sei hier noch des jungen trefflichen Bildhauers Willibald Forstner gedacht, der dem Scheffelbund in Wien meine Büste vollendete und des Poeten A. A. Naaff. Soll ich hier noch beifügen, daß Ugolino, der Schloßherr von Trautenburg, der Weiberfeind, durch eine schöne Amerikanerin vollständig bekehrt, ein Musterehemann und guter

Vater geworden ist? Ich bin seines ersten Buben „Göd". An glücklicher Vaterschaft steht gleichfalls mein lieber Freund Dr. Julius Berger keinem Sterblichen zurück. Diesem Erzengel von Berchtesgaden gesellt sich in treuer Freundschaft für mich Professor Pfreimbtner in Salzburg, Professor Ruff, Professor Ludwig, Notar Eckart in Wien, Professor Dr. Richard Maria Werner von der k. k. Universität in Lemberg, Professor Wasserburger, Familie Dolenz, Familie Schäffer und andere.

Hocherfreuliche Ehren haben mir heimatliche Städte erwiesen. Straßen wurden nach meinem Namen benannt. Literarische und theatergeselljge Kreise außerhalb und innerhalb Wiens bereiteten mir festliche Abende. So der Scheffelbund, die Scholle, die Südmark, Ostarrichi, die Oberösterreicher in Wien, der Verein der Siebenbürger Sachsen, der Verein zur Erhaltung des Deutschtums in Ungarn, meine einstigen Schüler, der deutsche Klub in Wien, der Lese- und Redeverein der deutschen Hochschüler Wiens, die Bezirksvertretung von Wien-Döbling. Ottokar Kernstocks herrliches Gedicht an mich wirkte wie der Zauber eines Sehers, Sonnenlicht bringend und böse Nebel verbannend.

Behagliche stille Geselligkeit, ab und zu ein schöner Kunstgenuß, halten mich frisch und aufrecht. Bürgermeister und Stadtrat der Reichshauptstadt haben mir die schönsten und ergreifendsten Ehren gewidmet; die Allerhöchste Gnade Sr. Majestät unseres Kaisers hat mir ein Ritterordenskreuz verliehen, zu dem für meine Romantik nichts mehr fehlt, als etwa Roß und Schloß.

Und so segne ich euch alle, meine lieben Freunde, lebende und abgeschiedene, sinnende Männer und liebliche Frauen; und weil ich eben in der olympischen Laune bin, so segne ich auch jene, die mich verdammen sollten.

Zum Schluß dieser kleinen Erinnerungen danke ich aus

tiefstem Herzen dem großen, ewigen, unerreichlichen Herrn alles Lebens, in dessen unbegrenzter Welt ich nur ein Staubkorn bin. Er allein weiß, warum er mich so barmherzig erhalten hat.

>Was ist auf seinem Erdengange
>Des Dichters höchster, schönster Lohn?
>Er ist im großen Weltgesange
>Vor Gott ein menschgewordner Ton.
>Wie Sturmesbeben, Meeresrauschen,
>Wie Engelsharfen tönt dies Lied;
>Und willst du auf den Dichter lauschen,
>Tu' auf dein Herz, so klingt es mit!

Wien, im Frühling 1911.

Franz Keim.

Stefan Fadinger
Ein deutsches Bauernlied auf fliegenden Blättern

Meiner lieben Heimat Oberösterreich!

Erstes Blatt.

Grüßgott des Spielmanns.

Heißa! was horchen kann,
Alles soll schweigen;
Ich bin der Landspielmann
Mit meiner Geigen.

Leer ist mein Rückensack,
Hemd ist zerrissen,
Wetter und Hundepack
Hat dreingebissen.

Freu' mich am Sonnenschein,
Freu' mich am Regen,
Schlägt auch der Blitz darein,
Hab' nichts dagegen.

Wintersfrost, Sommersglut,
Hagel und Schloßen
Färbt meinen Spielmannshut
Grüngelb verschossen.

Berghinauf, talhinab
Komm' ich gezogen,
Wie einen Wanderstab
Schwing' ich den Bogen.

Ins kleinste Häusel gern
Komm' ich geschritten,
Aber zu großen Herrn
Lass' ich mich bitten.

Wenn's auf dem Heerweg staubt,
Blitze mich blenden,
Weiß ich mein armes Haupt
In Gottes Händen.

Mir zur Lust, ihm zur Ehr'
Lass' ich's erklingen
Ueber die Saiten her,
Daß sie zerspringen.

Vogelfrei durch die Welt
Wandern die Raben,
Wenn mich kein Wirt behält,
Schlaf' ich im Graben.

Träumt sich in freier Luft
Sternhell und heiter,
Wenn mich der Morgen ruft,
Fecht' ich mich weiter.

Fern von der Kirchentür,
Hübsch nah beim Keller,
Bring' ich mein Ständel für,
Kost't keinen Heller.

Heißa! was horchen kann,
Alles soll schweigen,
Ich bin der Landspielmann
Mit meiner Geigen.

Stellt euch auf Tisch und Bank,
Horcht fein von Herzen,
Gebt mir als Spielmanns Dank
Einen Krug Märzen!

Zweites Blatt.

Der armen Leut' Gebet Anno 1626.

Versammelt war der Stände Zahl
Mit stattlichem Gepränge
Zu Linz im hohen Landhaussaal,
Der Raum war schier zu enge.

Da gab's Gesichter streng und hart,
Gesichter feist und schwellend,
Prälatenkinn und Knebelbart
Zum Vollbauch sich gesellend.

Da gab's Perücken grau und schwarz,
Goldkettlein, Degen, Bänder,
Schönpfläsnerlein, Geruch von Harz
Und purpurne Gewänder.

Ein Zungenwirrwarr ging durchs Haus,
Schwarmbienen zu vergleichen,
Bis plötzlich durch den Saus und Braus
Erklingt der Glocke Zeichen.

Das Wort verstummt, man unterbricht
Gebärdenspiel und Sprache,
Der Landeshauptmann Kueffstein spricht
Zur allgemeinen Sache:

„Hochwürdige, edle, weise Herrn!
Der Ordnung feste Stützen!
Am Himmel seh' ich manchen Stern
Unheilverkündend blitzen.

Der Däne fiel ins Reich herein
Mit Raub und Mord und Plagen;
Gott sei gedankt! der Wallenstein
Hat ihn hinausgeschlagen.

Am Rheine lauert der Franzos,
Läßt Gold und Silber werben,
Sät Unkraut in des Reiches Schoß
Und Zwietracht und Verderben.

Krank ist die Ordnung, schwach das Recht,
Und 's Elend zu vergrößern,
Empört sich unser eigner Knecht
Auf Burgen und auf Schlössern.

Gestorben sind Respekt und Zucht,
Allstündlich wächst das Uebel,
Der Bauer spielt den Herrn und flucht,
Beruft sich auf die Bibel.

Mitstände, helft, bevor's zu spät!
Laßt uns der Seuche steuern,
Gehorsam Seiner Majestät
Und Kurfürst Max von Bayern.

Ich geh' voran nach Recht und Pflicht,
Will mannhaft mich erweisen:
Hilft christliche Ermahnung nicht,
So hilft nur Blut und Eisen."

So spricht der Graf. Des Beifalls Dank
Braust auf zur Wölbung mächtig,
Da hebt sich auf der höchsten Bank
Ein Männlein, zart und schmächtig.

Vor seiner Brust hat's einen Stern,
Krampfgicht in Knie und Waden,
Es hält sich steif wie große Herrn
Und nennt sich "Seine Gnaden".

Es hüstelt: "Hocherlauchter Rat!
Auch ich bin nicht im Zweifel,
Uns plagt die böse Glaubenssaat
Vom Luther und vom Teufel.

Einbildung macht die Köpfe dumm,
Verblendung macht sie sicher;
Ich gebe was ihr wollt darum,
Sie lesen zu viel Bücher.

Sie fordern alles schwarz auf weiß,
Was Menschenwitz verschlossen,
Der Kirche, unsrer Mutter, Schweiß
Wird ganz umsonst vergossen.

In manchem Pfarrdorf sind nicht drei,
Die gotteswürdig beten,
Und Beichtstuhl, Kanzel, Sakristei
Sind ausgestorbne Stätten.

Ja, vor der Kirchtür hält man Schmaus
Und Kurzweil und Spektakel,
Und drinnen tanzt die Kirchenmaus
Und schläft im Tabernakel.

Gebt acht! Jehovas Fittich rauscht —
Kehrt um, kehrt um zum Alten!
Wird nicht das Regiment vertauscht,
Wird Gottes Blitz euch spalten.

Ich warn' euch treu, ich warn' euch laut,
Ihr alle seid verblendet,
Es kommt der Tag, davor euch graut,
Der Wind hat sich gewendet."

Wie sich das Männlein keuchend setzt,
Gibt's Beifall bei den Frommen;
Doch mancher murmelt: „Gut gehetzt!"
Und mancher schweigt beklommen.

Herr Grundemann von Falkenau,
Der Vizedom, starrt finster;
Es senkt das Haupt andächtig schlau
Der Stiftsabt von Kremsmünster.

Graf Starhemberg von Efferding
Wölkt Stirn und Brauen dunkel,
Graf Meggau dreht den Siegelring
Und spielt mit dem Karfunkel.

Doch plötzlich schnellt er auf vom Sitz
Und ruft halb durch die Nase:
„Ihr Herrn, der Rede kurzer Witz
Ist doch nur eine Blase.

Ich will als Kavalier und Christ
Mich selbst nicht so entadeln —
's wär zu viel Ehre für den Mist,
Wollt' ich ihn auch nur tadeln.

Zeigt unser Bauer nicht Verstand,
Wird man zur Peitsche greifen;
Dann frißt das Volk uns aus der Hand
Und tanzt so wie wir pfeifen."

„Doch, wenn die Peitsche dir zerbricht?"
Ruft Zinzendorf mit Lachen —
„Das arriviert dem Meggau nicht,
Im schlimmsten Fall soll's krachen!" —

„Und wenn es kracht," fragt Losenstein,
„Wer ist dann Wild, wer Jäger?" —
Da führt man durchs Portal herein
Des Grafen Salburg Pfleger.

Der wandelt schweigend durch den Raum,
Neigt sich vorm grünen Tische,
Als ob er einen bösen Traum
Erst von der Stirn sich wische.

Graf Kueffstein spricht: „Wie steht's, mein Sohn?
Wir haben Euch gesendet,
Die geistliche Kommission,
Habt Ihr das Werk beendet?"

„Beendet? — Hoher, gnädiger Herr!
Das Wort scheint mir vermessen,
Solch Ende sah ich nimmermehr,
Kann's nimmermehr vergessen.

O armes Volk von Leonstein!
Im Dorf sind die Soldaten,
Im Pfarrhof sind die Mönche drein,
Es plündern die Kroaten.

Die Guardia kam mit Saus und Braus,
Die Glocke gab das Zeichen,
Da floh das arme Volk hinaus,
Dem Jammer zu entweichen.

Zerstört ist Hab und Gut und Glück,
Nur Jammern blieb und Trauern,
Nur Greis und Krüppel blieb zurück
In den verlassenen Mauern.

Dahin ist Freud' und Fried' und Zier,
Sie müssen elend sterben
Im Walde, wie das wilde Tier;
Oh, laßt sie nicht verderben!"

So spricht der Pfleger. Alles schweigt,
Ringsum herrscht Totenstille;
Der greise Graf von Salburg neigt
Sein Haupt: „'s war nicht mein Wille!

Ich widerriet's euch, edle Herrn,
Salburg hat's nicht beschlossen,
Des armen Volks verschont' ich gern;
Weh uns, wenn Blut geflossen!"

Indem der Greis die Worte ruft,
Kommt durch des Fensters Bogen
Ein frischer Hauch der freien Luft
Und ein Gesang gezogen.

„Dein ist die Ehr' in Ewigkeit,
Allmächtiger Herr der Welten;
Laß' uns das schwere Joch der Zeit
Ertragen sonder Schelten.

Verwirf uns nicht, Herr Jesu Christ!
Wir woll'n dein Fähnlein tragen.
Weil du der Armut Schirmvogt bist,
Wird uns der Feind nicht schlagen.

O komm herab, du Heiliger Geist,
Du Trost betrübter Herzen,
Du Licht, das uns zum Himmel weist
Aus diesem Tal der Schmerzen.

Wend' ab, wend' ab den bösen Streich
Unseliger Zeiten Wandel,
Beschirm' den Kaiser und das Reich
Und unser armes „Landel"!" —

So tönt der heilige Sang herein,
Und manches Herz muß pochen;
Das arme Volk von Leonstein
Hat sein Gebet gesprochen. —

Drittes Blatt.

Das Reformationspatent.

Die große Trummel geht herum,
Die Lärmtrompeten schmettern,
Der Viertelsausschuß wandelt frumm,
Geführt von Rat und Vätern.

Man schaut's an jedem Ort und End
Gedruckt in allen Sorten:
Das Reformationspatent
Ist endlich Fleisch geworden.

Verbirgt sich wo ein Protestant,
Der soll sein' Sach' verkaufen,
Mit Sack und Pack hinaus zum Land,
Die Frist ist abgelaufen.

Der hochwohlweise Magistrat
Kommt feierlich geschritten,
Es zittert Linz, die gute Stadt,
Vom Beten und vom Bitten.

Da ist kein Staffelstein zu schief,
Kein Rinnsal zu zerbrochen,
Kein Bürgersteig zu hoch, zu tief,
Das Völklein kommt gekrochen.

Es wimmelt ein Walpurgistanz
Von gottberauschten Herzen,
Die Weiblein mit dem Rosenkranz,
Die Männlein mit den Kerzen.

Hei! was man da Gesichter sieht
Mit aufgestülpten Nasen,
Sie singen manches fromme Lied
Mit Gurgeln und mit Blasen.

Ein Pfründner betet vor mit Kraft:
„Herr, laß dein Volk nicht lästern!"
Er führt die fromme Bruderschaft
Und die gottseligen Schwestern.

Es kommt ein frommer Advokat
Dem Zug voran gestiegen,
Schulmeister Pips, geschniegelt glatt,
Weiß schlau sich anzuschmiegen.

Baßgeigenmacher Michel Stark
Geht stolz mit den Erwählten,
Er denkt: „Es ist mir alles Quark,
Der Brummbaß muß doch gelten."

Vergolder Bleiglanz lächelt fein:
„Ich sag's zu allen Stunden,
Die Heiligen mit dem Glorienschein
Sind meine besten Kunden."

Manch scharlachrotes Regendach
Schwebt überm Haupt als Himmel;
Der Geist ist stark, der Leib ist schwach:
Da hilft ein Tröpflein Kümmel.

So wandeln Weib und Kind und Mann,
Die Jungen und die Alten,
Gemächlich bis zum Domplatz an,
Wo sie die Heerschau halten.

Wer steht da vor der Kirchentür
Und gibt dem Volk den Segen
Gewaltig wie ein Bischof schier?
Ein starker Gottesdegen!

Er hält das Buch der heiligen Schrift,
Er schwitzt im Dienst der Geister:
Das ist vom Kapuzinerstift
Der Pater Kellermeister.

Karfunkelrot ist sein Gesicht,
Karfunkelrot die Nase,
Weindurstig wie ein Kellerlicht
Glüht's Aeuglein hinterm Glase.

Zum Bäuchlein spricht der Lendenstrick:
Bis hierher und nicht weiter!
Das Bäuchlein protestiert zurück:
Taugst du nicht, taugt ein zweiter.

Von unsers Paters Antlitz rinnt
Der Schweiß in üppigen Bächen,
Sein ungeheurer Mund beginnt
Zur frommen Schar zu sprechen:

„Ihr seid verdammt durch Evas Schuld,
Ihr lebt wie Heid' und Türken,
Ich aber will euch Gottes Huld
Mit meiner Kraft erwirken.

Wacht auf, wacht auf vom Sündenschlaf!
Werft ab Gomorrhas Ketten!
Ist hier noch ein verlornes Schaf,
So bringt's, ich will es retten.

Ich führ's hinein durchs Himmelstor,
Gehüllt in reine Kleider" — — —
Da springen drei Bekehrte vor
Und packen — einen Schneider.

Der Schneider hüpft, der Schneider springt,
Er zittert um sein Leben,
Doch weil ihm keine Flucht gelingt,
So muß er sich ergeben.

„Was birgst du unterm Hosenlatz?"
So inquiriert der Meister,
„Heraus mit dem verborgnen Schatz!
Oh! — Alle guten Geister!

Ein Buch der höllischen Magie?
Seht! — laßt ihn nicht entweichen! —
Herrn Kepplers, Mathematici,
Tierkreis und Himmelszeichen.

Ein Drudenfuß ist draufgeklert,
Oh, wie wir das schon kennen!
Weicht weit von ihm! Er ist behert.
Der Schneider muß verbrennen!" —

Behert! Da wird's dem Mannsvolk warm,
Das Weibsvolk kreischt in Krämpfen,
Der Teufelsbanner hebt den Arm,
Er will den Aufruhr dämpfen.

Behert! behert! So heult's im Troß,
So schreit's mit hundert Zungen,
Die drei Bekehrten lassen los —
Der Schneider ist entsprungen.

Viertes Blatt.

Der Erulant.

Leb' wohl, mein schönes Vaterland,
Von Herzen laß dich preisen!
Ich bin ein armer Erulant
Und muß ins Elend reisen.

Leb' wohl, mein grünes Engelszell!
Den Hut tu' ich hoch schwingen —
Ihr Kirchenglocken rein und hell,
Ich hör' euch nie mehr klingen.

Leb' wohl, du weißes kleines Haus,
Ihr Straßen und ihr Gassen,
Ich muß durchs alte Tor hinaus,
So einsam und verlassen.

Und unterm Tor, da fällt mir's ein,
Ich seh' ein Fenster blinken,
Es wird mein liebes Schätzel sein,
Sie tut mir Abschied winken.

Sie winkt und winkt und weint vor Schmerz,
Das will die Kraft mir rauben.
Leb' wohl, mein Glück, mein einzig Herz,
Und bleib bei deinem Glauben!

Ich muß als fremder Flüchtling gehn
Im Hohlweg und im Schatten;
Lebt wohl auf Nimmerwiedersehn,
Ihr Dörfer und ihr Matten!

Fort muß ich in die weite Welt,
Friedlos und ohne Segen,
Kein Stein ist mein im freien Feld,
Darauf mein Haupt zu legen.

Fahr wohl, mein schönes Oesterreich!
Ihr Brüder in der Runde,
O denkt an mich, wie ich an euch
In meiner letzten Stunde!

Fünftes Blatt.

Das Frankenburger Würfelspiel.

Es steht ein Baum im Winde
Auf dem Haushammerfeld,
Das ist die alte Linde,
Die hat mir viel erzählt.

Es hat in ihren Zweigen
Gar wunderlich gerauscht,
Es war ein düstrer Reigen,
Horcht auf, was ich erlauscht.

In seiner Knechte Mitten
Auf seinem schwarzen Roß
Kam Herberstorf geritten
Zum Frankenburger Schloß.

Es war kein Abenteuer,
Darauf ihm stund der Mut;
Vor ihm stieg auf das Feuer
Und hinter ihm floß Blut.

Oed war's auf seinen Wegen,
Verwüstet und verwaist,
Er zog dem Volk entgegen
Recht wie der böse Geist.

Die Glocken ließ er klingen
Von jedem Kirchenturm
Und die Trompeten singen
Als wie zu Kampf und Sturm.

Er ließ hochauf im Fluge
Sein flatternd Banner wehn,
Und hinterdrein dem Zuge
Den roten Freimann gehn.

Es war ihm Lust, zu schwächen
Den Freiheitsgeist im Land,
Den Ketzertrotz zu brechen
Mit seiner Eisenhand.

Und er ließ Ordnung schaffen:
Demütig stand im Kreis,
Ganz ohne Wehr und Waffen,
Das Volk auf sein Geheiß.

Zu Rosse saß der Rächer,
Die Alten aus dem Gau,
Gefesselt wie Verbrecher,
Führt man ihm vor zur Schau.

Wohl dreißig greise Männer
Stehn zitternd um ihn her,
Er blickt von seinem Renner,
Als ob er steinern wär'.

„Ihr wißt, daß ich im Lande
Statthalter Bayerns bin,
Ihr tut mir Spott und Schande,
Geduld, so fahr denn hin!

Ich will ein Beispiel geben.
Seht ihr die Linde dort?
Ihr habt verwirkt das Leben.
Führt sie zum Henker fort!"

Da jammern laut die Alten:
„Wir haben Kind und Weib,
O Herr! laß Gnade walten,
Verschone unsern Leib!"

„Ihr sollt zur Sühne schreiten
Paarweis zum Würfelspiel;
Es soll den Mantel breiten
Der Henker euch als Pfühl.

Ich hab' hier achtzehn Schlingen,
Ihr würfelt schwarz und rot.
Ich wünsch' euch gut Gelingen,
Ihr würfelt um den Tod.

Wer schwarz wirft, der mag wandern,
Frei jeden Weg und Steig;
Der Henker faßt den andern
Und hängt ihn an den Zweig."

Da stoßen rauh die Knechte
Zur Linde zwei um zwei,
Ein jeder hebt die Rechte,
Und ruft: „Gott steh mir bei!"

Wer schwarz wirft, darf umfangen
Sein schaudernd Weib und Kind,
Wer rot wirft, wird gehangen
Und baumelt hoch im Wind.

Der Henker hebt vom Rasen
Sein dunkelschwarzes Tuch,
Und die Trompeten blasen,
Vollzogen ist der Spruch.

Stumm von der Linde grüßen
Die Toten Kind und Weib,
Das Kriegsvolk mit den Spießen
Verschändet ihren Leib.

Graf Herberstorf der Degen
Will fort vom Schreckensbaum,
Da tritt ein Weib verwegen
Vors Roß und faßt den Zaum.

„Du bist es, den ich suche,
Werwolf, ich fürcht' dich nicht;
Du bist's, den ich verfluche
Vor Gottes Angesicht.

Schnöd bist du abgefallen
Von unsers Glaubens Hort,
Laß deine Trommeln schallen!
Nichts übertäubt mein Wort.

Gib nur den Sporn dem Rappen,
Zertritt nur Glück und Recht,
Trotz Adelsbrief und Wappen
Bist du ein Henkersknecht!

Du sollst nicht ruhmvoll sterben,
Nicht in des Schlachtschmucks Zier,
Auf Stroh sollst du verderben
Als wie ein krankes Tier!"

So hat das Weib gerufen,
Ein Schrei, — und sie läßt los,
Zerschmettert von den Hufen
Des Hengsts, zermalmt vom Troß.

Graf Herberstorf der Degen
Fort von der Linde zieht,
Blut fließt auf seinen Wegen,
Das Volk schreit auf und flieht.

Es steht ein Baum im Winde
Auf dem Haushammerfeld,
Es ist die alte Linde,
Die hat mir das erzählt.

Sechstes Blatt.

Weckruf der schwarzen Bauern.

Zwischen Böhmerland und der Steiermark
Die Donau stromauf und stromnieder,
Stehn die Tannen hoch, stehn die Tannen stark,
Da sind wir daheim, liebe Brüder.

Wir sind ein rechtschaffenes Bauernblut,
Ob der Enns in unsern vier Vierteln,
Wir tragen mit Stolz unsern Jodelhut
Und das Messer blank in den Gürteln.

Kaiser Ferdinand hat unser Land verpfänd't
An den Bayer, den hungrigen Raben,
Graf Herberstorf führt ein verdammt Regiment,
Fordert Blutzins und Gülten und Gaben.

Legt uns Landsknecht' zu Dutzend in jedes Haus,
Fremdes Kriegsvolk mit Dirnen und Buben,
Das verdirbt uns die Weiber und plündert uns aus
Und gräbt unserm Glück eine Gruben.

Ja, der Kaiser ist hoch, und der Kurfürst ist weit,
Und die Blutsauger fressen und prassen,
Und der Herrgott im Himmel hat auch keine Zeit —
Ei! so woll'n wir uns selbst nicht verlassen.

In der Kirch' ist kein Trost und im Faß ist kein Most,
Aber Bauernblut, Freunde, verdirbt nicht;
Unser Knüttel ist stark, unser Stahl ohne Rost,
Unsers Herrn Evangelium stirbt nicht;

Laßt sie drohn mit Gewalt, laßt sie knirschen mit Wut,
Nein! wir woll'n nicht ins Elend auswandern,
Denn wir kämpfen für Ehre, für Freiheit und Blut,
Und auf ewig läßt keiner vom andern!

Siebentes Blatt.

Der Fadingerhof.

Gleich einer Hochwacht heben sich die Berge
Entlang der Donau zwischen Inn und Enns.
Ein Herrenland ist's, das der Strom durchwandelt;
Manch stolz Geschlecht saß einst um seine Flut
Und sperrte kühn den Wasserweg mit Ketten,
Mit Ausfallspforten, Turm und Wehr und Wall.
Noch heute stehn die Burgen und die Schlösser
Teils aufrecht, teils zerfallend, hoch und frei.
Doch die Geschlechter dämmern nur als Schatten
Hinwandelnd zwischen Trümmern und Gestein.

Stehst du auf freier Höh' und blickst nach Norden,
So windet sich der Donau blaues Band

Durchs Grün der Wälder, die mit steilen Ufern
Hinunterstürzen, felsenreich, zum Strom.
Diesseits und jenseits grüßt dich manche Warte,
Manch grauer Bergfried blickt hinab ins Tal;
Burg Wallsee, Neuhaus, Aist und Rannariedl
Und manch gewaltig Haus klebt hier als Horst.
Oft auch erhebt sich, spitzgetürmt, ein Kirchlein,
Um das sich weiße Häuser friedlich reihn,
Vertraulich wie die Gänse um den Hüter,
Ein Dorf bedeutend oder einen Markt.

Blickst du nach Süden, dann erhebt sich tiefblau
Der Alpen hohe Mauer in die Luft
Mit grünem Vorland und mit kahlen Gipfeln
Von der begoßnen „Alm", die schneeweiß blinkt,
Zum „Untersberg", vom „Dachstein" bis zum „Traunstein",
Zur „Falkenmauer" und zum „Hohen Priel".

Was zwischen Strom und Alpen liegt, im Westen
Vom Inn bespült, im Osten von der Enns,
Das ist die grüne Heimstatt unsers Volkes,
Das ist das alte „Landel" ob der Ens.

Wie reich ist's heut! wie herrlich und gesegnet!
Ein Paradies durch seiner Kinder Fleiß.
Einst aber war es rauh, halb eine Wildnis;
Wo heute goldnes Korn wogt, stund der Wald,
Mit schwarzen Tannen dunkel ausgebreitet,
Der Wildbach riß die Scholle aus dem Grund,
Die Wiese war versumpft, und aus dem Dickicht
Kroch allerlei Getier. Der Hirsch, der Wolf,
Der Eber brach verderblich in die Friedung
Bestellten Lands, beim Bauer Aesung suchend.
Und weh dem Wildschütz, der das Tier bestand!

Der Forstbann traf ihn blutig. Nur der Adel
War jagdbefugt auf Vogel, Wild und Fisch.
Was flog, was schwamm, was sprang, das war dem Bauer
Ein unverletzlich Spielzeug seines Herrn.

Der Bauer war ein Knecht, der an die Scholle
Gebunden war mit Hab und Gut und Leib.
Vom Kleinsten gab er Zins, tat Frond' und Robot,
Den Pfleger fürchtend, den gestrengen Herrn,
Den Züchtiger und Richter, dessen Ausspruch
Zum Schicksal wurde für den armen Mann.
Der Amtmann war des Bauers Herr und Meister,
Der Edelmann sein Teufel oder Gott.

Just zwischen Maierhoferberg und Donau
Erhebt sich eine Höhe, breit gedehnt,
Mit dunklem Wald, mit Ackerland und Wiesen
Im Sonnenschein, weitab von aller Welt.
Steh still, o Wandrer! Deinem Pfad zur Rechten
— Wenn du herüber von der Schaumburg kommst —
Beim Wald auf einer Wiese, dicht am Weg,
Nun längst zerstört, lag einst das Herz des Landes,
Das Fadingergehöft. Was heut so heißt,
Das ist nicht echt, trägt nur den alten Namen
Und steht entfernt vom Ort, wo's alte stand.

Erbau' es dir im Geist, laß es noch einmal
So auferstehn, wie es vorzeiten war.
Betracht es, Wandrer! Welch ein stattlich Eigen!
Mit Stroh gedeckt, erbaut aus roten Ziegeln,
Einschichtig, stolz und ganz auf eignem Grund.
Tritt ein und sprich: Gelobt sei Jesus Christus!
In Ewigkeit! erwidert dir das Haus.
Sankt Florians Bild, zur Abwehr für das Feuer,

Ist überm Tor, dabei ein frommer Spruch.
Wie weit der Hof ist und wie licht und freundlich!
Bei schwerer Arbeit findest du den Knecht,
Die Dirne singt, und selbst das Vieh ist traulich.
Die Tauben auf dem Dach, die Kuh im Stall,
Der Hund an seiner Kette, selbst die Katze
Sind zahm, als wär' kein Falsch in diesem Haus.
Gar lustig kräht der Hahn hoch auf dem Dünger,
Als wär' der Mist ein Königsschloß von Gold;
Die Fliege sonnt sich an der reinen Mauer,
Ein Lindenbaum wirft Schatten in den Hof,
Die Schwalbe aber kreist am blauen Himmel
Und baut ihr Nest im friedlichen Gebälk.

Zur rechten Hand tritt in die große Stube
Durch die bemalte, eichenbraune Tür
Mit schwerem Schloß. Die rußgeschwärzte Decke
Macht dunkler noch den schwergedrückten Raum
Mit spiegelblanken, winzig kleinen Fenstern,
Just groß genug für einen Bauernkopf,
Der durchs gekreuzte Gitter steckt die Nase.
Der Fensterstock ist sorglich ausgelegt
Mit grünem Moos und gelben Sägespänen
Zum Schutz vor Sturm und eis'gem Winterfrost.
Gleich an der Tür steht grün der Kachelofen,
Ein altes Stück einheimischer Töpferkunst,
Mit Gott dem Vater und den zwölf Aposteln,
Leibhaftig, derbgegliedert, streng und steif.
Die Ofenbank umzieht den Bau im Winkel
Und läßt nur für die Feuerstelle Raum
Und für die Röhre, ausgelegt mit Kupfer;
Der Ofen ist der Herd, er nährt das Haus.
Ihm gegenüber, nah der fernsten Ecke,
Steht als des Hauses Mittelpunkt der Tisch

Aus Eichenholz auf plump gespreizten Beinen
Mit schwerer Lade, die das Brot verwahrt.
Vier starke Stühle sind um ihn versammelt;
Die Ecke aber, wo sich Wand mit Wand
Berührt, die ist der Ehrenplatz des Bauers;
Dort mündet die behäbig lange Bank,
Die längs der ganzen Stubenwand sich hinzieht,
Als Winkelsitz mit braunem Lederpolster,
So, daß der Hauswirt nicht durchs Fenster blickt,
Nein, in die Stube, rückwärts nach dem Ofen
Und nach der Tür, wo das Gesind erscheint.
Dicht ob des Bauers Haupt brennt eine Ampel
Mit rotem Licht; behütet wird das Oel
Mit Sorglichkeit und frommem Aberglauben,
Daß es sich nährt und daß es nicht versiegt.
Darüber schwebt ein Kruzifix aus Ahorn
Mit unserm Heiland, schwarzgebeizt vom Rauch,
Ein schmerzhaft Bild mit leidverzehrten Zügen,
Die Stacheldornenkrone ganz verdeckt
Durch einen Kranz aus künstlich roten Rosen
Und Flittergold, ein ländlich frommer Schmuck.
Dicht rechts und links zu unsers Heilands Häupten
Sind Palmenzweige von der Osterzeit,
Das Haus vor bösen Geistern zu behüten;
Ein Gleiches tut die Aufschrift an der Tür,
Die Kasper, Melcher, Balthasar bedeutet,
Mit weißer Kreide sorglich hingemalt.

Hier kannst du, wenn der Feierabend dunkelt,
Sie alle finden, die das Haus ernährt.
Den Bauer und den Altknecht, Bursch und Dirnen,
Insonderlich des Bauers Schwesterlein,
Die blonde Gretel, die die Wirtschaft hütet,
Die ihm ersetzt sein längst verstorbnes Weib.

Drum ist sie auch sein Herzblatt und sein Leben,
Sie ist das Licht, an dem er sich erfreut.
Sie singt, wenn er am Tisch sitzt voll Gedanken
Und in das Holz die ernsten Blicke bohrt,
Sie lehnt an seiner Schulter, wenn er düster
Sich selbst verliert und in vergangner Zeit
Bei Schatten weilt, die nimmer wiederkommen,
Bei seines Weibs und seiner Kinder Tod.
Dann streicht sie ihm die Falten von der Stirne,
Dann spricht sie schalkhaft: „Träumst du wieder, Steff,
Und hältst das arme Salzfaß für den Böhmen,
Für den Lombarden, schleuderst uns das Ding
Noch einmal an den Kopf? Sei doch vernünftig!
Du machst die Welt nicht anders, laß sie gehn.
In unsre große Schüssel mußt du blicken
Und essen, Steff; wer lang ißt, der wird alt."

Ihr Bruder lächelt; nicht wie andre Menschen,
Die fröhlich sind; es zuckt durch sein Gesicht
Was Wetterhaftes, eine düstre Helle,
Es ist ein Ernst, der in sich selbst verglüht.

Die Schwester aber bringt die große Schüssel
Mit Bauernkrapfen dampfend auf den Tisch,
Die Knechte und die Dirnen greifen tapfer
Zum Löffel oder brechen mit der Hand
Das aufgequollne Backwerk, und die Gretel
Füllt jedem Mannsbild einen Krug mit Most,
Aus dem die Weiber gleichfalls tapfer trinken.
Gebet und Mahlzeit wechseln in der Stube
Nach altem Brauch, und ist der Tisch geräumt,
Dann greift der Altknecht gerne nach der Zither
Und spielt mit seiner arbeitsschweren Hand

Des lieben „Landlers" lustig schöne Weisen
Und tritt den Takt mit seinem derben Fuß.

Da bleibt die blonde Gretel nicht mehr sitzen,
Sie springt und ruft: „Wer führt mich brav zum Tanz?
Wer ist mein Schatz?" Da rasseln Schloß und Angeln,
Und grüßend steht der junge Christoph Zeller,
Der „Miniwirt", der Nachbar, an der Tür.
„Recht guten Abend alle beieinander!"
So grüßt er, doch nur eine blickt er an,
Die blonde Gretel, die, schlank wie ein Eichhorn,
Dem Grüßenden den Rücken zugekehrt,
Aufhorchend steht. Kann sie den Gast nicht leiden?
Was nestelt sie am Kopftuch und wird rot?

Der Steff steht auf, reicht seine Hand dem Nachbar
Und spricht: „Grüß' Gott, du kommst mir eben recht,
Ich weiß was Neues. Tanz nur, Schwester Gretel,
Seid lustig, Leut', wer weiß, wie lang ihr lacht.
Du, Christoph, komm mit mir ins Oberstübel;
Der Tanz geht los, wir — tanzen auch noch mit."
Und beide steigen in das Oberstübel.
Die Gretel aber zürnt: „Ich tanz' heut nicht."

Achtes Blatt.

Steff und Christoph.

Lang und lange sitzen beide
Männer in dem Oberstübel,
Während in der großen Stube
Unten das Gesinde tanzt.

Christoph steht in reicher Fülle
Jungen Alters; stolz und feurig
Hört er seines Freundes Worte,
Der dem klaren Herbsttag gleicht.

Schwer erkämpft ward diese Klarheit,
Früh gereift hat ihn das Leben,
Herb gereift das Schicksal, das ihn
Hart in seine Fäuste nahm.
Aus dem Elternhaus vertrieb ihn
Frühe Not und junges Wagnis,
Bei der alten Muhme ließ er
Gretel nach der Eltern Tod,
Schlug sich durch die Welt als Kriegsmann,
Focht im Reich und focht in Welschland,
Sah das Meer, das blaue Wunder,
Und sah Rom, die ewige Stadt.
Staunend stand er vor St. Peter
Und las hoch am Obelisk:
Christus vincit, Christus regnat!
Aber Christi Macht und Ehre
Fand er auf der Erde nicht.

Rom war üppig, Welschland schamlos,
Und das Reich des deutschen Kaisers
War der Raub von hundert Herrn.

Nirgends Treue, nirgends Wahrheit!
Ja, das allerschlimmste Handwerk,
Wie ihm dünkte, trieb er selbst.
Mut und Tapferkeit und Ehre
Sind des Mannes höchste Zierden,
Aber wer um Sold das Schwert zieht,
Ist kein Held aus eigner Kraft.

Darum zog er wieder heimwärts,
Färbte Filz mit schwarzer Farbe,
Stülpt' ihn auf den Pfahl und formt' ihn
Meisterhaft zum Jodelhut.
Und so trieb er durch fünf Jahre
Tag für Tag sein friedlich Handwerk,
Saß zu Aschach als ein Hutrer,
Wo er seine Eva fand.

Brav gedieh des Hauses Wirtschaft,
Reicher durch zwei blonde Kindlein;
Blühend wuchs die Schwester Gretel,
Die betagte Muhme starb. —

Damals war er nicht so schweigsam,
Sprach mit freiem Mund die Wahrheit,
Sprach zu viel von Volk und Wirtschaft,
Pflicht und Freiheit, Macht und Recht.
Stefan Fadinger sprach ehrlich,
Gab sich sorglos wie er war. —

Niemals stirbt auf dieser Erde
Das Geschlecht der Mückenspalter,
Augendiener, Wortverderber,
Jener, die der saure Abfall
Sind vom Teig der guten Menschheit.
Niemals stirbt die Brut der Heuchler,
Die Verleumder sind von Handwerk,
Die in Amt und Würde wachsen,
Weil man ihrer sich bedient;
Die zum schlimmsten Worte lächeln,
Die beim besten Wort erstaunen,
Die des Nächsten Ehre töten,
Weil sie selber ehrlos sind.

Wie die Pilze in den Wäldern
Schießen sie empor im Dunkeln,
Fette Bissen zu erschnappen,
Töten sie den besten Freund.
Feig nach oben, frech nach unten
Dreh'n sie nach dem Wind den Mantel,
Sind das böse Ohr im Hause,
Sind das falsche Aug' im Amte,
Weh dir, wenn du ein Genosse
Dieser feigen Schurken bist! —

Solche Schleicher und Verleumder
Hat der stolze Steff gefunden.
Warnung war zu spät gekommen,
Arglos ging er in die Netze,
Bis er eines Morgens plötzlich
Sich von Häschern sieht umstellt.
Dem Verbrecher gleich in Eisen
Wird er abgeführt zum Fronhof,
Trotz der Klage seines Weibes,
Trotz der Kinder Wehgeschrei.

Und nun wächst ein langer Bandwurm
Amtlich sachlicher Begründung,
Raums- und Worts- und Tatbeschreibung,
Zeugenaussag', Hilfsergänzung,
Replik, Duplik, Triplik endlos
Fort und fort wie eine Krankheit,
Die den unheilvoll Betroffnen
Tötet, weil kein Arzt ihm hilft.

Mancher brave Mann erbot sich,
Mit dem Eide zu erhärten,
Daß der Anwurf ein Gespinst nur

Von gedungnen Schurken sei.
Unerbittlich sind die Richter,
Schlau und pfiffig sind die Schurken,
Und der Weichselzopf verwächst sich,
Daß die Welt das Dümmste glaubt.
Todkrank liegt das Weib darnieder,
Und im Elend sind die Kinder;
Tieferschüttert, halb im Wahnsinn,
Eisenfesseln an den Händen,
Sitzt der Fadinger gefangen
Auf dem Fronhof sieben Jahr. —
Gott ist stärker als die Menschen,
Und sein Arm trifft die Verleumder:
Zitternd in der Sterbestunde
Widerrief ein Schurk' sein Wort.

Jetzt, kraft mangelnden Beweises,
Jetzt, kraft Hoheit des Gerichtes,
Jener Weisheit die das Schicksal
Armer Untertanen lenkt,
Gibt man dem Entehrten Freiheit,
Streift man von ihm ab die Fesseln,
Schickt ihn heim zu seiner Wirtschaft,
Aber eins gibt ihm kein Gott:
Eva, seine treue Gattin
Rief der Tod mit beiden Kindern,
Und sie schläft mit beiden Kindern
Ihren ewigen Schlaf im Sarg.

Einsam baut er neu sein Nest sich
Draußen auf dem Berg beim Walde;
Segen senkt sich dreifach nieder,
Denn sein ungeheures Schicksal
Macht das Volk zu seinem Freund.

Willig bricht man ihm die Steine,
Brennt ihm Ziegel, fällt ihm Bäume,
Baut ihm Haus und Hof und alles,
Daß er wieder aufrecht steht.
Statt der toten alten Muhme
Nimmt er seine Schwester Gretel
Auf den Hof. Er ist nun schweigsam,
Spricht kein überflüssig Wort.

Einer nur, sein Nachbar Christoph,
Dessen Haus er kennt seit Jahren,
Der für ihn zum Eid bereit war,
Einer nur weiß, was er denkt.

Und so sitzen denn die beiden
Traulich in dem Oberstübel,
Während in der großen Stube
Unten das Gesinde tanzt.
Fadinger spricht ernst und leise
Von der Herzensnot des Landes,
Von der Stände zweifelhafter,
Unverläßlich feiger Haltung,
Von der Raubsucht der Soldaten
Herberstorfs und von der Kriegsnot,
Von dem Elend und dem Jammer
Dieser gottverlaßnen Zeit.
Zornig funkeln seine Augen,
Und der Christoph greift unwillig
Manchmal nach dem derben Stecken,
Der an seiner Seite lehnt.

Fadinger spricht warm und wärmer,
Seine stolzen Augen leuchten
In der Nacht wie's blaue Irrlicht,

Das bei Efferding im Tale
Wandelt durch das wilde Moos.

Von der heiligen Gemeinschaft
Gleichgesinnter spricht er feurig,
Zeigt dem Christoph Brief und Siegel
Einer fremden Königshand.

Rasch erhebt sich Christoph Zeller:
„Das ist Hochverrat, Unsel'ger,
Und in dieser hoffnungslosen
Sache geh' ich nicht mit dir."

Fadinger ergreift die Briefschaft
Und zerreißt sie, ruhig lächelnd:
„Einen Zeugen wollt' ich haben,
Daß ich kein Verräter bin.
Nicht mit Dänemark und Schweden
Kämpf' ich wider meinen Kaiser,
Aber gegen unsern Blutsfeind
Herberstorf schütz' ich das Land.
Mit der Mannskraft meines Armes,
Mit dem Adlerblick des Auges,
Mit dem Donnerwort des Mundes,
Mit dem Geist, den Gott mir gab,
Steh' ich ein für unsere Sache.
Meinen Glauben will ich retten,
Will den armen Mann befreien,
Will des Kaisers Fahne pflanzen
Auf den höchsten Turm zu Linz.
Will es Gott, so wird's gelingen.

Aber dazu brauch' ich Männer,
Wie die Schweizer, die ihr alles

Freudig in die Schanze schlugen,
Die als treue Brüder fochten
Bis zum letzten Atemzug.

Dahin, Christoph, soll es kommen,
Und in dieser großen Sache
Bau' ich fest auf deinen Mut.
Es ist reif. Kein fremder König
Soll des Landes Retter sein."

„Jetzt gehör' ich dir auf ewig!"
Ruft der andere. „Sei mein Leitstern,
Weih mich ein in dein Geheimnis,
Nimm mich auf in deinen Bund!"

Draußen tritt hervor das Mondlicht,
Strahlend blickt es in die Kammer,
Ein geheimnisvolles Wunder
Schaut es an und stiehlt sich fort.

Schweigend, Hand in Hand geschlossen,
Stehn die zwei im Oberstübchen,
Ihre Augen schau'n zum Himmel,
Aber keiner spricht ein Wort.

Neuntes Blatt.

Die Einquartierung.

Hundert Preunersche Dragoner
Liegen auf den nächsten Dörfern,
Liegen in den Einödshöfen
Um den Maierhoferberg.

Hauptquartier ist Feste Schaumburg,
Wo der Amtmann fünfunddreißig
Schwere Reiter wohl verpflegt.

Harte Lasten trägt der Bauer,
Und sie werden täglich härter,
Heimgesucht wird auch der Aermste,
Niemand fragt, ob's ihn erdrückt.

Auch der junge Gastwirt Zeller,
Auch der blonden Gretel Bruder
Trägt sein Teil, und Roß und Reiter
Legt man jedem in das Haus.
Hei! da wird vom Fleisch gefressen,
Hei! da wird vom Speck geschnitten,
Hei! da wird vom Faß gesoffen
Und im langen Stroh geschnarcht.
„Warum ist die Gans im Hofe?
Warum ist die Taub' im Kobel?
Warum ist im Teich die Ente?
Warum ist im Stall das Schwein?
Warum ist die Milch im Euter?
Warum ist das Mehl im Kasten?
Warum ist der Wein im Keller?
Warum ist das Ei im Huhn?

Daß wir leben — denkt der Bauer,
Doch er übersieht, der Dummkopf,
Daß kein Nährstand ohne Wehrstand,
Ohne uns kein Bauernglück.
Wir versichern ihm die Felder,
Wir beschützen ihm den Hausstand,
Sein und seiner Kinder Leben
Liegt allein in unsrer Hand.

Darum ist's auch recht und billig,
Daß er sich als Knecht betrachte,
Daß er uns den besten Bissen
Und den feinsten Tropfen gönnt.
Denn wir brauchen Kraft zum Handwerk,
Riesenkraft und gute Laune;
Bringt er uns in schlechte Stimmung,
Geht's ihm selber an den Hals.
Was vermag sein Käsemesser
Gegen unsern Schädelspalter?
Was vermag die Sichelsense
Gegen unsern Eisenspieß?
Hat er Feuerstein und Pulver,
Arkebus' und Hakenbüchse?
Teufel auch! und wenn er's hätte,
Feldkartaunen hat er nicht.

Sieh, das ist was andres, Bauer!
Einsicht fehlt dir, such zu lernen;
Lernst du, dann begreifst du auch.
Holla! gib uns Wein vom Keller,
Speck und Milch und Schwein und Vogel,
Und in deine schönste Kammer
Schick uns deine schönste Dirn!"

Also spotten die Soldaten,
Reizen auf dem Hof die Knechte,
Schleichen frech sich an die Dirnen,
Daß die Mägde schamrot glühn.
Mancher dummen Dirn gefällt's auch,
Wenn das doppelt Tuch ihr schmeichelt
Läßt sich locken, läßt sich fangen,
Sitzt den falschen Vögeln auf.

Heimlich gärt es bei den Knechten,
Eifersucht und Zorn und Rache
Halten nur mit Müh die starke
Faust im Zaume, die schon zuckt.

Fadinger winkt seinen Altknecht
Jeden Tag geheim beiseite,
Flüstert ihm geheime Worte
Scharf und leise in das Ohr:
„Halte deine Augen offen,
Trinke nicht, laß andere zechen,
Halte reinen Mund vor Weibern,
Hüte Riegel, Tür und Schloß.
Insbesonders acht' aufs Feuer,
Laß kein offnes Licht mir brennen,
Bleib du meines Auges Apfel.
Gott vergilt dir, was du tust."
Statt der Antwort nickt der Altknecht,
Drückt geheim die Hand dem Bauer,
Blickt um sich mit scharfen Augen,
Trinkt nicht, wenn die andern zechen
Und bewacht des Feuers Glut.
Mehr noch! Was der Herr nicht sagte,
Was der Altknecht nur erraten
Aus des Bauers Wort und Blick,
Das vollzieht er ohne Auftrag,
Denn er ist im Hof erwachsen,
Ist im Hofe Mann geworden,
Hat das Ingesind behütet
Bis auf diesen schlimmen Tag.

Darum schleicht er, wenn es dämmert,
Abends durch den weiten Hof sich,
Läßt den Haushund von der Kette,

Streichelt ihn und spricht: „Hab acht.
Laß du niemand vor die Kammer,
Laß du niemand vor die Stiege,
Tritt dir in den Weg ein Fremder,
Sultan, pack ihn an der Brust."

Sultan hat den Wink verstanden,
Wedelt mit dem Schwanze freundlich,
Knurrt zur Antwort, bis der Knecht ihn
Einmal, zweimal streichelnd stillt.

Mit dem Hunde wacht der Altknecht,
Setzt sich nächtlich auf die Treppe
Vor die Tür der kleinen Kammer,
Drin die blonde Gretel schläft.

Eines Nachts vernimmt der Altknecht
Unten zwei Soldatenstimmen:
„Schleich dich du zur stolzen Gretel,
Einer löst den andern ab." —
Blitzschnell springt empor der Altknecht,
Stellt sich mit dem Beil als Schildwacht
Vor die Tür von Gretels Kammer,
Unsichtbar in dunkler Nacht.

Und ein Landsknecht kommt geschlichen,
Aber wie er vor die Tür tritt,
Trifft das Beil ihn, daß er lautlos
Vor der Schwelle niederstürzt
Und der zweite kommt geschlichen,
Aber wie er vor die Tür tritt,
Trifft das Beil ihn, daß er lautlos
Vor der Schwelle niederstürzt.

Lautlos bringt der Knecht die Toten
Seitwärts und verbirgt die Tat. —
Es gelingt, er trägt die Leichen
Nach des Hauses Bodenkammer,
Sperrt sie hinter Schloß und Riegel,
Eh' das Morgenrot erscheint.

Ahnungslos erwacht die Gretel.
Warum ist so bleich der Altknecht,
Warum ist so ernst ihr Bruder,
Warum flüstern sie so heimlich,
Warum ist kein lustiger Zecher,
Warum ist kein gieriger Prasser,
Warum ist kein kecker Prahlhans,
Warum kein Soldat im Hof?

Zehntes Blatt.

Beim Miniwirt.

Es steht ein Wirtshaus hoch und frei
Vom Giebel bis zum Keller,
Da geht kein durstig Herz vorbei
Beim Miniwirt, beim Zeller.

Der schönste Sonnenschein ist hier
Und Schatten in den Stuben,
Und guter Wein und frisches Bier
Für Mannsleut' und für Buben.

Und auch die Dirnen kommen gern
Des Sonntags nach dem Segen

Auf einen Tanz von nah und fern
Auf Wegen und auf Stegen.

Manch hübsches Kind hebt hoch den Kopf,
Stolziert in Schmuck und Flitter,
Der Lenz mit seinem großen Kropf
Spielt lustig auf der Zither.

Der Lenz ist gar ein feiner Schelm,
Tut harmlos wie die Tauben,
Trägt überm Ohr als langen Helm
Die schwarze Zipfelhauben.

Die Zither klingt, die Zither schwirrt
Hinein ins muntre Treiben:
„Du bist ein Junggesell, Herr Wirt,
Wie lange willst du's bleiben?

Das Bräutlein, Vetter, ist nicht weit,
Soll dir's ein Blinder suchen?
Gib acht, du hast die höchste Zeit,
Versäumst du's, wirst du fluchen.

Was zahlst du, wenn ich richtig treff'?
Ich seh' sie dort schon sitzen,
Ihr Bruder ist dein Nachbar Steff —
Hei! wie die Aeuglein blitzen.

Das ist ein Glanz, das ist ein Schmelz
Tiefdunkelblauer Flammen.
Was zahlst du für den Kuppelpelz?
Ich bring' euch zwei zusammen."

„Was Kuppelpelz! Sie ist mein Schatz,"
Ruft laut der Christoph Zeller,
„Ich führ' sie heim, und gilt es Graz —
Spiel auf, du Lump! spiel schneller!

Und willst du eine Million,
Ich zahl' dir gleich den Bettel!" — —
Er juchzt hellauf und springt davon
Und holt zum Tanz die Gretel.

Er hebt die Schönste hoch empor
Mit Lachen und mit Scherzen,
Er sagt ihr leise was ins Ohr
Und sie sagt: „Ja, von Herzen!"

Elftes Blatt.

Der Schwur.

Seit dem Tanz bei Christoph Zeller
Weht ein andrer Wind hier oben,
Lauter lärmt die Soldateska,
Aber Haus und Wirt sind stumm.

Wein und Bier liegt frisch im Keller,
Aber keine Gäste kommen,
Meister Lenz mit seiner Zither
Findet keine Tänzer mehr.

Mitternächtlich, wenn die Schatten
Des Gewölks den Mond umschleiern,
Wenn des Schlummers Kraft betäubend
Ueber Tier und Menschen liegt,

Da bewegt sich's aus den Nebeln,
Leise schleicht sich's aus den Büschen,
Aus den Schluchten, aus den Tälern,
Aufwärts nach dem Minihof.

Wie ein Wächter steht der Altknecht
Auf dem Kreuzweg, wo die Schatten
Zu ihm treten; leise spricht er:
Alles gut, die Luft ist rein.

Wunderlich! Wenn sonst die Hunde
Einen späten Wandrer wittern,
Rasseln sie an ihrer Kette,
Springen hochauf mit Gebell.

„Bleibt mir ruhig," spricht der Alte,
„Kusch dich, Sultan, kusch dich, Waldmann!
Gute Freunde sind's." Die Hunde
Wedeln freundlich und sind stumm.

Eine Hintertür steht offen,
Eine Stiege führt zum Keller,
Und der Wirt begrüßt die Schatten:
„Alles sicher, tretet ein."

Nieder steigen sie zum Keller,
Wo beim Schein gedämpfter Ampel
Im Gewand der schwarzen Bauern
Fadinger, der Hauptmann, sitzt.

David Spat steht ihm zur Linken,
Achaz Willinger zur Rechten,
Nimmervoll und Wurmb und Reuter
Und viel andre stehn im Kreis.

Fadinger erhebt sich schweigend,
Nimmt den schwarzen Filz vom Haupte,
Spricht mit tiefgedämpfter Stimme
Zu den Gästen dieses Wort:

„Kund ist euch, ihr Eidgenossen,
Daß wir ohne Gnad' und Recht sind,
Daß der Landsherr uns verpfändet,
Daß der Bayer uns verfolgt.

Darum heb' ich meine Rechte
Vor dem hochgelobten Kreuz hier,
Daß ich sein will euer Hauptmann
In dem evangelischen Heer.

Dieses Blatt mit meiner Handschrift
Send' ich aus nach den vier Winden,
Seid an eurem Platz, ihr Männer,
Wenn mein Feldschrei sich erhebt.

Auf Pfingstmontag sei's beschlossen,
Da steht auf in den vier Vierteln,
Kämpft, bis daß wir alle wieder
Gottes und des Kaisers sind.

Du, mein braver Christoph Zeller,
Steigst zu Schiff und eilst nach Landshag,
Schlägst im Mühlkreis los, sobald du
Hier mein Feuerzeichen siehst."

Christoph neigt das Haupt zur Antwort
Freudig stolz, es glüht sein Auge,
Doch bevor er zögernd wegtritt,
Spricht er: „Steff, gewähr' mir eins.

Fester hämmert sich die Kette,
Stark geschlossen ist die Freundschaft,
Wenn ich freien darf vor Aufbruch,
Wenn du mir die Gretel gibst."

„Nimm sie denn in Gottes Namen!"
Ruft der Steff und beide halten
Brust an Brust sich, alle rufen:
„Glück ins Haus und Sieg ins Land!" —

Wieder steht der Knecht am Kreuzweg,
Grüßt zum letztenmal die Schatten,
Fällt aufs Knie und sieht die Sonne
Blutrot aufgehn übers Land.

Zwölftes Blatt.

Die Hochzeit von St. Agatha.

Pfingstsonntag kommt so licht und blau
Vom Himmel hoch gefahren,
So frisch sind Feld und Wald und Au,
Wie lang nicht mehr seit Jahren.

Auf Laub und Gras liegt Duft und Glanz,
Es blüht in allen Räumen,
Es wirbelt weißer Flockentanz
Herunter von den Bäumen.

Ein Lerchlein ruft: Der Mai ist da!
O freudig süße Kunde!
Die Glocken von St. Agatha
Verkünden's in der Runde.

Die Glocken klingen voll und hell,
Und das soll Glück bedeuten,
Denn heute tut ein Junggesell
Ein bildschön's Mädel freiten.

Gar hold und herzig ist die Dirn,
Milchweiß mit roten Backen,
Ein Rosenkränzlein ziert die Stirn,
Goldkettlein ziert den Nacken.

Gar lieb und herzig ist die Braut
In erster Jugend Prangen,
Aus ihren blauen Augen schaut
Glückseliges Verlangen.

Der Pfarrer spricht den schönsten Spruch
Vom Binden und vom Lösen,
Von reiner Tugend Wohlgeruch
Und von der Macht des Bösen.

Die ganze Freundschaft groß und klein
Steht in der Kirche prächtig,
Die „Kranzeljungfern" schmuck und fein,
Die „Beiständ" hübsch bedächtig.

Der Pfarrer teilt den Segen aus,
Und die Trompeten schmettern,
Gar lustig geht's zum Hochzeitsschmaus
Mit Basen und mit Vettern.

Der Hochzeitsbitter kommt zu Pferd
Dem Zug vorangeritten,
Trägt einen Strauß und trägt ein Schwert
Nach Väterbrauch und Sitten.

Der Neuvermählte sprengt herbei
Auf buntgeschmückter Mähre,
Er jauchzt, als ob der Jubelschrei
Sein ganzes Leben wäre.

Der Hochzeitswagen rasselt laut,
Geführt von fetten Hengsten,
Beim Spinnrad oben sitzt die Braut
Und lacht in tausend Aengsten.

Die ganze Freundschaft groß und klein
Mit Basen und mit Vettern
Kommt angerasselt hinterdrein,
Und die Trompeten schmettern.

Hallo! man ist an Ort und Stell'.
Ihr Beiständ, springt vom Wagen,
Ihr Kranzeljungfern, rührt euch schnell,
Die Braut ins Haus zu tragen!

Wie seid ihr steif, daß Gott erbarm'! —
Was macht ihr Wink' und Worte?
Der Zeller hat sie schon im Arm,
Er trägt sie durch die Pforte.

Er stellt sie mitten in das Haus
Auf ihre leichten Füßlein,
Er übt das schönste Zwangsrecht aus,
Raubt ihr ein herzhaft Küßlein.

Dann ruft er: „Liebe Nachbarsleut',
Beiständ, Gevattern, Buben,
Versagt mir nicht die Ehre heut,
Das Mahl steht in der Stuben."

Man setzt sich gern zum vollen Tisch,
Dem Miniwirt zu Ehren,
Es sprudelt mancher Trinkspruch frisch
Beim Zechen und beim Zehren.

Ein Gugelhupf steht hoch zur Schau
Mit Zuckerwerk und Zapfen,
Es lacht das Herz der jungen Frau,
So prächtig sind die Krapfen.

Das Bier ist über jeden Wunsch,
Der Wein ist fein und teuer,
Als heißer Tröster kommt der Punsch
Und setzt das Blut in Feuer.

Kreuzfröhlich geht das Mahl vorbei;
Bald rücken Dirn und Buben
An Tisch und Stuhl. Juchhei! Juchhei!
Räumt aus zum Tanz die Stuben!

Im Kreise stellt sich alt und jung,
Zu eng wird fast das Plätzel,
Der Zeller hat den ersten Sprung
Mit seinem blonden Schätzel.

Ihr Musikanten, spielt mit Glanz,
Spielt auf die schönsten Weisen!
Beim Landlertanz, beim Landlertanz
Verjüngen sich die Greisen.

Wer aber steht so schweigsam dort
Im tollen Freudenlager?
Er kreuzt die Arme, spricht kein Wort,
Das ist der Steff, der Schwager.

Wie's rings um ihn auch jauchzen tut,
Er blickt nach keiner Dirne,
Er drückt den schwarzen Jodelhut
Sich tiefer in die Stirne.

Er sieht verglühn der Kerzen Glanz,
Die Sterne matt erbleichen, —
Er denkt an einen andern Tanz,
Ein blutrot Feuerzeichen.

Und plötzlich ruft er aus mit Macht:
„Genug! es graut der Morgen!
Pfingstsonntag hat sein Werk vollbracht,
Jetzt laßt den Montag sorgen!"

Dreizehntes Blatt.

Die Passauerkunst.

„Herauf zum Maierhoferberg,
Ihr Jungen und ihr Alten!
Ob Krüppel, Stelzfuß oder Zwerg,
Ihr sollt mir Büchsen halten.

Ich stell' euch stramm in Reih und Glied
Dem Herberstorf entgegen,
Gebt acht und rührt kein Augenlid,
Ich weiß den Kugelsegen.

Zu Passau hab' ich's jüngst studiert
Bei einem frommen Schweden,
Wie man zu harter Haut gefriert,
Und schußfest mach' ich jeden.

Seht, dieses Kūglein wird verschluckt,
Getaucht in Herzblutstropfen.
Hei! wie's mir gleich den Leib durchzuckt —
Das hilft den Feind ausklopfen.

Trifft mich ein Kolben auf die Stirn,
Ich spūr' das kaum wie Kitzel,
Ich schlag' den Esel übers Hirn
Und lach' zu dem Scharmützel.

Brennt mich ein Kernschuß durch die Haut,
Auch das macht nicht viel Schmerzen,
Ich zeig' das Brandmal meiner Braut,
Wir lachen recht von Herzen.

Der Hieb wird falsch, der Schuß wird matt,
Durch meine Kunst beschworen;
Das kugelrunde Blei wird platt,
Ich bin und bleib' gefroren."

So spricht mit Würde und mit Stolz
Ein baumhoch starker Werber,
Der Schinder aus dem „langen Holz",
Mit Augen wie der Sperber.

Er trägt ein Beil und einen Strick,
So mustert er die Rotten;
Es scheint sein lauernd böser Blick
Sie heimlich zu verspotten.

„He, Wirtshaus!" ruft er, „schenk' mir ein!
Mein Durst ist nicht zum Lachen;
Ich möchte lieber Henker sein,
Als euch vernünftig machen.

Ihr habt kein Hirn, und ich hab' Spott
Aus meines Hauptmanns Munde.
Gewehr im Arm! — Ich schlag' euch tot,
Wenn ihr nicht achtgebt, Hunde."

Der Wirt schleppt her den zwölften Krug
Und stellt ihn vor den Schinder.
Der lächelt: „Brav, es ist genug;
Erst laßt mich trinken, Kinder."

Er hebt den Deckel, bläst den Schaum,
Setzt an und bürstet munter,
Der starke Kehlkopf rührt sich kaum,
Der Leibtrunk rinnt hinunter.

Der Zug war tief, der Krug ist leer
Bis auf die Nagelprobe;
Der Zorn verraucht, er flucht nicht mehr,
Der Schimpf ersäuft im Lobe.

„Ihr Herzensjungen, so ist's recht!
Kein Meister fällt vom Himmel;
Bin ich auch grob, ich mein's nicht schlecht —
Ei! was willst du da, Lümmel?"

Ein blonder Bursch tritt aus dem Glied,
Legt an den Doppelstutzen:
„Nun, Meister, wenn ein Schuß geschieht,
Wirst du der Kugel trutzen?"

„Was? ich? du zweifelst? dreh dich um,
Ziel dorthin nach den Zweigen!
Ich sage dir, der Schuß geht krumm —
Kein Wort! Ich will dir schweigen!

Hab' acht! leg' an! gib Feuer! — Gut.
Ist's in den Baum gegangen?
Du Esel! schau' in meinen Hut, —
Die Kugel ist gefangen.

Nicht wahr, du staunst? Jetzt ziel' auf mich,
Als wär' ich eine Felber;
Nur wohlgemerkt, ich warne dich:
Geht's krumm, so trifft's dich selber."

Da dreht der Bursch sich kleinlaut um:
„Meister, ich will's nicht machen;
Ich schieße lieber grad, als krumm."
Da muß der Werber lachen.

„Seht ihr? Es ist nicht eitel Dunst,
's ist über allem Zweifel;
Es lebe die Passauerkunst!
Wer schimpft, den hol' der Teufel!"

Vierzehntes Blatt.

Der Schrecken von Aschach.

Im Hausruck fiel der erste Schuß,
Man hört ihn weithin schallen,
Es war ein wilder Freudengruß,
Ein Landsknecht ist gefallen.

Vom nächsten Pfarrdorf kommt ein Mann
Auf Aschach zugelaufen,
Es ist Rupertus, der Kaplan,
Mit Pusten und mit Schnaufen.

Man richtet just den Jahrmarkt ein
Mit Pochen und mit Hämmern,
Es gibt ein wimmelnd Stelldichein
Von Käufern und von Krämern.

Rupertus drängt sich durch den Troß,
Er achtet keinen Tümpel,
Er achtet keinen Rippenstoß
Von Buden und Gerümpel.

Vorm Rathaus hält er endlich still,
Er winkt zwei tauben Schergen,
Weil keiner ihn begreifen will,
So weist er nach den Bergen.

„Gott steh' uns bei! Seht dort hinauf!
Die Lohe steigt zum Himmel,
Die Schaumburg brennt, es brennt der Stauf."
„Es brennt!" schreit's im Gewimmel.

„Die Bauern kommen!" ruft's mit Schreck,
„O weh! o weh uns Armen!
Sie brennen uns die Wirtschaft weg,
Sie haben kein Erbarmen."

Da wird's den Krämern kalt und heiß,
Gerüst wird abgetragen,
Und wer kein beßres Schlupfloch weiß,
Verkriecht sich hinterm Schragen.

Zum Jammer wird die schwere Not,
Man flucht, man weint, man betet,
Das Kleinod tritt man in den Kot,
Der Tand wird rasch gerettet.

Die große Glocke heult vom Turm,
's wird immer kunterbunter,
Es geht im allgemeinen Sturm
Vernunft und Vorsicht unter.

Zum Rathaus kommt das Volk gerannt,
Will selbst sich Ordnung schaffen:
„Herr Kommandant, Herr Kommandant,
Gebt uns zurück die Waffen!

Was ihr uns nahmt, das gebt heraus
Zu unser aller Frommen,
Bevor herein in Hof und Haus
Die schwarzen Bauern kommen.

Ihr hört uns nicht? Schlagt ein die Tür!
Ins Rüsthaus laßt uns brechen!"
Da ruft ein böhmischer Füsilier:
„Hauptmann is nix zu sprechen!" —

„So laßt den Hauptmann Hauptmann sein!
Steckt Fahnen auf die Mauern!
Wir lassen unsre Freunde ein,
Wir halten's mit den Bauern."

„Die Bauern hoch!" — Man schwingt empor
Als Banner weiße Lappen —
Der Fadinger zieht ein durchs Tor
Auf seinem schmucken Rappen.

Er führt den Zug so stattlich vorn,
Und hinter ihm gehn Schützen,
Es kostet ihn kein Pulverkorn,
Ganz Aschach zu besitzen.

Der Bürgermeister neigt sich tief
Vorm Führer und vorm Trosse,
Reicht zitternd einen Gnadenbrief
Dem Reiter auf dem Rosse.

Der spricht: „Wo ist die Guardia?
Ihr Herrn, das muß ich wissen." —
„Kein Hauptmann und kein Mann ist da,
Sind alle ausgerissen."

Da zieht der Fadinger den Hut:
„Dieweil wir weit marschierten,
Herr Bürgermeister, laßt uns gut
Beim roten Hahn bewirten!" —

Fünfzehntes Blatt.

Der Bauerntanz von Efferding.

Zur Eisenhand in Efferding,
Da rinnt kein schlechter Tropfen,
Da klirrt der Steinkrug kling, kling, kling,
Da ist noch Malz und Hopfen.

Da sitzt am Herrentisch mit Stolz
Der Schrecken aller Weiber,
Der Schinder aus dem „langen Holz"
Und Tunichtgut der Schreiber.

Der rote Hans von Sippachzell,
Der streicht so keck die Saiten,
Es tanzt sich aus dem Leib die Seel'
Der Schuster von Achleiten.

Da dreht der Bursch die Dirn herum,
Es blitzt von blanken Knöpfen,
Das neue Evangelium,
Es tanzt in allen Köpfen.

Es stampft der Fuß, es steigt der Staub,
Ein Klatschen und ein Springen —
Und ist der Wirt auch noch so taub,
Er muß den Rundreim singen.

Klaus Tunichtgut, das Schreiberlein,
Springt auf den Tisch vom Stuhle
Und zetert in den Lärm hinein,
Als wär' hier Sonntagsschule:

„Prälat von Wilring, denk' an Gott,
Sei du kein Bauernpreller!
Wir haben Durst — es ist ein Spott! —
Und du hast Wein im Keller.

Die Schüssel dampft auf deinem Tisch
Mit Schmaus von allen Arten,
Kapaun und Wildbret, Krebs und Fisch,
Der Bauer nagt die Schwarten.

Du hältst nicht viel auf magre Kost,
Auf Armutei und Fasten,
So gib uns deines Kellers Trost,
Tu' auf den vollen Kasten!

Der Wucher frißt des Bauers Gut,
Das Brot wird täglich kleiner,
Der Herr nimmt Leibzins auf das Blut,
Den Rest schnappt der Zigeuner.

Es plündert uns, was plündern kann, —
Gebt acht! bald kommt ein Rächer,
Der setzt den feurig roten Hahn
Auf eure stolzen Dächer.

Der schwingt die Geißel übers Land
Und ist nicht Pfaff noch Ritter,
Der schreckt euch wie ein Feuerbrand,
Wie Gottes Ungewitter."

Juchhei! so rast's im Kreis herum
Und will sich nicht erschöpfen,
Das neue Evangelium,
Es tanzt in allen Köpfen.

Wahnsinnig wird das Geigenspiel,
Hoch springen Dirn und Buben:
Da wird's auf einmal totenstill —
Ein Mann tritt in die Stuben.

Schwarz ist sein Wams und schwarz sein Hut,
Sein Handrohr steckt im Leder,
Stolz ist sein Blick und heiß sein Blut,
Blitzschnell erkennt ihn jeder.

„Das ist der Steff! und was will der?"
Bricht's los von allen Seiten, —
Er aber blickt mit Zorn umher:
„Gibt's hier so lockre Zeiten?

Pfui! schäm' dich, Wirt von Efferding,
Bist du denn stocktaub worden?
Hörst nicht die Glocken, kling, kling, kling?
Das Volk steht auf allorten.

Heraus! heraus, was helfen kann!
Der Jammer muß euch spornen,
Der Bauer ist kein schlechtrer Mann,
Als all die Hochgebornen.

Will sich in unsers Kaisers Land
Kein Schutzpatron uns zeigen,
So greifen wir mit starker Hand
Nach unserm alten Eigen.

Treibt man uns aus, wie's wilde Tier
In Not und Tod und Schrecken,
Das Feld ist unser frei Quartier,
Der Himmel unsre Decken.

Läßt man uns nackt am Hochgericht
Als arme Sünder baumeln,
So zünden wir der Welt ein Licht,
Sie soll vor Schauder taumeln.

Reißt auf das Tor! Hinaus zum Platz!
Hört meine Trommeln werben,
Vom einzigen Kind, vom liebsten Schatz
Hinaus, und wär's zum Sterben!" —

Da jauchzt der Hans von Sippachzell:
„Brich dir den Hals, du Geigen!
Der Tanz, von dem du sprichst, Gesell,
Das ist der schönste Reigen."

Der Schinder aus dem langen Holz,
Der Schuster von Achleiten,
Die pflanzen sich zum Steff mit Stolz:
„Wir wollen dich begleiten!"

Hopp! springt der Schreiber Tunichtgut
Vom Tisch herab zur Diele,
Er drückt aufs Ohr sich keck den Hut
Und bläst auf seinem Kiele:

„Reißt auf das Tor! hinaus zum Platz!
Der Fadinger tut werben,
Für Haus und Hof, für Kind und Schatz,
Auf Leben und auf Sterben!"

Sechzehntes Blatt.

Die Feuertaufe.

„Weil's gilt die Seel' und auch das Bluet,
So gib uns, Herr, ein' Heldenmuet,
Es mueß sein!"   Altes Fadingerlied.

Hei! Bursche, nun geht's an ein tollkühnes Wagen!
Beherzigt den Spruch, den im Banner wir tragen,
Das hoch unser bärtiger Graukopf erhebt;
O seht, wie es flattert, o seht, wie es schwebt!
Vor Peuerbach stehn wir im reisigen Haufen,
Wir wollen die Fahne mit Feindesblut taufen.
Graf Herberstorf will uns erschlagen im Feld,
Wo ist unser Hauptmann, wo ist unser Held?
Der Fadinger Stöffel, da kommt er geritten
Mit freudigem Mut und mit adligen Sitten,
Und ist doch nicht mehr als ein Bauer und Knecht;
Doch das Schwert, das ihn adelt, heißt Freiheit und Recht!
Drum laßt uns ihn grüßen mit Jauchzen und Schreien
Von Rotte zu Rotte, von Reihen zu Reihen,
Die Prügel, die Igel, die Spieße empor,

Es brause hinauf bis ans himmlische Tor:
„Der Fadinger lebe, der Beste im Lande!
Wir wünschen ihm Ehre und Glück ohne Wandel,
Wir sind sein getreu evangelisches Heer,
Der Tod ist nicht schlimm, doch das Leben ist schwer!"
Und jauchzendes Rufen erschallt in der Runde
Und braust ihm entgegen als freudige Kunde
Und grüßt ihn mit Macht aus dem reisigen Troß,
Da neigt er sich tief zu den Seinen vom Roß,
Da schüttelt er herzhaft viel derb rauhe Hände,
Zuletzt macht sein Knecht dem Getümmel ein Ende,
Er winkt und der Lagerwirt rührt sich geschwind,
Er füllt einen Krug aus dem besten Gebind;
Des Klosters Sankt Florian köstlichste Gabe,
Die reicht man aufs Roß dem Feldhauptmann zur Labe.
Aus Steingut geformt ist der bäurische Becher;
Da lüftet den Hut der gewaltige Zecher
Und spricht, während ringsum tiefheilige Ruh:
„Mein Volk und mein Gott, euch zwei trink' ich das zu!"
Mit e i n e m Zug stürzt er den Schwurwein hinunter,
Da wird's in der wehrhaften Bauernschaft munter,
Er schleudert den Steinkrug hoch auf in die Luft
Und sieht ihn am Boden zerschmettert und ruft:
„Kein Krug ist zu stark! — Seht, da liegt er in Scherben —
Und so soll der Bluthund, der Herberstorf, sterben!
Er will uns am heutigen Morgen hier suchen.
Schwenkt ab von der Straße, hinein in die Buchen,
Schwenkt ab in die Erlen, versteckt euch im Busch,
Trompeter, du blas einen freudigen Tusch!
Und kommt er geritten auf offener Straßen,
Und wäre sein Volk auch unzähliger Maßen,
Zum letztenmal hat er wohl heute geprahlt,
Ihr Bauern, mit uns ist des Herrgotts Gewalt!
Es muß sein!" So ruft er, da tönt's ihm entgegen:

„Es muß sein! es muß sein! Drauf los allerwegen!"
Zur Rechten und Linken zerteilt sich der Schwarm
Mit leuchtendem Blick und bewaffnetem Arm.
Die Werber, die Ordner, die Führer, sie alle
Sind dahin und dorthin geschäftig im Schwalle;
Die Menge bewegt sich, es löst sich der Troß,
Nur Fadinger sitzt unbeweglich zu Roß,
Bis alle die Männer und alle die Buben
Zerstreut übers Feld sind in Gräben und Gruben,
Hinter Baum, hinter Busch, hinter Dickicht und Dorn,
Dann erwacht er und gibt seinem Rappen den Sporn
Und geschwind wie der Wind und mit blitzendem Degen
Eilt er nach in den Wald und dem Schicksal entgegen.

Graf Herberstorf reitet auf schäumendem Schecken,
Die Bauern zu strafen, die Bauern zu schrecken;
Wallonen, Kroaten, ein wildes Gemeng
Zieht hinter ihm her, daß die Straße zu eng.
Ein wildes Gesindel, das vielsprachig stammelt,
Aus Welschland, aus Böhmen, aus Ungarn gesammelt,
Ein Volk, für die Stimme der Menschlichkeit taub,
Nur gierig nach Mord und nach Rache und Raub.
Ein böhmischer Leutnant mit polnischer Mütze
Auf störrischem Gaul führt das schwere Geschütze,
Auf Rädern gerollt wie heißhungrige Drachen
Kartaunen von Erz mit geöffneten Rachen;
Feldschlangen von Eisen, gebauchte Haubitzen,
Die sollen wie Kröten ihr Feuergift spritzen
Aufs wehrhafte Volk, das der Fadinger führt,
Der Tod ist der Lohn, der den Bauern gebührt.
So wälzt sich der Heerwurm in endloser Länge
Mit wüstem Gejohl und mit wildem Gepränge,
Kraushaarige Köpfe mit braunem Gesicht —
Wo bleiben die Bauern? Sie zeigen sich nicht.

Sie sind wohl zu Peuerbach dort in der Schenke,
Nicht wert, daß ein tapferer Kriegsmann sie henke,
Verkrochen wohl gar hinter Tisch oder Bank, —
Wir räuchern sie aus mit des Pulvers Gestank!

Hallo! was ist das? Warum kommt ihr zum Stehen?
Es pifft und es pafft — was ist vorne geschehen?
Beiderseits von der Straße ist tiefdunkler Wald,
Ins Freie hinaus! Wer gebietet uns Halt?
Ja, fragen ist leichter, als Antwort zu geben,
Den Fürwitz zahlt mancher Soldat mit dem Leben,
Denn seht nur, es blitzt und es wettert und kracht,
Als wäre der Wald rings zum Leben erwacht,
Als würden die Stämme, die Zweige und Aeste
Gefährliche Nachbarn, bewaffnete Gäste,
Es raschelt im Busch und es duckt sich ins Moos,
Es nimmt uns aufs Korn und drückt todsicher los;
Aus der Grube steht's auf, springt herunter vom Hügel,
Mit Morgenstern schlägt's und mit Beil und mit Prügel,
Es rennt in den Leib uns den eisernen Schaft
Und will uns erwürgen mit wütender Kraft.
Und mitten im Kampf und im Zorn und im Grimme
Ertönt wie ein Donner des Fadinger Stimme,
Die lauter als Mordschrei und Büchsenknall spricht:
„Graf Herberstorf, heut ist dein jüngstes Gericht!" —
Sind's Geier? sind's Falken? Es saust aus den Tannen,
Habt Achtung! Geht vor zum Gefecht, alle Mannen!
Graf Herberstorf ordnet die wankenden Scharen:
„Trompeter, blas auf deine hellsten Fanfaren,
Soldaten, ich teile mit euch alle Not,
Seid tapfer, sonst finden wir Schande und Tod!" —
Und todfreudig knattern des Bauernvolks Schüsse,
Die Kugeln sind Fadingers sausende Grüße,
So werfen sich Wölfe auf zitternden Troß,

Der windet sich sterbend und wird sie nicht los.
Sie zielen, sie feuern, sie hauen, sie stechen, —
„Zum Statthalter laßt uns die Mordgasse brechen!
Heut wird mancher böhmische Schädel noch platt,
Schlagt tot den Wallonen, schlagt tot den Kroat!
Graf Herberstorf, der seinen Glauben verschworen,
Ist heute mit all seinen Ehren verloren,
Graf Herberstorf, der uns zertreten das Recht,
Ist heut unsers Herrgotts gezeichneter Knecht.
Von uns hängst du keinen, versorg' deinen Kragen,
Wir wollen dich über die Heide hinjagen,
Beschmutzt ist dein Glanz und befleckt ist dein Schmelz,
Wer heute dich tötet, dem zahlt man den Pelz!" —

Da rücken die Söldner verzweifelt zusammen,
Graf Herberstorf schürt ihrer Tigerwut Flammen,
Die Söldlinge kämpfen auf Leben und Tod,
Und heißer und heißer wird Jammer und Not.
Der böhmische Leutnant mit polnischer Mütze
Gebärdet wie rasend sich hinterm Geschütze,
Quer über die Straße reiht Rohr sich an Rohr
Und speit seinen donnernden Hagel hervor;
Die Erde erbebt wie vorm jüngsten Gericht —
Ihr Bauern, das Nachspiel gefällt euch wohl nicht?
„Das Nachspiel ist Spott, denn ihr feuert ins Blinde,"
Ruft Fadinger. „Buben, jetzt duckt euch geschwinde
Und lauft mir wie Katzen das Feldgeschütz an,
Es trifft wohl die Bäume, doch streift's keinen Mann!"
Und eh' sich die Rohre zum zweitenmal laden,
Erfahren die Söldner den Schimpf und den Schaden,
Daß wie aus dem Erdboden Michel und Matz
Emporspringt und hurra! ruft über den Platz.
Viktoria! antwortet's hinter den Bäumen, —
Ihr Söldner, nun ist es gefährlich, zu säumen,

Denn rudelweis springt's nun heran mit Gewalt,
Da ist kein Besinnen, kein Schutz und kein Halt;
Und wer nicht will kraftlos verblutend erbleichen,
Der muß in das Dunkel des Waldes entweichen.
Da sieht man in rasendem Laufe sich strecken
Zu eiliger Flucht Grafen Herberstorfs Schecken,
Laut knallen die Büchsen wohl hinter ihm drein,
Doch Tannen und Dunkelheit hüllen ihn ein;
Zerstreut und verweht ist, wie Herbstlaub im Winde,
Graf Herberstorf und sein zerschlagnes Gesinde.
Was lebt, das entflieht nach der Heide von Wels;
Der Sieger, der Fadinger, steht wie ein Fels,
Den Hut in der Hand, sich erhebend im Bügel,
Dann läßt er dem wiehernden Rosse die Zügel
Und kehrt unter Jauchzen und Waffengeschwenke
Nach Peuerbach in die Viktoriaschenke.

Siebzehntes Blatt.

Held Panstingl.

Hans Panstingl war ein feurig Blut,
Ehrgeizig ohne Grenzen,
Hielt stramm und proper Wams und Hut,
Ließ Sporn und Knöpfe glänzen.

Hans Panstingl trug den Schnauzbart hoch, —
Wer hat nicht seine Schwächen? —
Auch liebt' er's, durch das Nasenloch
Wie ein Franzos zu sprechen.

Hans Panstingl war ein Kriegsmann schmuck,
Ein Held von feinen Sitten,

Und gab's wo einen tapfern Schluck,
Er ließ nicht lang sich bitten.

Hans Panstingl war ein Kriegsmann schlau,
Tat nie sein Herz verschenken,
Doch ließ er mancher Maid und Frau
Ein zärtlich Angedenken.

Hans Panstingl war der Inbegriff
Des Höchsten und des Besten,
Und wie er seinen Hunden pfiff,
So pfiff er seinen Gästen.

Hans Panstingl stund bei Gott dem Herrn
Absonderlich in Gnaden,
Und vor der Kirchtür hielt er gern
Die schönsten Wachtparaden.

Hans Panstingl war mit aller Welt
Kurz, barsch und ungeduldig,
Ein Fußtritt war sein kleines Geld,
Das große — blieb er schuldig.

Der Heißsporn wollt' ins Himmelreich
Einreiten stolz — auf Ehre!
Die Bauern spielten ihm den Streich,
Erschossen ihm die Mähre.

Maustot fiel um der arme Braun',
Der Held sprang auf mit Fluchen,
Er schwang sich übern nächsten Zaun,
Das weite Feld zu suchen.

Hans Panstingl donnert durchs Staket:
„Fahrt wohl, ihr feigen Schurken!
Wenn ihr mich jemals wiederseht,
So hackt mich klein wie Gurken.

Glaubt ihr, daß ich den Weg verlier'?
Da mögt ihr lange warten!
Ich trag' als schlauer Fuchs bei mir
Die Generalstabskarten."

Achtzehntes Blatt.

Krakowitz, der Archivar.

Ja, das war eine schlimme Zeit
Zu Linz mit Weh und Ach,
Die Kugeln schlugen weit und breit
In manches fromme Dach.

Graf Herberstorf, der Eisenkopf,
Rief: „Unser Schloß ist fest,
Und hätt' ich Ratten nur im Topf,
Ich will nicht aus dem Nest.

Ich bin ein alter Edelmann,
Der nie nach Gnade ruft,
Und wenn ich mich nicht halten kann,
Ich spreng' mich in die Luft."

Da jammert manche schöne Dirn:
„Herzliebster, nun ist's aus!"
Da flucht der Wirt „zur goldnen Birn":
„Kein Stammgast kommt ins Haus!"

Da nagt die Gier am letzten Bein
In Schloß und Turm und Stadt,
Da schleicht sogar das Zipperlein
Sich aus dem Magistrat.

Die Ratsherrn sitzen stumm und starr
Auf ihrem Ehrensitz,
„O Teufel!" ruft der Archivar,
Der Doktor Krakowitz.

„Hab' ich des Lands geheim Archiv
Darum so treu gepflegt,
Daß man mir Handfest, Urkund, Brief
Wohl gar zum Teufel trägt?

Hab' ich Majuskeln exzerpiert,
Enträtselt Palimpsest,
Daß Bartel sich die Stiefel schmiert
Mit meines Goldlacks Rest?

Hinab ins tiefste Kellerloch
Mit Schrift und Pergament,
Bevor die heiße Flamme noch
Mein Inventar verbrennt.

Herbei, was Arm und Beine hat,
Zu Hilf' mit Hand und Fuß!" —
Zustimmend nickt der hohe Rat
Zum eiligen Beschluß.

Was rings an Tröstern ohne Zahl
In Kalbsfell und in Schwein
Geordnet stand im Büchersaal,
Das fuhr zum Keller ein.

Zum Landeskeller tief und breit
Und unergründlich gar,
Gewölbt zu Barbarossas Zeit —
Das weiß der Archivar.

Er weiß noch mehr, er ist ein Mann
Von Gründlichkeit und Kraft,
Er hat so manchen Zug getan
Von goldner Weisheit Saft.

Er selber treibt mit langem Stab
Die Träger ab und zu,
Schleppt manches schwere Buch hinab
Und gönnt sich keine Ruh.

Er atmet süßen Wohlgeruch
Uralter Geisteskost
Und schlürft bei jedem Hundert Buch
Ein Tröpfchen alten Most.

Und jedes Buch und jedes Blatt
Wird — dreimal überzählt;
Er schlürft und schlürft und wird nicht satt,
Vergißt die ganze Welt.

Wo vormals „Gumpoldskirchner" stund,
Steht jetzt ein Foliant;
Er prüft den Keller bis zum Grund —
Ein Kelchglas in der Hand.

Ein Kellerschemel lang und breit
Ist sein Gedankensitz,
So sinnt und prüft er lange Zeit,
Der Doktor Krakowitz.

Und wie's nun dunkelt ganz und gar,
Da schließt er fromm sich ein:
Denn niemand, als der Archivar,
Soll bei den Büchern sein.

Neunzehntes Blatt.

Achaz Willinger von der Au.

Achaz Willinger von der Au,
Katering und Tobel
Sitzt in seinem Feldverhau
Wie der König Nobel.

Schanzwerk hat er hoch getürmt
Zum Versteck den Leibern,
Seine Bauern wohlgeschirmt
In der Au zu „Weibern".

Und vor ihm steht der „Student"
In blutroten Hosen,
Der sich „Feldkriegsschreiber" nennt —
Ohne Rigorosen. —

Hält in seiner Hand ein Blatt,
Liest mit lautem Munde,
Welches Dorf und welche Stadt
Schwört zum Bauernbunde:

„Herr! die Zahl ist nicht gering,
Freistadt, Wels und Gmunden,
Vöcklabruck und Efferding
Sind schon überwunden.

Steyr und Garsten sind in Not,
Ein gewaltiger Brüller
Schreit sie nieder in den Kot:
Lazarus Holzmüller.

Ist ein Doktor lobesam,
Der mit Purgamenten,
Heißem Tee und kaltem Schwamm
Schreckt die Patienten.

Nur noch Enns und Linz allein
Widerstehn den Bauern." —
Achaz lacht und kreuzt das Bein:
„Wird nicht lang mehr dauern.

Fadinger ist Herr im Land,
Lustig wird der Reigen!
Ich bin seine rechte Hand,
Bursche, du wirst steigen.

Schaff mir frischen Wein, Gesell,
Hier auf diesem Platze,
Und mit deiner Stimme hell
Sing von meinem Schatze." —

Achaz Willinger von der Au,
Katering und Tobel
Kneipt in seinem Feldverhau
Wie der König Nobel.

Zwanzigstes Blatt.

Der Todesritt.

Herr Stefan Fadinger, der Held,
Wacht auf mit finstern Sorgen,
Er tritt vor Linz aus seinem Zelt
An Gottes frühem Morgen.

Sein Haupt, sein Blick, sein Wehrgeschoß
Sind stattlich wie vorzeiten,
Er ruft nach seinem schwarzen Roß,
Auf Kundschaft will er reiten.

„O Herr," — so warnt sein treuer Knecht —
„Geht heut nicht vor die Schanzen,
Das bayrisch Kriegsvolk zielt nicht schlecht,
Die heißen Kugeln tanzen.

Elendig liegt manch braver Mann
Mit blutigem Haupt im Graben,
Der Himmel weiß, was kommen kann,
Es krächzen so die Raben."

„Ei, laß sie krächzen, wenn sie's freut!
Das läßt mich unverdrossen;
Das Blei für meine Sterbenszeit
Ist lang noch nicht gegossen.

Ich bin noch schuldig meine Wett'
Gott und den armen Leuten,
Ich hab' noch nicht die sieben Städt'
Des Lands, um das wir streiten.

Drum frisch auf!" ruft der Feldhauptmann,
„Ob auch die Kugeln tanzen,
Mich freut's, wenn ich verspotten kann
Den Feind vor seinen Schanzen."

Er springt aufs Roß, gibt ihm den Sporn
Und bändigt's mit dem Zügel,
Es wiehert laut vor Mut und Zorn,
Steigt auf, als hätt' es Flügel.

„Mir nach!" ruft Fadinger der Held
Und läßt die Klinge blitzen,
Wie der Sturmwind saust er übers Feld,
Ihm folgen scharf die Schützen.

Vom Wall zu Linz kommt Blitz und Rauch,
Doch vorwärts sprengt der Reiter,
Die Furcht ist hier nicht Landesbrauch —
Nur weiter! immer weiter!

Bevor der Knecht ihn halten will,
Erreicht er schon den Graben,
Betrachtet sich das Landhaus still:
„Heut müssen wir's noch haben.

Zusammenblas' ich wie der Sturm
Das morsche Nest der Bürger,
Als Windfahn' häng' ich auf den Turm
Den Herberstorf, den Würger."

„Zurück!" beschwört ihn der Genoß,
„Du bist zu weit geritten,
Tollkühnheit ist's, du stellst dich bloß,
O Herr, laß dich erbitten!"

„Haſt Furcht? ſo ſchaff' dich ſelber fort;
Kein Hund iſt auf der Lauer." —
Da duckt ſich in der Scharte dort
Ein Landsknecht auf der Mauer.

„Beim Torturm ſoll die Breſche ſein;
Hier durch — und Linz liegt offen!" —
Da blitzt vom Wall ein Feuerſchein,
Es kracht, es hat getroffen.

Der Landsknecht jauchzt, der Landsknecht winkt,
Viktoria! ſchreit's im Schwarme,
Der Rappe ſteigt, der Reiter ſinkt,
Liegt ſeinem Knecht im Arme.

Nun wird's lebendig hier und dort,
Vorm Wall und auf den Schanzen,
Viktoria heißt das Loſungswort,
Die Todeskugeln tanzen.

Nun wird's lebendig dort und hier,
Es rennt aus Tor und Mauern;
Todwunder Held, Gott ſei mit dir!
Schützt ſeinen Leib, ihr Bauern!

Iſt er auch ſtumm, er atmet noch,
Laßt ihn nicht elend ſterben,
Mit euren Armen hebt ihn hoch,
Entführt ihn dem Verderben!

Kreuzt eure Büchſen, legt ihn drauf,
Sie ſollen ihn nicht haben!
Treibt ſie zurück im Sturmeslauf
Und werft ſie in den Graben!

Verzweifelt ficht der treue Knecht,
Haut, was ihm trotzt, in Stücken
Und deckt als Letzter im Gefecht
Dem teuern Herrn den Rücken.

Zum Himmel blickt der wunde Held
Im Schutz der treuen Mannen,
Sie tragen ihn durchs blutige Feld
Im Sturmesschritt von dannen.

Sie tragen ihn durch Rauch und Dampf;
Oh, wie sich alle neigen!
O böser Tag! o schlimmer Kampf!
Unseliger Todesreigen!

Nun ist's mit Glück und Stolz vorbei;
Durchs Lager hört man schallen
Lautjammernd einen einzigen Schrei:
„Der Fadinger ist gefallen!"

Und rastlos führt ihn fort der Troß,
Man rettet ihn mit Jammer
Nach Ebelsberg aufs feste Schloß
In eine stille Kammer.

Da kommt auch der getreue Knecht,
Sein Schritt will nichts mehr taugen,
Er ist zerschlagen vom Gefecht:
„Herr, schließ noch nicht die Augen!

Ich geh' vor dir zur ewigen Ruh,
Laß deine Hand mich küssen,
Bin selbst ja todeswund wie du,
Und sterb' zu deinen Füßen." —

Einundzwanzigstes Blatt.

Die letzte Ehre.

Wie ein Herold geht die Kunde
Durch das Land voll Schmerz und Not,
Ausgeblutet hat die Wunde,
Stefan Fadinger ist tot.

Von den Bergen tönt's hernieder
Brausend in das tiefste Tal,
Alle Glocken klingen's wider
Mit erschütternd lautem Schall:

„Stellt euch ein zur ernsten Feier,
Schwarze Bauern, Mann für Mann,
Euer Retter und Befreier
Tritt die letzte Reise an."

Und ein ungeheurer Jammer
Treibt das arme Volk umher,
In der Hütte, in der Kammer
Bleibt kein Auge tränenleer.

Wilder Klageschrei erschüttert
Ebelsberg, das alte Schloß,
Glanz von Leichenfackeln zittert,
Und es donnert das Geschoß.

Ohne Priesterspruch und Segen,
Marmorstumm und marmorbleich
Liegt im Sarg der tote Degen —
Aber Gott ist gnadenreich.

Sarg und Leichnam wird gehoben
Auf ein dunkelschwarz Gespann,
Und viel heiße Tränen loben
Den geliebten, treuen Mann.

Schön geschmückt mit grünen Zweigen
Wird des Helden letztes Haus,
Und der alte Bauernreigen
Klingt noch einmal weit hinaus.

Trommelwirbel wird geschlagen
Zu des Niebesiegten Preis,
Und es folgt dem Trauerwagen
Mann und Weib und Kind und Greis.

Haupt an Haupt auf Weg und Straßen
Steht das Volk mit nacktem Fuß,
Sucht das Bahrtuch zu erfassen,
Weint und winkt zum letzten Gruß.

In den Klang erhabner Lieder
Mischt der Schmerz sich wild und laut,
Und zur Erde wirft sich nieder,
Wer den Zug noch einmal schaut.

Kriegsfanfaren, trotzige Weisen
Klingen aus dem düstern Troß,
Und ein Reiter, ganz in Eisen,
Sitzt auf des Gefallnen Roß.

Freiheitskämpfer, unerschrocken,
Sind des Zuges reisige Wacht,
Und ein Greis mit weißen Locken
Trägt das Banner wie zur Schlacht.

Unaufhaltsam wandelt weiter
Das Gefolg; aus tiefem Tal
Grüßt herauf zum ersten Reiter
Efferding im Abendstrahl.

Mächtiger tönen auf die Lieder,
Greller klingt der Glockenklang,
Und die Wallfahrt steigt hernieder,
Lenkt zum Kirchhof ihren Gang.

Jetzt verstummen Lied und Klänge,
Und man hebt den Sarg herab;
Wie ein Heerbann steht die Menge
Um des Helden offnes Grab.

Aus des Kirchhofs heiliger Halle
Tritt kein Priester, der da spricht:
„Ob der Leib zu Staub zerfalle,
Seele, du bist ewiges Licht."

Blind verflucht vom heiligen Wahne,
Ruht der Held am letzten Ort,
Nur der Alte mit der Fahne
Hebt das Haupt und spricht das Wort:

„Kommt herbei, ihr Schmerzenskinder,
Legt auf diesen Sarg die Hand!
Der hier ruht, der arme Sünder,
War der beste Hort im Land.

Aus des Volkes Mark entsprossen,
Trug er in der Brust ein Herz,
Das sein bestes Blut vergossen
Uns zum Heil und ihm zum Schmerz.

Wenn er fehlging auf dem Pfade,
Menschlich stieß an manchen Stein,
Gott ist herrlich reich an Gnade,
Wird ein milder Richter sein.

Brüder, laßt den Sarg uns senken;
Weh dem, der dies Grab entweiht!
Ehre seinem Angedenken!
Ruh' in alle Ewigkeit!"

Zweiundzwanzigstes Blatt.

Der Bauernhügel.

Vor Gmunden lagert der Student
Hoch oben auf dem „Kogel",
Er führt ein scharfes Regiment,
Der heimatlose Vogel.

Er ist der Sieger von Wolfseck
Mit seinen schwarzen Rotten;
Er ruft: „Ich bin des Landes Schreck,
Ich räch' all unsre Toten.

Herr Christoph Zeller kam zu Fall,
Es will uns nichts mehr glücken, —
Horcht auf! ich hör' Trompetenschall,
Der Feind ist uns im Rücken."

„Laßt uns hinunter," ruft der Held,
„Vor Pinsdorf auf den Rasen,
Wir sind von Reitern rings umstellt,
Die Pappenheimer blasen."

„Fiducit!" ruft er zornig aus,
„Hinein in die Schwadronen!
Ich fecht' in meinem schwarzen Flaus
Mit Koller und Kanonen.

Nur hoch das Herz, ihr braven Leut',
Und laßt die Büchsen knallen;
Ist's aber Gottes Wille heut,
So laßt uns ehrlich fallen.

Kein Pulver mehr? Nun, laßt's nur sein!
Das soll uns nicht erschrecken,
Wir schlagen mit den Kolben drein,
Als wie mit Haselstecken."

Geschlagen wird die letzte Schlacht,
Das Blut rinnt wie ein Bronnen,
Die Freischar weicht der Uebermacht,
Kein Bauer ist entronnen.

Die Toten liegen hoch zuhauf
Für Geier und für Raben,
Man schüttet einen Hügel auf,
Die Opfer zu begraben.

Der große Kampf hat ausgetobt,
Graf Pappenheim, der Retter,
Wird laut gerühmt, wird hoch gelobt,
Zum Hügel kommt kein Beter.

Es fällt der Tau, es grünt das Gras,
Der Schnee sinkt aus der Wolke,
Und nur der Hügel weiß noch was
Von dem begrabnen Volke.

Dreiundzwanzigstes Blatt.

Herberstorfs Ende.

Im Seeschloß Ort zu Gmunden,
Da zählt mit Müh' und Not
Ein Greis die letzten Stunden,
Es pocht ans Tor der Tod.

Des Kranken Augen blicken
Mit fieberhaftem Glanz,
Und seine Finger drücken
Angstvoll den Rosenkranz.

Die Sucht hat ihn befallen,
Die Blut und Mark verschlingt,
Ein Wimmern nur und Lallen
Von seinem Munde dringt.

Graf Herberstorf der Recke
Vergeht in Todesschmerz,
Er wähnt, des Saales Decke
Senke sich auf sein Herz.

Er glaubt, der Abendhimmel
Sei dunkelrot von Blut,
Im ärgsten Schlachtgetümmel
War ihm nicht so zumut.

Wohl betet eine Nonne
Eintönig fort und fort,
Doch Geistestrost und Wonne
Quillt nicht aus ihrem Wort.

Das Licht geweihter Kerzen
Erhellt ihr Antlitz fahl,
Es dringt zu seinem Herzen
Kein lichter Hoffnungsstrahl.

Von seinem bleichen Munde
Quillt kalter, blutiger Schaum,
Es schickt die letzte Stunde
Ihm einen bösen Traum:

Wohl dreißig greise Männer
Stehn zitternd um ihn her,
Er blickt von seinem Renner,
Als ob er steinern wär'.

Es jammern laut die Alten:
„Wir haben Kind und Weib,
O Herr, laß Gnade walten,
Verschone unsern Leib!"

Er aber läßt sie schreiten
Zum Würfelspiel heran,
Auf Tod und Leben streiten —
Und sterben Mann für Mann.

Wer schwarz wirft, darf umfangen
Sein schaudernd Weib und Kind,
Wer rot wirft, wird gehangen
Und baumelt hoch im Wind.

Stumm von der Linde grüßen
Die Toten Kind und Weib,
Das Kriegsvolk mit den Spießen
Verschändet ihren Leib.

Nun will der alte Degen
Hinweg vom Schreckensbaum,
Da tritt ein Weib verwegen
Vors Roß und faßt den Zaum:

„Du bist es, den ich suche,
Werwolf, ich fürcht' dich nicht!
Du bist's, den ich verfluche
Vor Gottes Angesicht!

Schnöd bist du abgefallen
Von unsers Glaubens Hort,
Laß deine Trommeln schallen,
Nichts übertäubt mein Wort.

Gib nur den Sporn dem Rappen,
Zertritt uns Glück und Recht,
Trotz Adelsbrief und Wappen
Bist du ein Henkersknecht.

Du sollst nicht ruhmvoll sterben,
Nicht in des Schlachtschmucks Zier,
Auf Stroh sollst du verderben
Als wie ein krankes Tier.

Du hast mit blutigem Grimme
Erdrosselt meinen Sohn,
Drum klagt dich meine Stimme
Laut an vor Gottes Thron.

Wenn sie dich einst begraben
Mit Pracht und Weihgeruch,
Wirst du als Denkmal haben
Einer Mutter Haß und Fluch!

Und prangt im Chor zu Münster
Dein Wappen und dein Schild,
So wird das Volk sich finster
Abwenden von dem Bild.

Und keine Hand soll schmücken
Den Marmor deiner Gruft,
Die Erde soll dich drücken,
Bis Gott der Herr dich ruft!" —

Der Traum verweht. Die Sonne
Geht düsterrot zur Ruh',
Und niemand als die Nonne
Drückt ihm die Augen zu.

Vierundzwanzigstes Blatt.

Segen des Spielmanns.

Ich kam als freier Musikant
Nach dritthalbhundert Jahren
Mit meiner Fiedel in der Hand
Zum Bauerngrab gefahren.

Ich eilte auf den Hügel zu
Mit segnender Gebärde,
Ich grüßte euch in eurer Ruh',
Ihr Toten in der Erde.

Ich sank aufs Knie vorm Leichenstein
Der euch geweiht ist, Brüder,
Ich spielte euch ins Grab hinein
Zum Grüßgott alte Lieder.

Der Kampf ist aus, der Haß ist tot,
Der Schmerz hat Ruh' gefunden,
Es leuchtet uns das Morgenrot:
Der Geist hat überwunden!

Aus dem Sturmgesang des Lebens.
Gesammelte Gedichte.

Aufgesang.

Ich will euch nicht den Flammen übergeben,
Ihr schaut mich so mit Kindesaugen an,
Als hätt' ich großes Unrecht euch getan,
Ich will euch nicht den Flammen übergeben.

Ihr seid der sonn'ge Traum in meinem Leben,
Der Jünglingstraum, mit dem ich einst begann,
Wie Genien begleitet ihr den Mann,
Ich will euch nicht den Flammen übergeben.

Ich hörte einst ein Glockenspiel vom Turm,
Im Anfang war's ein leises, leises Klingen,
Ein sanftes Tönen und ein tiefes Schwingen,

Da endlich ward's ein allgewalt'ger Sturm,
Allmächt'ger Ausklang tiefen, innern Bebens:
So seid auch ihr ein Sturmgesang des Lebens.

I.
Junge Wanderschaft.

Die Reise ins Leben.

Der ewig grüne Wald hat mich geboren;
Hoch überwölbt von seinem dunklen Zelt,
Begehrt' ich nicht den heißen Glanz der Welt,
In meine stille Einsamkeit verloren.

Ich fragte nichts nach Weisen und nach Toren,
Wer heute steigt und wer da morgen fällt,
Was Hochmut, was Verleumdung sich erzählt;
Oh, hätte mich kein Wahn herausbeschworen!

Mit stolzer Hoffnung hob ich mein Gesicht
Und trat heraus ans goldne Tageslicht
Und trank den Hauch der Welt mit vollem Herzen.

Der Trunk des Lebens wurde mir zum Brand,
Und beide Augen deckt' ich mit der Hand,
Denn was ich sah, das war ein Bild der Schmerzen.

Abschied.

Wer scheiden will, der soll's am frühen Morgen,
Bevor die lichten Sterne bleich vergehn,
Bevor das glüh'nde Sonnenhaupt zu sehn,
Von Wäldern und von Bergen tief verborgen.

Da schlafen noch die Zweifel und die Sorgen,
Es wandelt durch die Welt ein frisches Wehn,
Du wirst die Trennung leichter überstehn —
Wer scheiden will, der soll's am frühen Morgen.

Ich aber schied bei Mittagssonnenbrand
Von meiner Heimat und vom Vaterland,
Mir war, als ob mich tausend Stimmen riefen:

Denk an die Nacht und an des Abgrunds Tiefen!
Wie mancher tut die Fahrt nach seinem Glück,
Und findet's nicht und kehrt nicht mehr zurück.

Im Süden.

Ich schritt hinunter am Canale grande,
Die Schiffe lagen ruhig Bord an Bord,
Und weiter, immer weiter schritt ich fort,
Das Abendrot erlosch mit glühendem Brande.

O zaubervolle, fremde Welt am Strande!
Da lehnt ein blonder Bursch am Steuer dort,
Er singt ein Lied, ich weiß es Wort für Wort,
Ein muntres, altes Lied aus deutschem Lande.

So frischaufjubelnd, wie der Sang mich traf!
Und nähertretend rief ich: „Landsmann, brav!"
Ein schwarzer Hund fuhr auf vor meinem Schritte.

Und wie zu horchen schwamm der Mond im Golf.
Der Landsmann aber sagte: „Ruhig, Wolf!"
Und war mit einem Sprung in der Kajüte.

Meersturm.

O Meer im Aufruhr, bei des Sturms Getön,
Wenn deine Wasser rauschen auf und nieder,
Bei deinem Zorn gedenk' ich alter Lieder
Nordländischer Klippen, nebelhafter Höh'n.

Die junge Gudrun, bleich und blond und schön,
Mit harten Fesseln um die weichen Glieder,
Wehklagt am Strand und wirft sich weinend nieder,
Es überheult der Meerwind ihr Gestöhn.

Sie ward geraubt. So steht sie oft am Strand,
Die Heimatlose, schaut gen Helgoland.
Der Sturm ward still, die See hat sich geglättet.

Ist das ein Segel? Ist's ein fernes Riff?
Schau' hin! Erkennst du König Herwigs Schiff?
Es kommt der Bräutigam — du bist gerettet!

Heimweh.

Kennt ihr das Lied „Zu Straßburg auf der Schanz?"
Kennt ihr das Lied vom armen Schweizerjungen,

Der, heimwehkrank, tief in den Rhein gesprungen?
Hier in der Fremde, hier versteh' ich's ganz.

Nach Norden eilt der Wolken luft'ger Tanz,
Ich schau' empor und hab' das Lied gesungen,
Allmächt'ges Heimweh hat mein Herz bezwungen,
Das fremde Meer glüht auf in fremdem Glanz.

Mein Herz steht still, das Auge wird mir feucht,
Ein einz'ger Sprung — ist alles, wie mir deucht;
Wer denkt an mich in weiter, weiter Ferne?

Ein Sarg von blauem Marmor ist die Flut,
Ein Sterbemantel, weich und weit und gut,
Der Totenkranz sind Sonne, Mond und Sterne.

Emilia.

Vor einem Grabmal unter den Zypressen,
Im dunklen Schleier und im schwarzen Kleid,
Sah ich dich stehn so jung, so reich an Leid,
Du schönes Bild, ich kann dich nicht vergessen!

Vor einem Grabmal unter den Zypressen
Begrüßt' ich dich, du gabst mir sanft Bescheid;
Der blaue Himmel glänzte weit und breit,
Es dehnte sich das Meer so unermessen.

Da fühlt' ich all mein eignes Leid versenkt;
Es dufteten so mild die Grabesrosen,
Als grüßten sie den armen Heimatlosen:

Glückauf! dich hat der Himmel reich beschenkt,
Du gehst nicht mehr allein auf fremden Wegen,
Ein guter Engel wandelt dir entgegen.

San Giacomo.

Freund Caliban, mein drolliger Genoß,
Ein weingerötet, struppiger Geselle,
Führt lächelnd mich vor deines Hauses Schwelle
Und öffnet mir des Gartengitters Schloß.

Da seh' ich dich in deiner Schwestern Troß,
Es grüßt mich deines Auges Blick, der helle,
Und durch das grüne Gärtlein schreit' ich schnelle.
Oh, wie das Blut in deine Wangen schoß!

Mit deutschen Worten und in deutscher Weise
Bewillkommt deine Mutter mich, die greise,
Du aber reichst mir ruhig deine Hand.

Du führst mich aufwärts durch der Schwestern Reigen
Ins Hochgeschoß, vom Söller mir zu zeigen
Dein Königreich, den Himmel, Meer und Land.

Rückkehr nach Norden.

Leb' wohl, o Meer, o Fels, o grüne Bucht!
Du Rosengärtlein, Laubgewind' aus Reben! —
Mich treibt hinweg das mitleidlose Leben
Zu unaufhaltsam ruheloser Flucht.

Wer nach der blauen Wunderblume sucht,
Der sucht vergeblich. Böse Geister schweben
Ob unserm Haupt, die ihre Geißeln heben. —
Leb' wohl, o Meer, o Fels, o grüne Bucht!

Noch einmal von des Karstes grauen Höh'n
Schau' ich aufs Paradies zu meinen Füßen,
Des Südens Schönheit noch einmal zu grüßen.

Durch meine Seele braust es wie der Föhn,
Und Tränen, die ich nie mehr weinen werde,
Sind mein Geschenk an dich, du fremde Erde!

Nachtwandler.

So wandelt wohl ein Mensch im tiefsten Traum,
Wenn andre Schläfer längst im Schlummer liegen,
Mit leisem Fuß empor die dunklen Stiegen
Hinauf bis in des Hauses höchsten Raum.

Im Garten singt kein Vogel, rauscht kein Baum,
So lautlos ist die Nacht, so tief verschwiegen,
Nur oben hoch die weißen Wolken fliegen,
Ein sanft verklärter, nebelhafter Schaum.

Der Träumer klettert fort, er scheint zu schweben,
Er lächelt in des Mondes bleichen Strahl;
Da schnarrt die Uhr, der Hammer will sich heben,

Es tönt vom Turm ein langer dumpfer Schall,
Der Träumer hört's und schaudert auf mit Beben
Und stürzt hinab zu rettungslosem Fall.

Mensch und Weidenbaum.

Ich ward gepflanzt an einen düstern Ort,
Zu wenig war vom Blau des Himmels mein,
Um ein gesunder, stolzer Baum zu sein.
Ich ward gepflanzt an einen düstern Ort.

Der Mensch ist wie der Weidenbaum, er dorrt,
Verwittert oft ins tiefste Mark hinein,
Doch gib ihm nur ein Stündchen Sonnenschein,
So grünt die alte Weide wieder fort.

Mein Leben war wie eine lange Nacht,
Unselige Wolken trieb der Sturm mit Macht,
Irrlichter tanzten lockend auf der Heide. —

Da kam der Morgen; es zerstob der Spuk.
Es trat hervor in ihrem schönsten Schmuck
Die Sonnenfrau und fragte: "Lebst du, Weide?"

An die Romantik.

Du bist die schöne Waldfrau Melusine,
Ich bin ein armer wandernder Gesell;
Wir trafen uns im Wald an einem Quell.
Es ist schon manche Zeit, daß ich dir diene.

Als Wächter stund das Reh mit kluger Miene,
Wir ruhten auf des Mooses grünem Fell,
Ich bin ein armer wandernder Gesell.
Du bist die schöne Waldfrau Melusine.

Du hieltst die blaue Blume in der Hand,
O daß so schnell die holde Zeit verschwand!
Weißt du es noch? Es waren schöne Stunden!

Da kam der Sturm und schüttelte den Baum.
Ich wachte auf als wie aus tiefstem Traum,
Und seh' dich nicht und hab' dich nicht gefunden.

An einen Künstler.

Hast du des Morgens, wenn du aufgewacht,
Schon einen frisch gepflückten Strauß gefunden?
Du weißt nicht, welche Hand ihn dir gebunden,
Er funkelt noch und blitzt vom Tau der Nacht.

So ist auch meine Gabe arm an Pracht,
Doch herzlich wie ein treues Wort empfunden,
Sie will dich freu'n in deinen stillen Stunden,
Dich freu'n, wenn keine andre Freude lacht.

In meiner Seele duftet's, lebt's und blüht's,
O nimm die wilden Blumen des Gemüts,
Bei fremden Menschen müßten sie verderben.

Sie wuchsen auf in Sturm und Sonnenschein,
Sie sind dir ähnlich, willst du, sind sie dein;
Wenn du sie liebhast, werden sie nicht sterben!

Vor einem Bilde.

O Maler, wie ergreift mich dein Geschick!
Als du das schönste Frauenbild vollendet,
Warst du von seinem Zauber tief geblendet,
Du kamst um deinen Frieden, um dein Glück.

Noch einmal mit dem letzten langen Blick
Hast du zu deiner Schöpfung dich gewendet
Und dann im wilden Todessturz geendet.
Es war ein Bild, es rief dich nicht zurück.

Sie fanden dich. Zerschmettert war dein Haupt,
Sie haben viel vermutet und geglaubt,
Wie konnten sie auch ahnen, was dir fehle?

Es war nicht Armut und es war nicht Not,
Die Liebe trieb dich in den bittern Tod,
Du wolltest für dein Bild auch eine Seele!

An eine Künstlerin.

O wie beneid' ich die allmächtigen Klänge,
Die dich auf Flügeln heiligen Sturms erheben!
Ich schau' dich an, ich sehe dich entschweben,
Und bleib' zurück in dieser ewigen Enge.

Es klingen fern die seligen Gesänge
Der hohen Geister, die dich dort umgeben,
Und doppelt einsam kämpft mein armes Leben,
Erdrückt in der empfindungslosen Menge.

Beethoven schweigt. Die Hörer rings im Kreise
Sind tief erschüttert und sie flüstern leise,
Und wie es still wird, kehrst auch du zurück.

Da jauchzt mein Herz in seinem höchsten Glück,
Ich sehe dich und rufe wie von Sinnen:
„Bleib unter uns und geh nicht mehr von hinnen!"

Kaulbach und Cornelius.

Cornelius ist finster, streng und groß,
Ein Geist, wie jene unterirdischen Richter,
Es zucken seiner Schöpfung glühende Lichter
Aus Dantes dunkler Hölle düsterm Schoß.

Und Kaulbach, sein unsterblicher Genoß,
Ist, wenn er malt, wie Sophokles, ein Dichter,
Ums heitre Haupt den Lorbeer Goethes flicht er,
Er schaut die ewige Schönheit nackt und bloß.

Des einen Schatten ist des andern Licht.
Die Muse sann. Sie wußte lange nicht,
Wen sie zu ihrem Liebling sich erwähle.

Doch plötzlich sprach sie: „Seid ein einz'ger Mann,
Der Freund vollende, was der Freund begann.
Seid in der Schönheit eine einzige Seele!"

Entfremdung.

Mir ist die Heimat wie ein fremdes Land,
Und über fremde Treppen muß ich schreiten;
Was einst mein Herz besaß, seh' ich im Weiten,
Und süße Hoffnung reicht mir nicht die Hand.

Gelöst ist lauer Freundschaft loses Band,
Das Schiff des Glücks seh' ich vorübergleiten. —
Bin ich denn noch derselbe, der vorzeiten
Voll Zuversicht im Lebensgarten stand?

Nein, ich bin's nicht mehr! Einsamkeit und Sorgen
Umdüstern meines Lebens jungen Morgen,
Verwandeln mich zum Bettler über Nacht.

Ihr Glücksverwöhnten, die mich nicht mehr kennen,
Ihr sollt nicht wissen, wie die Wunden brennen,
Denn ich bin stolz und meine Miene lacht.

Ergebung.

Ein König ist der Mensch, wenn die Gedanken
Durch seine Seele wandeln, wie ein Strom,
Erhaben, unaufhaltsam, tief und fromm,
Der Felsen sich bewußt, der ew'gen Schranken.

Doch weh! wenn die Gewässer sich zerzanken,
Wenn wild die Flut ihr Ufer überklomm,
Dann stürzt manch hoher Fels, manch heil'ger Dom —
Wer zählt die armen Rosen, die ertranken?

Auch meine Brust ist solch ein öder Strand,
Mich hat getroffen Gottes Wetterhand,
Sie traf mich wie ein Blitz im tiefsten Herzen.

Doch auch ein öder Strand wird wieder grün,
Ich hoffe, neues Leben soll erblühn,
Und opfre stumm auf dem Altar der Schmerzen.

Siesta tedesca.

Am schönen See zu Garten
Da war ich einst zu Gast,
Da hing ich mein' Halparten
An einen grünen Ast.

Am schönen See zu Garten
Da steht ein weißes Haus,
Da ruht nach langen Fahrten
Der müde Landsknecht aus.

Am schönen See zu Garten
Da will ich Winzer sein —
Du schönste der Lombarden
Bei Rosen, Lieb' und Wein!

Gruß an die Schweiz.

Sei mir gegrüßt, du Land des Tell,
Du Freistatt der Gedanken!
Ich bin ein fahrender Gesell,
Verschließ mir nicht die Schranken.

Auf deinen Bergen laß mich stehn,
Wo Gottes Stürme sausen,
Ich will nicht mehr die Würmer sehn,
Die in der Tiefe hausen.

Die ew'ge Sonne wird mir dort
Ihr schönes Antlitz zeigen,
Und jubelnd sing' auch ich mein Wort
Zum großen Menschheitsreigen.

Ulrich Huttens Grab.

Es steigt ein Eiland aus der Flut
Im blauen Zürchersee,
In seiner kühlen Erde ruht
Ein Herz nach Sturm und Weh.

Ein Weidenbaum, ein Kreuz von Stein
Stehn wachsam auf der Gruft,
Umglänzt von Gottes Sonnenschein,
Umweht von Bergesluft.

Ich komme wandernd durch die Welt,
Als heimatloser Knab',
Herr Ulrich Hutten, toter Held,
Ich pilgre an dein Grab.

Oh, segne mich zum harten Strauß,
Zum Streit mit Schurk' und Schranz;
Oh, rüste mich zum Kämpfen aus,
Du Held im Ehrenkranz!

Du Weidenbaum, gib mir ein Blatt
Als Schmuck auf meinen Hut;
Ich zieh' hinaus zu freier Tat,
Voll Kraft und Lebensmut.

Und müßt' ich fallen auch im Streit
Und elend untergehn,
„Die Herberg' der Gerechtigkeit"
Wird dennoch auferstehn.

Der Falkner.

Ich bin ein junger Jäger,
Mein Wams ist grün und grau,
Ich dien' der schönsten Herrin
Im weiten Rheinlandsgau.

Ich bin ein lust'ger Falkner,
Ein übermüt'ger Schalk,
Am Hut sitzt mir die Feder
Und auf der Hand der Falk.

Ich hab' gelernt zu singen,
Wenn alles horcht und schweigt,
Und hochauf muß ich jubeln,
So oft mein Falke steigt!

Falk, bring uns einen Reiher,
Schwing dich zum fernen Strand.
Falk, bring uns einen Freier
Mit Volk und Burg und Land!

Mein lieber Vogel, schwing dich
In blaue Luft davon!
Zu hoch für meine Herrin
Ist nicht der Kaiserthron!

Der Teufel im Wein.

Zu Heidelberg da liegt ein Faß,
Kein Küfer mag's umspannen,
Manch trockner Bursche trinkt sich naß
Und will nicht mehr von dannen.

Wer stilles Leid und Kummer hat,
Der spornt sein Rößlein schneller
Und reitet in die heil'ge Stadt,
Zu dem gelobten Keller.

Und in dem Keller sitzt ein Zwerg,
Dem brauchst du nur zu winken,
Das Feuer vom Johannisberg
Läßt er dich durstig trinken.

Ein neuer Geist in Kopf und Herz
Macht deine Zunge lallen,
Ein Gott erhebt dich himmelwärts —
Der Teufel läßt dich fallen.

Der Heidelberger Gnadenquell.

Ich weiß eine Gnadenquelle
Zu Heidelberg im Schloß,
Nicht in der Burgkapelle,
Nein, tief im Erdgeschoß.

Hinunter muß man steigen,
Bedächtig, schwindelfrei,
Dann wird das Heil sich zeigen
In dunkler Sakristei.

Frischauf! ich hab' Erfahrung,
Zum Keller keck herein!
Die beste Offenbarung
Ist alter Neckarwein.

Wer tut den Heiltrunk spenden?
Ein alter, dicker Gauch
Mit Eisen um die Lenden
Und einem Riesenbauch.

Da lernt ein Lahmer springen,
Da lernt ein Blinder sehn,

Da lernt ein Stummer singen,
Da lernt ein Steifer gehn.

Stoßt an, ihr flotten Häuser!
Der Quell ist göttergleich:
Ein Hoch dem deutschen Kaiser,
Ein Hoch dem deutschen Reich!

Heidelberg, grüß' Gott!

Ich bin wohl weit gefahren
Durch Welschland kreuz und quer
In meinen jungen Jahren,
Bis an das blaue Meer.

Ich sah die Berge steigen
In überstolzer Pracht,
Ich hab' den Alpenreigen
Erlauscht in stiller Nacht.

Wie weit ich auch geflogen
Mit kecker Wandergier,
Es hat mich heimgezogen,
Mein Heidelberg, zu dir.

Am Neckar auf der Brücke
Da wird das Herz mir groß,
Da heb' ich Haupt und Blicke
Empor zum alten Schloß.

Gott grüß' euch, liebe Mauern,
Im Morgensonnenduft,

Vorüber ist mein Trauern,
Ich atme Heimatsluft.

Gott grüß' euch, stolze Zinnen,
Ihr Giebel hoch und breit,
Gott grüß' auch dich da drinnen,
Du allerschönste Maid!

Ich komm' von weiter Reise,
Bin noch der alte Knab';
Gefällt dir meine Weise,
So horch' auf mich herab.

Laß mir ein Röslein fallen
Und übergib's dem Wind,
Mein Jauchzen soll erschallen
Zu dir hinauf, o Kind!

Mußt mir das Röslein schenken,
Ich steck's auf meinen Hut,
Will ewig dein gedenken,
Bin ja ein treues Blut.

Oh, könnt' ich dich erreichen!
Ach, du stehst viel zu hoch ——
O Schönheit ohnegleichen,
Was tut's? ich lieb' dich doch!

Heidelberg, wach' auf!

O Heidelberg, du Krone,
Du Zier der alten Zeit,

Steh wieder auf und throne
In neuer Herrlichkeit.

Was willst du weiter klagen
Um längstversunknes Glück?
Du mußt zu hoffen wagen,
Und Schönres kehrt zurück.

Was willst du ewig trauern,
Aufseufzend wie der Sturm,
Um die gefallnen Mauern,
Um den geborstnen Turm?

Du sollst nicht länger weinen
Im grauen Büßerkleid,
Schon grüßen dich die Deinen,
Vergiß dein Herzeleid!

Blick' auf nach Strom und Landen!
Ein Wunder ist geschehn:
Das Reich ist auferstanden, —
Auch du sollst auferstehn!

Wir bau'n dir neu die Zinnen,
Wir bau'n dir neu das Dach;
Sollst neue Lust gewinnen
Nach langem Ungemach.

Sollst laut gepriesen werden,
So weit die Sonne schaut,
So weit man singt auf Erden,
Du edle Kaiserbraut!

Marsilius von Inghen.

(Jubelsalamander auf das Gedächtnis des ersten Rektors der Hochschule zu Heidelberg, Anno 1386.)

Marsilius von Inghen,
Du hochgelobter Mann,
Laß dir ein Prosit bringen
Und hör' uns gnädig an.

Vor fünfmalhundert Jahren
Hast du gepflegt dies Haus;
Wir woll'n den Geist bewahren,
Den du gesendet aus.

Der Welt gewalt'ge Stürme
Erschüttern Dom und Schloß,
Es stürzen stolze Türme,
Im Steinwerk nistet Moos.

Doch deine Schule, Vater,
Steht fest vor jedem Schlag,
Es blüht die Alma mater
Schön, wie am ersten Tag.

Marsilius von Inghen,
Altrektor, fromm und brav,
Laß dir ein Prosit bringen,
Ruh' sanft im Todesschlaf!

Dein Werk soll sich bewähren;
Hab' Dank und letzten Gruß!
Schlaf fort in ew'gen Ehren,
Magnifizentissimus!

Der Heidelberger Jubilar.

Sind's denn schon fünfzig Jahr,
— Hilfreicher Gott! —
Daß ich ein Bursche war,
Prächtig und flott?

Daß ich am Ludwigsplatz
Weisheit genoß,
Daß ich den liebsten Schatz
Täglich umschloß?

Daß ich vorüberstrich
Zum großen Faß
Und katzenjämmerlich
Beim „Hirschen" saß?

Daß ich früh morgens hieb
Ueber die Schnur,
Daß ich spät abends blieb
Auf der Mensur?

Daß ich vom Söller weit
Jauchzte zum Strom? — — —
Jugendzeit! Jugendzeit!
Komm wieder, komm!

Seht, ich will tapfer sein,
Stark und gestählt,
Ob mir auch in den Wein
Ein Tränlein fällt.

Bin ich auch längst ergraut,
Frisch, ohne Scheu!

Heidelberg, Herzensbraut,
Dir blieb ich treu!

Wär' ich alt hundert Jahr,
Jung bin ich doch;
Dein bin ich immerdar,
Heidelberg hoch!

Verlassenes Mädchen.

Ich stand im Wald, am grauen Stein
Bei Nacht und Sturm und Regen,
O Gott, ich war so ganz allein —
Da trat er mir entgegen.

Bei brennend roter Fackeln Glut,
Zu Roß, hochaufgerichtet,
Sah er mich an und schwang den Hut —
Ich war beglückt, — vernichtet.

Es weiß kein Mensch um meine Not,
Mein Herz ist mir beklommen;
Ich weiß, das ist mein früher Tod,
Mein Schatz will nicht mehr kommen.

Die wilde Jagd.

Im Wald da geht die wilde Jagd
Seit so viel hundert Jahren,
Da hört man, wenn der Sturmwind klagt,
Den wilden Jäger fahren.

Er kommt auf grauem Wolkenroß
Hoch durch die Luft gezogen,
Und hinter ihm sein Jägertroß
Wie Rabenvolk geflogen.

Bei Tag und Nacht, bei Nacht und Tag
Läßt er sein Weidhorn tönen,
Weil er an Gott nicht glauben mag,
So muß er Gott verhöhnen.

Und wer ihn hört, der säumt sich nicht,
Wirft rasch sich vor dem Reiter
Zur Erde auf das Angesicht, —
Das wilde Heer zieht weiter.

Doch bist du kühn, schaust fest ihn an,
Gleich wird sein Fluch dich packen,
Auf immer ist's um dich getan,
Dein Antlitz steht im Nacken.

Es reißt dich auf, du mußt mit fort,
Du mußt durch alle Zeiten,
Von Gott verdammt, von Ort zu Ort
Auf ewig mit ihm reiten.

O Salzburg!

O Salzburg, o Salzburg,
Du wunderschöne Stadt,
Mit Gottes blauem Himmel, —
Wenn's nicht geregnet hat.

O Salzburg, o Salzburg,
Mit deinem Untersberg,
Wo schlafend sitzt der Kaiser,
Bis ihn erweckt der Zwerg.

O Salzburg, o Salzburg,
Schon sind's viel hundert Jahr,
Daß deine Raben krächzen,
Dein Baum nicht blühend war.

O Salzburg, o Salzburg,
Du Edelstein der Welt,
Wann kommt der Tag der Heerschau
Auf deinem Walserfeld?

Psalm zu Mozarts Requiem.

Herre Gott, du großer Meister,
Der die weite Welt erschaffen,
Dir gehorchen alle Geister,
So die Laien wie die Pfaffen.

Deines Ruhmes ist kein Ende,
Zu dir beten tausend Herzen,
Zitternd heben sich die Hände,
Du gibst Freuden, du gibst Schmerzen.

Stärker, als das stärkste Horn ist,
Redest du aus Ungewittern,
Herre Gott, wenn du im Zorn bist,
Muß die bange Erde zittern.

Zittern muß der Grund der Steine,
Die die Burg des Königs tragen,
Und der Schuld'ge wie der Reine
Muß die Brust in Demut schlagen.

Herre Gott, du wirst die Seele,
Die dich anruft, gnädig richten;
Herre Gott, du wirst die Seele,
Die geliebt hat, nicht vernichten!

Paracelsus von Hohenheim.

O Paracelsus, heil'ger Mann
In deiner Weisheit Völle,
Wir beten dich in Ehrfurcht an
Im „Wirtshaus zu der Hölle".

Das echte Lebenselixier,
Der Wahrheit tiefster Bronnen,
War deinem Geist altbayrisch Bier,
Vom Zapfen frisch gewonnen.

Das groß und kleine Weltgebäu,
Des Universums Tiefen
Studiertest du beim „Höllenbräu",
Wenn Tier und Menschlein schliefen.

Da blicktest du ins feuchte Glas
Und tätst andächtig nippen,
Es wurden dir die Aeuglein naß,
Der Schaum stand vor den Lippen.

Allmitternächtlich tätst du stumm
Den letzten Liter leeren,
Du hörtest im Delirium
Die Harmonie der Sphären.

Sie ließen dich in Acht und Bann
Der bösen Dummheit sterben, —
O Paracelsus, heil'ger Mann,
Sie ließen dich verderben!

Du warst der schlauen Welt zu klug,
Du warst — es ist kein Zweifel, —
Fürs Himmelreich nicht fromm genug:
Drum holte dich der Teufel.

II.

Heimkehr.

Mein Unschätzbarer.

Ach, wie trug man mich auf Händen,
Als das Glück bei mir zu Haus,
Um sich rasch hinweg zu wenden,
Als es mit dem Glücksstern aus.

Du allein bist mir geblieben
Pudeltreu in Pech und Not;
Oh, ich will dich dafür lieben,
Niemand treibe mit dir Spott!

Dir verbarg ich kein Geheimnis,
Dir vertraut' ich manches Wort,
Ohne Zögern, ohne Säumnis
Folgst du mir an jeden Ort.

Schläfst mit mir in gleicher Kammer,
Ist auch noch so eng der Raum,
Teilst Behaglichkeit und Jammer,
Hoffnung und Erinnrungstraum.

Wirst bei Sonnenbrand und Wettern
Mir zum Schutz durchglüht, benetzt,
Und bei Basen und bei Vettern
Werd' ich meist nach dir geschätzt.

Sitzest stumm mit mir bei Tische,
Gönnst mir neidlos jedes Mahl,
Ziehst mit mir hinaus ins frische
Hochgebirg, ins grüne Tal.

Niemals fällt's dir ein, zu klagen,
Heb' ich zürnend auch den Stock,
Aller Welt will ich es sagen
Wer du bist: du bist mein — Rock!

Die Linde im Tal.

Steht eine Linde im tiefen Tal,
Grau und verwittert,
Hoch in den Zweigen der Sonnenstrahl
Goldgrün zittert.

Singen dort mannige Vögelein
Jegliche Stunde,
Singen mir fröhlich ins Herz hinein,
Daß ich gesunde.

Singe nun selber und kehr' zurück,
Tief im Innern
Dämmert von alle dem Leid und Glück
Kaum ein Erinnern.

Ich lausche an der Tür hinein,
Im Hause ist es totenstill.
O Mütterlein, lieb Mütterlein,

Mutter und Kind.

Du wirst gesunden, wenn Gott es will!
Du hast geduldet zwanzig Jahr
Und sagtest nichts und klagtest nichts,
Dein Herz, das soviel Liebe war,
Vielleicht zu dieser Stunde bricht's.

Und wär's, und trüg' man dich hinaus,
Das einzig Letzte, was mich hält,
So scheid' ich arm vom Vaterhaus,
Ein Fremdling in die weite Welt.

O still! das klang von deinem Mund,
Ein Aechzen war's, so schmerzlich tief,
So aus der Mutterseele Grund,
Das bebend meinen Namen rief.

Ich lausche ohne Laut hinein,
Es regt sich, es flüstert, geschwind, geschwind!
Du lebst, du lächelst, mein Mütterlein,
Ich bin so selig, ich bin dein Kind!

Im alten Friedhof zu Gmunden.

Auf diesem kleinen Kirchhof ruht ein Herz,
Das größer war, als tausend, die noch schlagen,
Erschüttert und getäuscht in jungen Tagen,
Vernichtet von des Lebens großem Schmerz.

Kein Totenbild von Marmor oder Erz
Wird je, was du erduldet, würdig sagen.
Verschlossen ist der Mund mit seinen Klagen,
Die reine Seele schwang sich himmelwärts.

Ein alter Ulmbaum steht an deiner Gruft,
Mild, wie dein Atem, weht die Sommerluft,
Turmschwalben bauen ruhig ihre Nester.

Ich möchte scheiden und ich kann nicht fort;
Hast du für unsre Mutter nicht ein Wort?
Bist du auch ewig stumm, geliebte Schwester?

Meiner Mutter
(zum siebenzigsten Geburtstage).

Du gabst das Leben uns mit Schmerzen,
Du hast in mancher dunklen Nacht
Mit deinem treuen Mutterherzen
Für uns gebetet und gewacht.

Du sahst die Töchter früh erbleichen
Und sinken in den bittern Tod,
Du schmücktest ihre jungen Leichen,
Und was du littest, weiß nur Gott.

Es sank ein grenzenloser Jammer,
O Mutter, auf dein heilig Haupt,
Du weintest stumm in deiner Kammer
Und doch hast du an Gott geglaubt.

O sieh! aus dunklen Finsternissen
Lacht wieder hell der Sonnenschein,

Die Nachtgewölke sind zerrissen,
Du bist noch unser — wir sind dein!

Dein Schmerz ist wie ein Traum von gestern —
Aus Leid wird Lust, aus Sturm wird Ruh';
Und statt der frühgeschiednen Schwestern
Führt dir dein Sohn die Gattin zu.

Du großes Herz, gib uns den Segen!
Ich weiß ja, daß dich Gott erhört,
Du bist der Stern auf unsern Wegen,
Der jeden bösen Stern beschwört.

Es glüht die Seele mir wie trunken
Und jubelt, wenn sie dein gedenkt;
Es glüht der heil'ge Gottesfunken,
O Mutter, den du mir geschenkt.

Oh, laß mich deiner würdig werden!
Das sei mein Stolz, das sei dein Lohn,
Das sei mein höchstes Glück auf Erden:
Was ich auch bin — ich bin dein Sohn!

Traunkirchen am See.

Gotteshaus mit ernstem Schweigen
Auf dem grauen Felsen ruht,
Aus der Bäume grünen Zweigen
Schaut es nieder in die Flut.

Wenn es stürmt und wenn es brandet
Unten um des Felsens Fuß,
Heil dem Schiffer, der hier landet,
Weil ihn Gott beschirmen muß.

III.

Fresken aus Wien.

Zueignung meiner „Sulamith".

So bist du ewig, staubgebornes Herz,
   So glühtest du in grauer Vorzeit Tagen,
   So wirst du nach Jahrtausenden noch schlagen
In höchster Freude und im tiefsten Schmerz.

Der Künstler, ob auf Marmor, ob auf Erz,
   Auf Pergament — was kann er Neues sagen?
   Er wiederholt die ewig gleichen Klagen,
Den alten Jubel und den alten Scherz.

So geh denn hin und wandle, mein Gedicht!
   Die grenzenlose Erde steht dir offen,
So geh denn hin und wandle, mein Gedicht!

Und wenn dein Mund zum Menschenherzen spricht,
   Wenn Leid sich freut, wenn Hoffnungslose hoffen:
Das ist der schönste Kranz, den man uns flicht.

Medea.

Medea mit den Kindern, welch ein Bild!
Das bleiche Haupt vom dunklen Haar umflossen,
Zum Streich, der auch die Mutter trifft, entschlossen,
Medea mit den Kindern, welch ein Bild!

Sie zückt den Dolch, allein ihr Jüngstes spielt
Mit einer Blume, sinnvoll halb erschlossen,
Ein Blick aus diesem Kinderaug', dem großen,
Entwaffnet ihre Hand, ihr Herz wird mild.

Doch Gora ruft: Was zögerst du? Er naht,
Er wird dich wieder höhnen, auf, zur Tat!
Medea ist kein Weib, die Kinder sinken. —

Und Jason kommt. Zu spät! Er rettet nicht.
Medea ruft: Aus meinem Angesicht!
Wenn du zur Rechten gehst, ich geh' zur Linken.

Im Münster von St. Stefan.

Erhaben bist du, Dom von grauen Steinen,
In dem ich einst den schönsten Traum erlebte:
Die Orgel sang, und meine Seele bebte,
Mein Herz war voll zum Jauchzen und zum Weinen.

Die unterird'schen Sterne sah ich scheinen,
Die frommen Lichter, Gottes Schatten schwebte
Hoch über uns, und alles Leben lebte
Nur in der höchsten Gegenwart des Einen.

Da, mitten in dem feierlichen Bau,
Wen sah ich stumm an hoher Säule lehnen?
Ich sah nicht mehr des Münsters ew'ges Grau,

Ich sah schon aller Himmel tiefstes Blau
Und blüh'nde Gärten endlos weit sich dehnen,
Und in den Gärten dich, die schönste Frau.

An Christine Hebbel.

Als dir der Tod den edlen Gatten
Mit hochgezücktem Jägerspieß
— Gleich Hagen in des Waldes Schatten —
Am Born des Lebens niederstieß,

Da mußtest du ein Leid ertragen,
Unendlich wie des Lebens Reich;
Da durftest du den Schöpfer fragen:
Wo ist ein Weh, dem meinen gleich?

Und doch, bei Gott! all deine Schmerzen,
O Frau, du trägst sie nicht allein,
Er ward geraubt auch unsern Herzen,
Ja: er war unser und ist dein!

Und nun ist Jahr auf Jahr entschwunden —
Umsonst hat ihn der Neid benagt,
Die Zeit hat ihm den Kranz gewunden;
Du aber — hast genug geklagt!

Horch auf! wie seines Ruhmes Boten
Die Welt durchziehn, es kommt sein Tag;

Oh, mach' dein Herz nicht zu des Toten
Geheimnisvollem Sarkophag!

Er lebt! Du selbst mit heil'gem Beben
Empfindest's tief in sel'ger Lust,
Er lebt in deinem eignen Leben,
Er sprengt sein Grab in deiner Brust.

Heil dir! denn das ist Himmelsmahnung,
In deines Herzens Heiligtum
Verspürst du seines Daseins Ahnung,
Der Tote spricht — und du bist stumm!

Grillparzers Geist.

Ja, du bist tot! O bittre Schicksalslaune!
Ein großes, reiches Leben lang verkannt,
Lebendig — ein Verschollener genannt,
Begraben unterm Sturmstoß der Posaune.

Ich schäme mich, mein Vaterland, und staune,
Daß du den besten Denker hast verbannt,
Bis er zum Greis ward, undankübermannt,
Ich schäme mich, mein Vaterland, und staune.

Zu spät hast du den Lorbeerkranz gereicht
Dem achtzigjähr'gen Haupte, weißgebleicht,
Er ist des Meisters Totenkranz geworden.

Zu späte Ehre kränkt und kann ermorden;
Oh, dreimal weh dem Land, von dem es heißt:
Es haßt die Größe und verdirbt den Geist.

Hans Makart.

Kindergestalten
Und doch keine Kinder,
Ueppige Weiber,
Selige Sünder;
Urnen von Marmor,
Erz und Gestein,
Blaßrote Rosen
Bleichsüchtig drein;
Teppiche, purpurn
Mit leuchtenden Falten,
Faune, die zitternde
Nymphen halten,
Götter des Himmels,
Der Erde, der See,
Lichter und Flammen
Aus Glut und Schnee,
Hülle und Fülle,
Unendliches Gaukeln,
Gondeln, die trunken
Im Meere sich schaukeln;
Fröhliche Geister
In Wald und Flur,
Ewige Wahrheit
Und Unnatur;
Tollhaus der Schönheit,
Gestalten und Lichter — —
Das ist Hans Makart,
Der malende Dichter.
Heil ihm! was er auch sonst verbrach,
Schönres malt ihm kein zweiter nach.

Das Grab von Schönbrunn.

Der Tag ist hold, der Tag ist schön,
Und würzig weht die Luft,
Es spielt um Wald und Bergeshöh'n
Ein zaubervoller Duft.

Der fernen Stadt gedämpfter Schall
Klingt wie ein Rauschen kaum,
Ich hör' das Lied der Nachtigall
Hoch über mir im Baum.

Dort liegt im Sonnenglanz das Schloß,
Des Kaisers altes Haus,
Durch seine Pforten geht der Troß
Der Menschen ein und aus.

Und lachend, schwatzend zieht vorbei
Das Volk des Augenblicks,
Als ob ein ew'ger Sonntag sei,
Ein ew'ger Tag des Glücks.

Du ahnungsloses Volk der Welt,
Horch' auf! ich tu' dir kund,
Was mir die Nachtigall erzählt
Mit ihrem süßen Mund:

Vernichtet war das Vaterland,
Zu Tod verwundet schwer,
Auf unsrer schönen Erde stand
Napoleon, der Herr.

Er saß im Prunksal von Schönbrunn,
Er trank des Kaisers Wein,

Was keiner tat, das will er tun,
Weltkönig will er sein.

Er hört kein Drohn, er hört kein Flehn,
Er schreitet zum Balkon,
Die Kriegesheerschau anzusehn
Bei dumpfer Trommel Ton.

Er steigt hernieder in den Sand
In heißer Sonne Glut,
Drückt manchem tapfern Gast die Hand,
Greift grüßend an den Hut.

Stumpfsinnig steht das Volk umher
Und weidet sich und gafft,
Als ob es nicht geschändet wär'
Durch seiner Feinde Kraft.

Es fühlt nicht Elend, fühlt nicht Spott,
Drängt vor und drängt zurück;
Sein Bändiger ist ihm ein Gott,
Es betet an sein Glück.

Er aber, der so ruhig dort
Das Kriegsvolk musternd steht,
Er ahnt nicht, daß der blut'ge Mord
In Kreise um ihn geht.

Er ahnt nicht, daß ein Auge blickt
Nach ihm voll Haß und Schmerz,
Er ahnt nicht, daß ein Dolch sich zückt,
Geschliffen für sein Herz.

Er ahnt nicht, daß ein zornig Blut
In Jünglingsadern rollt,
Daß unter Bettlern freier Mut,
Empörte Mannheit grollt.

Er ahnt es nicht, weil er's nicht glaubt
In herzlos kalter Ruh', —
Da tritt mit wildumlockten Haupt
Ein Schwärmer auf ihn zu.

Der schlägt den Mantel weit zurück,
Hebt drohend Dolch und Hand
Und ruft: „Geh hin in deinem Glück,
Todfeind von Volk und Land!

Ja, stirb!" — Da wirft der Schergen Troß,
Bevor er's noch vollbringt,
Auf ihn sich, macht ihn waffenlos,
Er kämpft umsonst und ringt.

Man schleppt ihn zu der Wache fort,
Er zeigt nicht Furcht noch Reu',
Er sitzt gefesselt, spricht kein Wort,
Wie ein gefangner Leu.

Der Kaiser selber kommt zu ihm:
„Gib Antwort! Bist du krank?"
Er aber wendet sich voll Grimm,
Schenkt weder Gruß noch Dank.

„Bereu'! ich lass' dich leben, Mann,
Willst du mir danken nun?"
„Hätt' ich es heute nicht getan,
Ich würd' es morgen tun."

„Denkst du an deinen Vater nicht,
An deine Mutter, Sohn?"
„Ich denke an das Weltgericht;
Steigt Ihr herab vom Thron.

Werft Eure Krone in den Sand,
Das Zepter und das Schwert,
Gebt frei mein armes Vaterland!
Denn Ihr seid todeswert.

Vollzieht an mir, was Euch gefällt,
Werft mich in ew'ge Haft!
Noch hat kein Großer dieser Welt
Gefrevelt ungestraft."

„Es wird dich reu'n, was du gesagt."
„Nein! Wahrheit ist mir Lust.
Ihr tötet alles, gut! so jagt
Das Blei in meine Brust!

Ich will hinaus zum Tode gehn
Mit heiterm Jünglingsmut,
Es wird ein Rächer auferstehn
Aus meinem armen Blut."

Der Kaiser horcht, der Kaiser sinnt,
Spricht dann das letzte Wort:
„So stirb! du hast den Tod verdient"
Und wandelt schweigend fort.

Es war ein goldner Sonnentag,
Und lieblich war die Luft,
Auf Wäldern und auf Feldern lag
Ein wehmutvoller Duft.

Der fernen Stadt verlorner Schall
Klang wie ein Rauschen kaum,
Es sang wohl auch die Nachtigall
Ihr Lied auf diesem Baum.

Zwölf Grenadiere traten an,
Und vor dem Baume frei
Stand furchtlos der verlorne Mann,
Ihn traf das Todesblei.

Und seitwärts höhlten sie ein Grab
Am Fuß der Eiche auf
Und senkten seinen Leib hinab
Und warfen Erde drauf. — —

Das Volk, das zog vieltausendmal
Den Garten auf und ab,
Es hörte nicht die Nachtigall,
Es wußte nichts vom Grab.

Es ging am Baume unbewußt
Vorbei mit leichtem Schritt,
Nicht ahnend, daß es auf die Brust
Des edlen Rächers tritt.

Ich aber gab dir heute kund,
Leichtblütig Volk der Welt,
Was mir mit ihrem süßen Mund
Die Nachtigall erzählt.

Makarts Tod.

So bist du dahin,
Du blühendes Leben?

Du Schaffen und Streben,
So bist du dahin?
So bist du tot,
Du Morgenrot?

Ist kalt deine Hand,
Die so kühn verstand
Des Daseins Gestalten
Festzuhalten?
Auf ewig dahin
Der muntere Sinn,
Die Seele entschwunden,
Die ungebunden
Mit Jünglingsflügelschlag
Genoß den Tag?

Du hast des Lebens Grau in Grau
Verwandelt zu der goldnen Au,
Hast uns des Himmels Glanz erschlossen
Und bist nun selbst in Nacht gestoßen;
Des Todes Schatten hüllt dich ein,
Mußt selbst in ew'gem Dunkel sein.
Oh, sei dir in des Grabes Frieden
Ein ew'ger Feuertraum beschieden!

Betti Paoli
(zum siebenzigsten Geburtstage).

Du standst im Morgensonnenschein,
Dein Gärtlein lag in Duft und Schimmer;
Du schaust ins Abendrot hinein,
Und deine Blumen blühn noch immer.

Josefine.

Wenn meines Lebens treue Lichtgestalten
Im Traume oft durch meine Seele gehn,
Wenn gute Geister Einkehr bei mir halten,
Dann seh' ich dich als meinen Cherub stehn.

So freut sich wohl der Wandrer in der Wüste,
Wenn er das Flüstern eines Quells vernimmt,
So jauchzt empor der Schiffer nach der Küste,
Wenn er das steile Rettungsriff erklimmt.

So jubelt der Verbannte, wenn er wieder
Betreten darf der Heimaterde Grund,
Er sinkt von Lust und Weh erschüttert nieder,
Es spricht sein Herz, doch wortlos ist sein Mund.

Du guter Geist, was konnt' ich je dir geben?
Das Schicksal stieß mich lieblos rauh zurück,
Du aber gabst mir neue Kraft zu leben
Und Hoffnungsmut und Schaffenstrotz und Glück.

Betaut sind meines Lebens dürre Halme,
Ein zweiter Frühling blüht durch dich mir zu!
Du willst den Dank nicht? Oh, so nimm die Palme,
Und was ich schaffe — das erschaffst ja du!

IV.

Hermine Blum.

Die Blume der Anmut.

Wer's Kräutlein Schabab pflückt im Wald,
Mit Zaubersaft beschrieben,
Der hat auf jedes Herz Gewalt,
Und alles muß ihn lieben.

Das wirkt bei Tag, das wirkt bei Nacht,
Das wirkt zu allen Stunden,
Ich hab' dich heimlich in Verdacht,
Du hast das Kraut gefunden.

Verständigung.

Ich war so einsam in der Welt,
Ein Gast aus fernen Landen,
Es fragte niemand, was mir fehlt',
Hat niemand mich verstanden.

Nur deiner Augen stiller Blick
Und deines Herzens Pochen,
Die haben mir vom schönsten Glück
Ein leises Wort gesprochen.

Glück.

Wird's plötzlich Frühling? Blühn aus Schnee und Eis
Die duft'gen Blumen? Rauscht der blaue Flieder?
Umbrausen mich des Waldes ew'ge Lieder?
Ich weiß es nicht, nur eins ist's, was ich weiß:

Kein Mensch auf dieser Erde großem Kreis,
Soweit die ew'ge Sonne schaut hernieder,
Ist glücklich so wie ich; ich seh' dich wieder,
Ich höre deine Stimme sanft und leis.

Und nun will ich auch nie mehr von dir gehn,
Will nie mehr einer andern Stimme lauschen,
Mich nie in einem andern Blick berauschen,

Als nur in deinem. Laß es doch geschehn!
Ich hab' zu tief, wie lieb du bist, empfunden:
Nicht ich hab' dich, — du hast mich überwunden!

Ständchen.

Mein Lieb, du bist die Nachtigall,
Die nur in dunklen Nächten singt,
Mein Lieb, du bist ein Lerchenruf,
Der in den blauen Himmel dringt.

Mein Lieb, du bist der Rose Duft,
Der meine Sinne taumelnd küßt,
Du bist das Veilchen, das mich still
In deinem grünen Garten grüßt.

Mein Lieb, du bist der Sonnenschein,
Des ew'gen Himmels ew'ge Glut,
Die auf den höchsten Bergen brennt
Und in den tiefsten Tälern ruht.

Mein Lieb, du bist wie Gottes Hauch,
Der mir das Herz erfüllt mit Ruh', —
Was lieb und schön ist in der Welt,
Was lieb und schön ist, — das bist du!

Neues Leben.

Der Frühling kommt, eine Braut ist die Welt,
Es duften und grünen die Matten,
Es jagen so lustig über das Feld
Die Wolken, wie wandelnde Schatten.

Der Frühling sendet schon für und für
Seine Blumen, die lieblichen Boten;
Ich komme vorbei an des Kirchhofs Tür:
Steht auf! oh, steht auf, all ihr Toten! —

Auf dem Berge dort hebt sich ein alter Baum,
Da ruh' ich im Schatten so gerne;
Es dämmert die Stadt wie ein steinerner Traum
Und grüßt herauf aus der Ferne.

Und es funkelt das Kreuz mit dem alten Turm,
Die Glocken, die klingen und läuten;

Durch die Zweige hoch fährt der Frühlingssturm,
Soll's ein Grüßen von dir bedeuten?

Mein Friedensort.

Das war die schönste meiner Stunden,
Als ich geführt von deiner Hand,
Dem lauten Lärm der Welt entschwunden,
Im Stübchen deiner Kindheit stand.

Kein böser Geist umschleicht die Schwelle,
Wo rein selbst die Gedanken sind;
Es wacht ob deiner Schlummerstelle
Die Muttergottes mit dem Kind.

Mir ist, als ob die Bilder grüßten
Herniederlächelnd von der Wand;
Vor deiner Meister Lieblingsbüsten
Steh' ich verzaubert und gebannt.

Durchs Fenster schaut der Himmel sonnig,
Die Fichte rauscht vom Wind bewegt,
Und Blumen blühn und duften wonnig,
Von deiner lieben Hand gepflegt.

Du selbst, die schönste der Gestalten,
Schaust treu mich an, ich glaub' es kaum,
Und deine lieben Hände halten
Mich fest und fester, wie im Traum.

Ja, hier muß jedes Herzweh heilen!
Bei dir ist Wahrheit, Unschuld, Glück.
Oh, dürft' ich nie von hinnen eilen
Und nie mehr in die Welt zurück!

Zukunft.

Hier unter diesen grünen Bäumen,
Hier ist's so einsam, hier ist Ruh'.
Laß mich von unsrer Zukunft träumen,
Geliebtes Herz, und hör' mir zu.

Ich kann dir nicht mit Worten sagen,
Wie froh, wie reich du mich gemacht,
Du Sonnenlicht in Maientagen,
Du Stern in blauer Sommernacht!

Ich weiß, so wird's nicht immer bleiben,
Der Frühling blüht nicht immerfort,
Der Herbstwind wird die Blätter treiben,
Es muß der Mensch von Ort zu Ort.

Das schönste Traumbild muß zerstieben,
Auch uns ergreift des Lebens Schmerz:
Ich aber will dich immer lieben,
Und du wirst treu sein, holdes Herz!

Eins und alles.

So ist mein Herz, es will nicht leiden,
Daß du noch irgendwem gehörst,
So ist mein Herz, o hilf uns beiden,
Indem du diesen Wahn zerstörst.

Und wie du meinen Geist bezwungen,
So treib ihn, daß er auf sich schwingt,
Das wird von allen Huldigungen
Die höchste, die ein Mensch dir bringt.

V.

Gestalten.

Der Spielmann auf dem Kahlenberg.

Oh, quält mich nicht mit Fragen,
Wo meine Heimat sei,
Ich kann es euch nicht sagen,
Ich bin ja vogelfrei.

Was weiß der Fink vom Baume,
Vom Strauch die Nachtigall?
Sie singen wie im Traume
Mit freudig süßem Schall.

Der Wind, der macht das Wetter,
Der Sturm, der hebt den Staub,
Der Strom entführt die Blätter —
Auch ich bin solch ein Laub.

Gar leicht ist meine Habe,
So wall' ich hin und her,

Ich bin ein freier Knabe,
Ein Spielmann trägt nicht schwer.

O Kahlenberg, wie gerne
Steh' ich auf deinen Höh'n
Und schau' in blaue Ferne
Und sing': Die Welt ist schön!

Mein Zepter ist die Fiedel,
Mir ist kein Herzog gleich,
Und alles liebt mein Liedel —
Gott grüß' dich, Oesterreich!

Tropfen und Meer.

Es sinkt vom hohen Himmel
Ein Tropfen silbergrau;
Das ist der Lebensbringer,
Das ist der ew'ge Tau.
Er ist dem Meer entstiegen,
Wie Venus, in der Nacht,
Er schmückt die dunkle Erde,
Daß sie glänzt und funkelt und lacht.

Er schmückt die höchsten Berge,
Daß sie glühn im Morgenstrahl,
Er schmückt die kleinste Blume,
Daß sie duftet im tiefsten Tal.
Es rauschen die Quellen hernieder
Aus des Berges steinerner Brust,
Es rieseln die tausend Bäche,
Es wandeln die Ströme mit Lust.

Und an der Ströme Ufern
Da wohnt der Menschen Geschlecht,
Die leben in Arbeit und Sorge,
In Freude und Frieden und Recht.
Sie alle blicken verlangend
Empor zu des Himmels Blau,
Auf alle senkt sich hernieder
Der Lebensbringer, der Tau.

Der wandelt sich rieselnd zum Regen
In brennender Sommerszeit,
Er schenkt der darbenden Erde
Ihr schönes, grünes Kleid.
Er treibt das Gewässer der Mühle,
Er befruchtet den fruchtlosen Sand,
Er verwandelt die Heide zur Weide,
Er segnet das Ackerland.

Aber endlos kommen die Wolken,
Die grauen Töchter der Luft,
Sie schweben um Berge und Wälder,
Ihr Führer, der Sturmwind ruft.
Es ist nicht mehr das liebliche Säuseln,
Das Veilchen und Rosen erweckt,
Es ist ein Aechzen und Stöhnen,
Das Erde und Himmel schreckt.

Das sind nicht mehr die silbernen Tropfen
Auf duftigem Laub und Klee,
Es schütteln aus frostigen Schleiern
Die Wolken Eis und Schnee.
Und wo nur Menschen wohnen
Am einsamen Gestad',

In Dörfern und in Weilern,
In wohlummauerter Stadt,

Da zieht kein Schiff durch die Wogen,
Der Strom ist still und starr,
Unwillig beugt er den Nacken
Als eisige Brücke dar.
Er liegt in kristallenen Banden,
Doch knirscht er in seiner Haft —
Oh, hütet euch! er schläft nur
Und träumt — von seiner Kraft.

Noch trägt er gewaltige Lasten
Auf seinem Riesenleib,
Er duldet der Menschenspiele
Mutwilligen Zeitvertreib.
Doch plötzlich kann er erwachen,
Erwärmt vom Sonnenblick,
Und seines Panzers Ringe
Abschütteln Stück für Stück.

Ihr träumt vielleicht im Schlummer
Und ahnt nicht, daß er's tut —
Ihr Menschen an den Ufern,
Oh, seid auf eurer Hut!
Bald wird der Strom zerreißen
Sein ehernes Gewand,
Das Grundeis wird zerbersten,
Versinken wird das Land.

Und wo nur Menschen wohnen
Am einsamen Gestad',
In Dörfern und in Weilern,
In hochgetürmter Stadt,

Da faßt der Strom die Brücken,
Zerbricht sie Joch für Joch,
Schäumt über seine Ufer,
Kein Damm ist ihm zu hoch.

Nun weckt ein Schrei des Schreckens
Die Schläfer aus dem Schlaf:
„Das Wasser kommt! das Wasser!
Ihr Männer, rettet brav!"
Kein Fels und keine Klippe
Ruft halt! der zorn'gen Flut,
Was jüngst den Strom gebändigt,
Versinkt vor seiner Wut.

Hört ihr das wilde Treiben?
Es überheult der Sturm
Den Jammerruf der Menschen,
Den Glockenschlag vom Turm.
Nun ist's nicht mehr der Tropfen,
Der liebevoll erquickt,
Es ist ein — Meer geworden,
Das tötet und erstickt.

Dort kriecht aufs Dach der Hütte
Der Notgenossen Schwarm,
Hier sinkt ein Weib hinunter,
Ihr einzig' Kind im Arm.
Den einen trägt ans Ufer
Ein morsches, dürres Brett,
Dem andern wird zum Sarge
Sein eignes Schlummerbett.

Seht, bei dem Schein der Fackeln,
Der überm Wasser blinkt,

Taucht hoffnungslos ein bleiches
Antlitz empor und — sinkt.
Und durch das laute Toben
Der Brandung dringt ein Schrei
Und wird nicht mehr verstanden,
Und alles ist vorbei.

O Menschenherz! Nun kannst du
Erproben deine Kraft,
Im Augenblick des Todes
Verstummt die Leidenschaft.
Jetzt wirft sich treue Liebe
Für Liebe in den Tod,
Jetzt wird der Feind zum Freunde,
Jetzt wird der Mensch zum — Gott.

Und wieder strahlt die Sonne
Herab vom Himmelsblau,
Und auf den Gräbern funkelt
Der Lebensbringer, Tau.
Da singt ein Chor von Männern:
Ist auch das Herz uns schwer,
Es lebt die Menschenliebe,
Gewaltig, wie das Meer,

Und wenn die Sonne funkelt
Herab vom Himmelsblau,
So denkt nicht an die Wolke,
An Sturm und Nebelgrau.
Der Tropfen wird geboren,
Der Tropfen muß vergehn,
Die Menschen müssen sterben,
Die Menschheit wird bestehn.

Das Märchen vom verlornen Tal.

Es war ein Kreis von muntern Gästen,
Wir saßen vor dem Sennerhaus
Und schlürften von des Weines Resten
Und schauten weit ins Land hinaus.

Da ward geschwätzt von seltnen Dingen,
Von Schätzen, die kein Mensch noch hob,
Ein jeder wollt' sein Scherflein bringen,
Und laut begann der Schönheit Lob.

Ein alter Bursch pries Rheinlands Reben,
Ein Fräulein schwärmte für Paris,
Ein Künstler ließ Italien leben —
So stritt man scharf für das, für dies.

Schon fing das Mondlicht an zu blitzen
Durch dunkle Zweige, mild und klar,
Da sah ich einen Jäger sitzen
Mit silberweißem Bart und Haar.

Ich rief: „Was hört man nicht den Alten,
Den Mann, der hundert Märchen weiß?"
Der schien nur stolz an sich zu halten,
Bis alles still war rings im Kreis.

Dann hob er's Haupt, begann zu sprechen;
Urkräftig klang ein jedes Wort,
Es klang als wie von Bergesbächen,
Wenn sie zur Tiefe rauschen fort.

„Euch mag der Rheinwein köstlich munden,
Schön ist die Welt wohl überall —

Das Schönste doch hab' ich gefunden,
Ich — ich war im verlornen Tal." —

"Verlornes Tal?" so ging's im Kreise,
"Was ist das? alter Mann, erzählt!"
Der schien mit sich zu murmeln leise
Im Traum von einer andern Welt.

"Habt ihr noch nie von jenem Reigen
Gehört, der so bezaubernd klingt,
Daß alle Erdenstimmen schweigen,
Wenn er zum Menschenherzen dringt?

Ihr fühlt euch fort und fort gezogen,
Beseligt atmet eure Brust,
Ihr seid beglückt und seid betrogen,
Ihr folgt dem Zauber unbewußt.

Und also ward auch ich gefangen;
Den Weg verlor ich, Gott weiß wie!
Den ich schon tausendmal gegangen,
So weltfremd war's weitum noch nie.

So endlos war der Wald, der tiefe,
Und so verlockend süß der Schall,
Und immer war's, als ob's mich riefe:
Komm, Bursche, ins verlorne Tal!

Ich fühlte nichts von Dorn und Zweigen,
Ich hörte nur, es ruft, es ruft,
Aufjauchzend klang's wie Tanz und Geigen,
Da lag's vor mir in tiefster Kluft!

Das schönste Tal, rings eingeschlossen
Von Bergen, ewig überschneit,

Von Alpenpurpurglut umflossen,
Stolz, unberührt von Welt und Zeit.

So tiefblau sah ich nie den Himmel;
Ich stieg hinunter wie im Traum,
Und mischte froh mich ins Gewimmel
Der Burschen unterm Lindenbaum.

So seltsam sah ich nie noch Trachten
Von Mann und Weib wo anderwärts,
Und wenn die schönsten Dirnen lachten,
Es ging mir wie ein Stich durchs Herz.

Es war ein Schauder, der mich packte:
Weiß Gott, was das für Menschen sind!
Auch fiel mir ein, die Muhme sagte:
Gib acht, du bist ein Sonntagskind!

Ein Bub, am Tag des Herrn geboren,
Wird leicht von einem Alp betört,
Geht leicht im dunkeln Wald verloren
Und hört, was nie ein andrer hört.

Mein klopfend Herz ward mir zu enge;
Da sah ich stehn ein schönes Kind,
Ich grüßte sie und ins Gedränge
Zog ich zum Tanze sie geschwind.

Das war ein Glühn, das war ein Beben!
Wir sagten leis uns du und ich! —
Das war ein neugebornes Leben
Bis zu dem letzten Geigenstrich!

Noch hatt' ich nie mein Herz verloren
Mit solcher Lust, mit solcher Qual,

Noch hatt' ich keiner Dirn' geschworen
So Süßes, wie der Dirn' vom Tal!

Und sanft entzog ich sie dem Treiben
Und rief: „Kind, mir gefällt's bei euch!
Wo wohnst du? Laß mich bei dir bleiben' —
Da ward sie plötzlich totenbleich.

‚Leb' wohl! Geh fort, es will schon dunkeln,
Kalt durch die Zweige streicht der Wind,
Komm wieder, eh' die Sterne funkeln,
Doch schweig vor jedem Menschenkind!

Wenn du mich liebst, geh heim zur Muhme,
Hier ist nicht gut sein in der Nacht.'
Sie gab mir eine rote Blume
Und hat geweint und hat gelacht.

Ich küßte sie auf Mund und Wangen
Und rief: ‚Leb' wohl! Auf Wiedersehn!'
Ich grüßte sie und bin gegangen —
Sie aber blieb noch lange stehn.

Ich winkte hoch herab vom Berge,
Dann zog ich Schlucht und Wald hinaus
So rasch, als folgte mir ein Scherge,
Schlich heimlich in der Muhme Haus.

Die aber wachte noch voll Kummer
— Das hatt' ich leider nicht bedacht —
Die gönnte sich nicht Ruh' noch Schlummer:
‚Mein Kind, wo weilst du in der Nacht?

Bald tret' ich an die große Reise
Zum Vater und zur Mutter dein;

Ich pflegte dich, du arme Waise,
Bis heute bliebst du fromm und rein.' —

‚Auch heute bin ich's, gute Muhme,
Und bleiben werd' ich's überall!' —
Und selig zeigt' ich ihr die Blume
Des Mädchens vom verlornen Tal.

Und nun erzählt' ich ohne Ende
Was ich gesehn, gehofft, geglaubt,
Sie legte zitternd ihre Hände
Mir schwer und schweigend auf das Haupt.

Die Muhme starb. Ich schied vom Grabe
Und träumend schritt ich durch den Wald,
Wenn ich auch nichts auf Erden habe,
Mein liebes Liebchen find' ich bald! —

Ich bin gewandert manche Stunde,
Ich bin gewandert manchen Tag,
Kein Hirt, kein Jäger gab mir Kunde,
Wo meines Liebchens Heimat lag.

Der Sonne Licht, der Sterne Flammen,
Sie führten mich wohl kreuz und quer,
Und hoffnungslos brach ich zusammen,
Mein Liebchen sah ich nimmermehr.

Und seht, so bin ich alt geworden,
Auf meinem Scheitel liegt der Schnee,
Doch täglich, wenn die Berge dorten
Im Spätrot glühn, erwacht mein Weh.

Bald kehr' ich heim zur alten Muhme
Beim Alpenglühn der Ewigkeit,

Auf meiner Brust die rote Blume —
Oh, dann ist's Wiedersehenszeit!

Dann wird vom Aug' der Schleier sinken,
Jung werd' ich sein, wie dazumal;
Dann wird sie mir zur Linde winken,
Dann bleib' ich im verlornen Tal!" —

Franz Schubert.

Stimmet an die frohen Weisen,
Brausend mit des Jubels Klang!
Schuberts Lied soll Schubert preisen
Mit unsterblichem Gesang.

Mancher Sänger hat gesungen
Von des Lebens Lust und Schmerz,
Keiner hat so hold bezwungen,
So bezaubernd unser Herz.

Ob sein Lied auf Lerchenschwingen
Sonnenhaft entstieg dem Tal,
Ob er's nächtlich ließ erklingen
Klagend wie die Nachtigall:

Immer war sein Herz erhaben,
Nur dem Höchsten zugekehrt;
Nach des Glücks gemeinen Gaben
Hat er selbstlos nie begehrt.

Arm und dürftig war sein Leben,
Ach, ihm war so viel versagt,
Stolz, mit leisem Herzensbeben
Hat er's nur im Lied geklagt.

Oft in seines Stübchens Raume
Saß die Sorge stumm und bleich,
Doch in seinem Künstlertraume
Schuf er sich ein Königreich.

Ungestört vom Lärm der Menge,
In verborgner Einsamkeit
Ging er seine Göttergänge,
Fern vom Götzendienst der Zeit.

Tief ins Dunkel eingesponnen,
Unberührt von Haß und Gunst,
Trank er an des Lebens Bronnen,
Aus dem ew'gen Quell der Kunst.

Und der Quell begann zu rauschen,
Lieder klangen aus dem Schwall,
Und sein Herz begann zu lauschen
Auf den eignen Widerhall.

Heidenröslein hört' er flüstern
Und den Wandrer sieht er gehn,
Sieht am Weidenbusch, dem düstern,
Erlenkönigs Töchter stehn.

Gretchen, wie ein Bild der Gnade,
Spinnt und singt: „Mein Ruh' ist hin!"
Und auf grünem Waldespfade
Kommt die schöne Müllerin.

Mignon sehnt sich nach der Ferne,
Nach des Südens Zauberland,
Und der Harfner grüßt die Sterne,
Ossians Schatten schwebt am Strand. —

Ueberm Wasser tönt der Geister
Sturmgesang und Schicksalsgruß;
Sei lebendig, ruft der Meister,
Gruppe aus dem Tartarus!

Auf des Ständchens holden Reigen
Horcht die Liebe selig stumm,
Aus des Lindenbaumes Zweigen
Klingt's wie aus Elysium.

Eine schwermutvolle Weise
Spielt der Meister, ernst und bang,
Rüstet sich zur Winterreise,
Zu des Lebens letztem Gang.

Spielt und scheidet. Und die Ahnung,
Daß ein großer Meister schied,
Bebt durch jedes Herz als Mahnung
Bei dem Klang von seinem Lied.

Stimmet an die hohen Weisen
Brausend mit des Jubels Klang!
Schuberts Lied soll Schubert preisen
Mit unsterblichem Gesang.

Lessings Geist.
(Zur Einleitung und Verbindung lebender Bilder vorgetragen
am 15. Februar 1881 im Landestheater zu Linz a. d. Donau.)

So arm ist kein Geschlecht, daß es bescheiden
Dem Genius ein Lorbeerblatt nicht schenkt,
So stumpf kein Volk für Taten und für Leiden,
Daß es der eignen Größe nicht gedenkt.

O deutsches Volk, du herrlichstes von allen,
Jahrtausend alt — und dennoch ewig jung,
Aus unsrer Seele soll dein Lob erschallen,
Du heil'ge Quelle der Begeisterung!

Und Pflicht sei's uns in diesen schweren Tagen,
Des edlen Bluts der Ahnen wert zu sein
Und Stein auf Stein zum Bau herbeizutragen,
Der mehr bedeutet, als der Dom am Rhein.

Es ist kein Bau aus Quadern und aus Erzen
— (Der Stein verwittert und das Erz erbebt) —
Es ist ein Bau aus Millionen Herzen,
Der — wenn auch ein Jahrtausend stirbt — noch lebt.

Und das bedenkend, feiern wir den Guten,
Der unsern größten Geistern brach die Bahn,
Wir feiern ihn mit der Begeistrung Gluten,
Lessing, den Dichter und den edlen Mann.

Vor hundert Jahren! Faßt euch nicht ein Schauer?
Liegt in dem kleinen Wort nicht eine Welt?
Oh, wieviel Hoffnung, Täuschung, Schuld und Trauer
Durchwandelte der Erde weites Feld!

Des Geistes und des Leibes mächt'ge Waffen
Empörten sich und wurden müd gestreckt,
Deutschland verschwand und wurde neu erschaffen,
Und jetzt erst ist uns Lessing ganz erweckt.

Fern sei von mir, daß ich, ein müß'ger Richter,
Ausschöpfen wollte seinen alten Ruhm,
Auf dieser Bühne lebt ja nur der Dichter,
Der Mensch ist aller Menschheit Eigentum.

So steigt denn auf, ihr lächelnden Gestalten,
Ihr schönen Kinder seiner heitern Kunst!
Oh, laßt euch hold wie Traumesbilder halten,
Verschwindet nicht zu schnell in Nacht und Dunst.

Zeig', Tellheim, dich, vom schnöden Glück verlassen;
Ob deinem Wort die Welt mit Undank lohnt,
Dein braves Herz versucht umsonst zu hassen, —
O glücklich Herz, in dem die Liebe wohnt!

Minna von Barnhelm, der du willst entsagen,
— Denn edle Größe schätzt sich selbst gering —
In Liebesfesseln hat sie dich geschlagen
Und gibt dir lächelnd der Verlobung Ring.

Emilia Galotti, teurer Schatten,
Du klammerst dich an deines Vaters Arm,
Der freche Mord erschlug dir deinen Gatten,
Du bist so schön, so jung, — dein Blut ist warm.

Gewalt hielt dich im Fürstenschloß gefangen,
Und keine Macht befreit' dich aus der Not,
Das Abendrot der Unschuld auf den Wangen
Erflehst vom eignen Vater du den Tod.

O düstres Bild des Jammers und der Schmerzen!
So blickte einst Virginius starr und blind,
Den Dolch begrabend in Virginias Herzen —
Und so heilt Odoardo auch sein Kind.

Nun sollt ihr noch den edlen Greis erblicken,
Nathan den Weisen, jenen Menschenfreund,
Der nimmer müd wird, andre zu beglücken,
Seht ihn, wie er vor Saladin erscheint!

„Unduldsam ist die Welt seit alten Tagen,
Ob Muselmann, ob Jude oder Christ,"
— Spricht Saladin — „kannst du mir, Nathan, sagen,
Wer in der Welt des rechten Glaubens ist?"

Da sinnt der Greis, lang will's ihm nicht gelingen,
Doch endlich spricht er: „Wenn du mir's erlaubst,
Erzähl' ich dir ein Märchen von drei Ringen,
Vielleicht, daß du an dieses Märchen glaubst.

Ein Vater hatte einst von lieben Händen
Empfangen einen Ring von seltner Kraft,
Der konnte mit geheimem Zauber wenden
Von seinen Trägern Schuld und Leidenschaft.

Er konnte den, an dessen Hand er funkelt',
Verwandeln in ein gottgeliebtes Kind,
Dem sünd'ger Haß die Seele nie verdunkelt —
Da rief der Tod den Vater heim geschwind.

Drei Söhne hat der Greis, die sollten erben,
Doch jeden hat der Alte treu geliebt
Und jedem auch verspricht er noch im Sterben,
Daß er nur ihm allein das Kleinod gibt.

Längst hat der Greis, den künft'gen Hader ahnend,
Den Ring ersetzt durch weise Goldschmiedskunst,
Und alle drei zu gleicher Lieb' ermahnend
Stirbt er, und jeder glaubt an seine Gunst.

Doch, wie sich nun der Ringe Kraft soll zeigen
Und jeder stolz von seinem Kleinod spricht,
Da ist wohl jedem Haß und Hochmut eigen,
Doch Gottes und der Menschen Liebe nicht.

Ein strenger Richter, dem sie sich vertrauen,
Der urteilt: ‚Ener Kleinod ist gering!
Laßt Gott und Welt euch in die Seele schauen —
Ein guter Mensch hat auch den echten Ring!'"

Was ihr gesehn, behaltet treu im Herzen
Und hütet fromm, was Lessing euch vertraut,
Nur dann wird ja, und wär's auch unter Schmerzen,
Der Dom des deutschen Geistes auserbaut!

Du großer Meister, den wir liebend feiern,
Der uns befreit hat von des Irrtums Nacht,
Vergönn' uns, daß wir fromm dein Bild entschleiern,
Sei uns lebendig, neu vom Tod erwacht!

Du bist lebendig, — ob auch ein Jahrhundert
Dahinschritt langsam über deine Gruft,
Dein Auge nur blickt traurig und verwundert,
Daß immer noch dein Volk so schmerzlich ruft.

„Wann wird es Licht?" so scheint dein Blick zu fragen,
„Noch dämmert's rings von Nebeln weit und breit."
O Lessing! Lessing! einmal wird's doch tagen!
Wir denken dran und rüsten uns zum Streit.

In deinem Geiste werden wir erstarken,
Dann wird das Grau der alten Nacht vergehn,
Dann wird das Volk der schönsten deutschen Marken
Im Zauberlicht der Geistesfreiheit stehn.

Dem Reichskanzler Fürsten Bismarck.

(Nach der Polenrede im preußischen Abgeordnetenhause, 1886.)

Erhabner Meister, du hast recht!
Du hast zu allen Stunden
Für dein germanisches Geschlecht
Ein warnend Wort gefunden.

Du bist der treue Waffenschmied,
Der, eh' der Morgen dämmert,
Des Reiches Rüstung Glied für Glied
In seiner Werkstatt hämmert.

Der Einz'ge bist du, der nicht ruht,
Wenn Erd' und Himmel dunkelt,
Bis herrlich bei der Flammen Glut
Des Reiches Erzhelm funkelt.

Oh, hämmre bis zum letzten Schlag!
Dann schleudre fort den Hammer,
Steh auf und laß den lichten Tag
In deine Waffenkammer.

Von deiner Stirne wisch' den Schweiß;
Es wird dein Werk dich loben,
Wenn unter Schlägen hart und heiß
Das Erz sich muß erproben.

Trag selbst das Kleid, das du gemacht,
Helm, Panzer, Schild und Wehre,
So droht uns keine Hunnenschlacht,
Und dein ist Ruhm und Ehre!

VI.

Pro patria.

Fahnenspruch der Veteranen.

Heil dir, du schönes Siegeszeichen,
Geschmückt mit edler Blumen Zier!
Heil dir im Ehrenschmuck, dem reichen,
Du stolzes, freudiges Panier!

Nicht vor den Feind soll man dich tragen
Zum Schlachtfeld, blutig und bestaubt,
Als Bild des Friedens sollst du ragen
Hoch über aller Krieger Haupt.

Nicht alte Wunden, alte Schmerzen
Soll deiner Schönheit Bild erneu'n,
    Erquicken sollst du tapfere Herzen
Und Greise jünglingsfroh erfreu'n.

Nur zu des Jahres höchsten Festen
Entfalte du der Schwingen Pracht,

Dann zeig' dich herrlich allen Gästen,
Du Bild der Treue und der Macht!

Laß aller Krieger Aug' sich weiden
An deinem Spiel in freier Luft —
Und will ein Bruder von uns scheiden,
So senk' dich sanft auf seine Gruft.

Geweiht sollst du ums Haupt uns schweben
Und stiften ewiger Einheit Band
Und segnen uns auf Tod und Leben
Für Gott und Fürst und Vaterland!

Erblands Huldigung.

(Festprolog der Austria zur Feier des sechshundertjährigen
Jubiläums des Hauses Habsburg in den österreichischen
Erblanden, am 27. Dezember 1882 gesprochen im Landes=
theater zu Linz an der Donau.)

Seid mir gegrüßt in dieser heil'gen Stunde,
Die Gott gehört, dem Kaiser und dem Reich,
Willkommen! ruf' ich mit glückfel'gem Munde,
Wie eine Mutter tret' ich unter euch.

O meine Kinder, horcht und laßt euch sagen,
Was meine Seele wie ein Traum durchzieht;
Ein Königsmärchen ist's aus alten Tagen,
Ernst wie die Wahrheit, lieblich wie ein Lied.

Und es geschah vor sechsmalhundert Jahren,
Da blutete vor Haß und Weh die Welt,
Doch freudig kam der Mann des Heils gefahren,
Rudolf von Habsburg, unser teurer Held.

Verkünd' ich neu, was alte Lieder loben?
Sein Herz war rein, und stark war seine Hand,
Vom Schicksal auf den Kaiserthron erhoben,
Mit Sieg gekrönt betrat er unser Land.

O schönster Tag! da schlugen tausend Herzen,
Da ward es licht nach langer, dunkler Nacht,
Da schwieg der Kampf, da heilten blut'ge Schmerzen,
Und neu erblühte Oesterreichs alte Macht.

Nun war für uns ein freud'ger Trost gefunden
Nach langem Leid um Babenbergs Geschlecht,
Das allzufrüh und glorreich uns entschwunden,
Rudolf von Habsburg schirmte unser Recht.

Nun schmückten wir mit Tannengrün die Häuser,
Der Herold blies, die Glocke klang vom Turm,
Und alles rief: „Erhalte Gott den Kaiser,
Er ist ein fester Fels in jedem Sturm!

Er ist ein Schwert, das wacht ob unsern Wegen,
Er schützt die Straße, er befreit den Strom,
Er trifft den Frevler mit gewaltigen Schlägen,
Er ist gerecht und weise, er ist fromm." —

So jauchzten wir. Was wir begeistert riefen,
Das wälzte sich hinab am Donaustrand,
Das zog dahin durch aller Täler Tiefen,
Das stieg empor zum höchsten Alpenland.

Zu Augsburg aber in der Fürsten Kreise,
Da saß der Kaiser, gnädig rief er aus:
„Ich will, daß Oestreich nimmermehr verwaise,
In Ewigkeit erhalt' ich's meinem Haus!

Albrecht und Rudolf, meine tapfern Söhne,
— Grau ist mein Haupt, doch euer Arm ist stark —
Kommt, daß ich euch mit Oesterreich belehne,
Mit Steier, Krain, mit Görz, der wind'schen Mark."

So sprach der Fürst und seine Söhne sanken
Aufs Knie vor ihm, von dem Panier berührt,
Dann sprach der Kaiser: „Laßt uns alle danken
Dem ew'gen Gott, der uns zum Heil geführt."

So ist's geschehn. — Darf ich den Schleier heben?
Soll ich euch zeigen, was schon längst entschwand?
Uraltes Bild, steig auf zu neuem Leben!
Erfreue Oesterreichs Volk und Oesterreichs Land!

So war für uns ein neues Glück gefunden,
In alle Fernen Habsburgs Ruhm erklang.
Jahrhundert auf Jahrhundert ist entschwunden,
Allmächtig ging die Zeit den großen Gang.

Altöstreich ließ den Ehrenschild nicht rosten,
Im Friedenstausch ward Land zu Land gesellt,
Zum stolzen Reich erwuchs die Mark im Osten,
Und Karl der Fünfte war der Herr der Welt.

Auch Prüfung kam und bittre Not der Zeiten,
Es loderte des Krieges Fackel heiß,
Der Perle gleich, um die die Besten streiten,
War Oesterreich der vielumworbne Preis.

Und eine Frau, die beste auf dem Throne,
Im Königskleid, ihr Knäblein auf dem Arm,
Im Glanz der Schönheit und im Stolz der Krone,
Trat vor uns hin, und jedes Herz schlug warm.

Maria Theresia, voll des Geistes Stärke,
Schuf neu das Reich und gab ihm Glück und Glanz,
Und Josefs, ihres großen Sohnes Werke
Umflicht der Menschheit schönster Ehrenkranz.

Und wieder sank hinunter ein Jahrhundert,
So wechselvoll an Tat und Lust und Leid,
Und tief bewegt und staunend und verwundert
Erkennen wir das Bild der eignen Zeit.

Auch sie ist groß! denn aus gewaltigen Wehen
Ging sie hervor und trat ins goldne Licht,
Und manches gute Werk wird noch geschehen,
Es ist die Zeit der Wahrheit und der Pflicht.

Steig auf, o Bild, im Schmuck der grünen Reiser,
Weil wir zur Huldigung hier versammelt sind:
Es segne Gott Franz Josef, unsern Kaiser!
Heil diesem Lande, seinem Herzenskind!

Erblandsgruß.

(Zur Vermählung des Kronprinzen von Oesterreich.)

Was funkelt die Maiensonne so freundlich in die Welt?
Was ruft so laut die Lerche und schwingt sich über das Feld?
Warum steht Wald und Garten in bräutlichem Gewand?
Beim reichen Gott im Himmel! — welche Freude zieht in
                                  das Land?

Ist uns ein Sieg erfochten? Begann die goldne Zeit?
Ist alles Weh versunken und alles Herzeleid?
Blühn nur bei uns die Rosen, aus denen man Kränze flicht?
Ist unser Glück ein Becher, der nimmermehr zerbricht?

Wohl blühn bei uns die Rosen, aus denen man Kränze flicht,
Wohl blühn bei uns die Rosen, wenn auch ohne Dornen nicht,
Wohl ist unser Glück ein Becher, zerbrechlich in Gottes Hand,
Doch heute sind wir gesegnet, ein herzensfreudiges Land!

Es ist von stiller Liebe ein heiliges Wunder geschehn,
Ein Fest von Glück und Eintracht darf Fürst und Volk begehn,
Kein Aug' soll sein verdüstert und keine Wange bleich:
Es feiern die fröhliche Hochzeit Brabant und Oesterreich.

Mir ist, als sollt' ich träumen von dem, was urlängst war,
Es ist ein holdes Märchen schon alt vierhundert Jahr;
Da wuchs in Kaisers Landen ein ritterlicher Sproß,
Der junge Max geheißen, in mannlicher Tugend groß.

Er war ein kühner Jäger, geübt mit Aug' und Hand,
Von seinen Abenteuern erzählt die Martinswand;
Er war ein tapferer Streiter, erprobt in manchem Strauß,
Für die alte deutsche Ehre schlug er den Kampf nicht aus.

Es flatterten ihm die Locken ums Haupt wie wallendes Gold,
Er blickte aus großen Augen treuherzig und auch hold;
Ohne Furcht und ohne Tadel, so trat er in die Welt,
Wie das Lied der Nibelungen von dem kühnen Siegfried erzählt.

Auch damals gab's zu rechten, zu richten viel im Reich,
Auf Kaiser Friedrichs Stirne saß manche Sorge bleich;
Aus der geweihten Krone fiel klirrend mancher Stein,
Sie wurde frech geplündert und sollte doch so herrlich sein.

Im Aufruhr war der Böhme, der Ungar lag vor Wien,
Da hub Prinz Max sein Banner, ließ seine Getreuen ziehn;
Er brach in ihre Rotten, er brach in ihre Reih'n
Die Perle des Reichs zu gewinnen, das deutsche Wien zu befrei'n.

Da blickten aller Augen auf des Kaisers herrlichen Sohn,
Hochmütige Fürsten beugten sich nieder vor dem Thron;
Doch Max blieb schlicht und bescheiden, gedachte der Größe kaum,
Zu Laxenburg im Garten, da saß er und sann wie im Traum.

Da blühten wohl wilde Rosen im Garten zu jeder Stund',
Er aber dachte im stillen an die Rose von Burgund,
Da wuchsen wohl Veilchen und Nelken und Blumen allerhand,
Er aber träumte im Herzen von der Blume von Brabant.

Was ist das für eine Blume, an die er heimlich denkt?
Was ist das für eine Rose, der er sein Herz geschenkt?
Es ist Prinzessin Maria, Karl des Kühnen Kind,
Die herrscht in den Niederlanden, wo die mächtigen Städte sind.

Die herrscht in den Niederlanden, wo jeder Bürger sie kennt,
Zu Utrecht und Antwerpen, zu Brüssel und zu Gent.
Dort wimmelt's auf lärmenden Straßen zu Roß und auch zu Fuß,
Die Meerflut dringt in die Gassen als tausendarmiger Fluß.

Dort bläht das Schiff die Segel und steuert mit stolzer Pracht,
Dort ist der Geist der Freiheit wie nirgendwo erwacht,

Und manches Kleinod schlummert dort in der Erde Grund:
Drum preist man in allen Zungen die Ehre von Burgund:

Es glänzt in der deutschen Krone ein seltener Opal,
Der funkelt in der Sonne mit zauberhaftem Strahl
Und weil er nie auf Erden noch seinesgleichen fand,
So gleicht er einer Waise, wird der Waisenstein genannt.

So herrlich war auch die Jungfrau, um die sich der Streit erhob,
Es sangen gar viele Freier der edlen Maria Lob;
Manch Stolzer hat ihr gehuldigt im Reich und über dem Rhein,
Sie aber wollte im Herzen die Braut des Habsburg sein.

Die Kammerherrn und die Räte, Hofmeisterinnen auch,
Die kamen da in Harnisch für den alten, guten Brauch;
Sie sprachen mit feurigen Zungen für Frankreichs krankes Kind,
Es taten Gold und Silber manches Wunder wohl geschwind.

Doch so sind Frauenherzen: es täuscht sie kein goldnes Geschmeid',
Sie tragen treu die Liebe in Lust und auch in Leid;
Und wahrlich je höher die Schranken sich türmen vor ihrem Blick,
Je höher ziehn die Gedanken und eilen zu ihrem Glück. —

So ist's mit Mar und Maria in alter Zeit geschehn,
Sie konnten sich nicht mehr trennen, sobald sie sich gesehn;
Und wär' auch der Weg noch weiter von Larenburg bis Gent —
Sie hätten sich doch gefunden an aller Welten End'.

21 Keim I

Was aber empfanden die Völker bei diesem Herzensbund?
Was erblühte aus der Hochzeit von Oesterreich und Burgund?
War's nur eine Fürstenfeier, ein prächtiger Hochzeitstanz?
Gewann die alte Krone allein von diesem Glanz?

Wohl war's eine Fürstenfeier, ein prächtiger Hochzeitstanz!
Und auch die alte Krone gewann in ihrem Glanz,
Doch das, was mehr ist, als Kronen, hat uns Prinz Max gezeigt,
Daß in der Brust des Fürsten das Menschenherz nicht schweigt.

Und ist auch dieses Märchen schon alt vierhundert Jahr,
In dieser heil'gen Stunde, da wird es wieder wahr;
Denn fröhlich kommt aus dem Norden unsers Kaisers männlicher Sproß
Und bringt aus belgischen Landen sein liebliches Ehegenoß.

Es gilt uns als herrliches Zeichen in dieser ernsten Zeit,
Daß unser künftiger Kaiser nach seinem Herzen freit.
Denn wer seine ewigen Bande in solchem Geiste flicht,
Der liebt auch das Volk und die Lande und weiht sich der Bürgerpflicht.

Wir haben mit Freude vernommen von der belgischen Ehr' und Zucht;
Sei die Königstochter willkommen, die uns in Liebe sucht!
Nun wollen wir Fröhliches hoffen nach Gottes weisem Rat;
Der Baum verkündigt die Früchte, der Same verbürgt die Saat.

Wohl werden die Völker euch schmeicheln auf eurer bräutlichen Fahrt,

Wir aber wollen nicht heucheln, das ist nicht deutsche Art.
Lang mögt ihr unter uns wohnen mit immer seligem Mut!
Und auch auf den landfremden Thronen vergeßt nicht das
deutsche Blut!

Der Himmel mög' euch erhalten und gnädig beschirmen vor
Schmerz!
Wir bleiben eure Getreuen, wir sind des Reiches Herz.
Heil uns! wenn Fürst und Bürger sich ganz in Liebe gleich,
Wir bleiben im Herzen bei Habsburg und Habsburg bleibt
Oesterreich!

Das Bild Kaiser Josefs.

(Gesprochen beim Festkommerse der Turner zur Feier der
Enthüllung des Kaiser-Josef-Denkmals zu St. Pölten am
9. Mai 1886.)

Wir haben heut ein hohes Werk vollendet,
Das Bild der Bilder auferbaut in Erz;
Ein tausendfält'ger Jubel ward gespendet
Ihm, der uns alles, alles gab: sein Herz.

Es war ein Sturm von Bannern und von Kränzen,
Von Weihgesang und mächtig ernstem Laut,
Kein Aug' blieb trocken, manches sah ich glänzen,
Von heiliger Begeistrung schön betaut.

Ich sah vereint die Armen und die Reichen,
Ich sah verklärt manch trauriges Gesicht;
Die ros'gen Wangen sah ich und die bleichen
In Freude strahlend — Licht von seinem Licht!

Hehr wie ein Hymnus ging das Fest zu Ende,
Wie eine Brandung zog die Menge fort;
Und Gleichgesinnte drückten sich die Hände:
Das Erzbild aber schwieg, es sprach kein Wort.

Stumm blieb ich stehn. Und wie der laute Reigen
Von hinnen war, der letzte Schall verschwand,
Da fiel mir auf das Herz des Bildes Schweigen,
Es wurde mir, als ob ich es verstand.

Ich sah empor. Und wie von Ehrfurcht trunken,
Geschah es mir, daß ich zusammenbrach;
Auf die granitnen Stufen hingesunken,
Hab' ich gehört, was Kaiser Josef sprach.

Der Kaiser sprach: „Du, einer von den tausend,
Vernimm mein Wort und tu es allen kund:
Ich danke euch! Ihr rühmt mich fast zu brausend,
Zu viele Worte schenkt mir euer Mund.

Ich war ja nie ein Freund von Prunk und Kränzen,
Ich war ein ernster, stiller Mann der Pflicht,
Wer zu viel spricht, der spricht oft, um zu glänzen.
Oh, gebt mir Wahrheit! Worte gebt mir nicht!

Soll euer Beifall mir als Huldigung gelten,
Dann prüft euch selbst, seid schlicht von Herz und Sinn;
Ich wollte lieber, daß mich Feinde schelten,
Als daß ich euch ein eitler Mantel bin.

Meint ihr es ehrlich, bin ich euer Kaiser,
Bin ich der Gott auf eures Herzens Grund,
Dann übt mein Beispiel, schmückt nicht bloß die Häuser,
Tragt mich im Herzen, tragt mich nicht im Mund!

Mich und die Wahrheit oder Wort und Schein, —
Das sag' dem Volk. Und was es dann erwähle,
Ihr habt mein Bild, doch wollt ihr meine Seele,
Dann müßt ihr wahrhaft josefinisch sein!

In meinem Geiste treu und neugeboren,
So will ich euch für mein unsterblich Reich;
Erst dann komm' ich herein zu euren Toren,
Dann lebt das Erz, dann bin ich unter euch!

VII.

Memento.

Der letzte Gruß.
(Nach Schuberts Allerseelen-Litanei.)

Aus des Lebens holdem Reigen
Muß der Mensch hinuntersteigen
In der Erde dunkle Gruft,
Wenn ihn Gottes Stimme ruft;
Aus des Lebens holdem Reigen
Zu des Todes Nacht und Schweigen.
      Sink hinab
      In dein Grab!
      Ewige Ruh'
      Deck' dich zu!

Wenn ein Sänger geht zum Frieden
Dem der Ehre Kranz beschieden,
Bringt der treuen Brüder Schar
Fromm ein letztes Lied ihm dar;
Wenn ein Sänger geht zum Frieden,
Sei ihm heil'ger Sang beschieden.
      Sink hinab

In dein Grab!
Ewige Ruh'
Deck' dich zu!

Du, bei dessen Klang die Herzen
Glühn in Freuden und in Schmerzen,
Der mit Zaubermund erhob
Gottes und der Menschheit Lob,
Du, der Liebling aller Herzen,
Bist entrückt dem Tal der Schmerzen.
Sink hinab
In dein Grab!
Ewige Ruh'
Deck' dich zu!

Unser Gebet.

(Gesprochen von der Schauspielerin Frl. Bartoscheck in einer Akademie zum Besten der Hinterbliebenen der Opfer des Ringtheater-Brandes.)

Du hast, o Herr, in dieser Zeit
Uns schweres Leid getan,
Wir beten deine Herrlichkeit
Mit bittern Tränen an.
Wir neigen uns im tiefsten Schmerz
Vor deinem Angesicht,
— Das ganze Volk ein jammernd Herz:
O Herr, verwirf uns nicht!

Unselig ist, was wir gesehn,
Oh, send' uns Trost herab!

Wir sahn das Liebste untergehn
Und stehn vor seinem Grab.
Oh, was ist alles Glück der Welt!
Ein Traum, der trugvoll winkt,
Ein Märchen, das ein Kind erzählt,
Ein Schatten, der versinkt.

Wie falsch ist eitler Hoffnung Schein,
Der rosige Kränze flicht, —
Entsetzlich bricht die Nacht herein
Und löscht das goldne Licht.
Der Ewige greift mit seiner Hand
Ins Feuer, daß es loht,
Der Funke wird zum zornigen Brand,
Das Leben wird zum Tod.

Da gilt kein Herr, da gilt kein Knecht,
Kein Alter und kein Brauch,
Da gilt kein Ruhm und kein Geschlecht —
Was lebt, stirbt hin wie Rauch. —
Oh, wär' doch unser Auge blind,
Den Jammer nicht zu sehn,
Wie Mann und Weib und Greis und Kind
Im Flammengrab vergehn!

Oh, wär' doch taub das bange Ohr,
Daß es den Schrei nicht hört,
Der laut zum Himmel hallt empor
Und Herz und Sinn betört. —
Es kämpft und ringt mit letzter Kraft:
Oh, rettet! helft! springt bei!
Gefesselt, in des Feuers Haft,
Wird Schmerz zur Raserei.

Durch grauenvolle Finsternis
Zuckt roter Flammenschein,
Hier Wut, die sich das Haupt zerstieß,
Dort hoffnungslose Pein.
Und immer dichter qualmt der Dampf,
Und heißer flammt die Glut,
Und immer toller tobt der Kampf, —
Bis er ohnmächtig ruht.

Oh, still! und wenden wir den Blick
Hinweg von soviel Schmerz!
Wen nicht erschüttert solch Geschick,
Der hat kein menschlich Herz.
Sie suchten ja ein Freudenfest
Und fanden bittern Tod,
Nun sind sie stumm, ein Aschenrest,
Vorbei ist Qual und Not.

Was sie erhofft, geliebt, erstrebt,
Still ruht's im Sargesschrein,
Doch was sie jammernd überlebt,
Wie mag's getröstet sein?
Wer gibt der Mutter nun ihr Kind?
Die Braut dem Bräutigam?
Oh, weh uns, daß wir Menschen sind,
Zu schwach für solchen Gram!

Nein! Heil uns, daß wir Menschen sind,
Empfindsam für den Schmerz,
Wir drücken das verwaiste Kind,
Die Mutter an das Herz.
Kein Feuer ist so glühend warm
Wie unsres Mitleids Glut.
Der Aermste ist noch nicht zu arm,

Er gibt von seinem Gut.
Zum schönsten Wettstreit ist erwacht
Der Menschheit guter Geist,
Der uns mit liebevoller Macht
Die Tränen trocknen heißt.
Nur Mut! ihr alle, die ihr weint,
Wir weinen ja mit euch,
Bis wieder Gottes Sonne scheint
In diesem Schmerzensreich.

Das Lied des Elends.

Es führt mein Weg mich durch die Straßen
Bei grauer Nacht, bei Frost und Wind;
Da schleicht das Elend durch die Gassen,
Als Weib und Mann, als Greis und Kind.

Ein Meer des Lichts aus tausend Fenstern,
Ein Klang des Lebens hier und dort —
Sie aber wandeln gleich Gespenstern,
Sie wechseln weder Blick noch Wort.

Nur manchmal, wenn ein Strahl der Lichter
Den Zug der Traumgestalten streift,
Dann seh' ich schmerzliche Gesichter,
In Not verblüht, in Weh gereift.

Ich seh', wie dort ein Auge funkelt,
Heißhungrig nach der goldnen Pracht,
Wie hier eins weinend sich verdunkelt,
Hinstarrend in die leere Nacht.

Auch Worte hör' ich ausgesprochen,
Fluchworte, daß mein Herz mir bebt,
Die an das Tor des Himmels pochen,
Als wäre dort kein Gott, der lebt.

Und von der Menschenliebe Trauern,
Von Wehmut wird das Herz mir groß,
Es schüttelt mich ein fremdes Schauern,
Ich misch' mich in des Elends Troß.

Du armes Weib mit bleichen Wangen,
Was suchst du hier bei Nacht und Frost?
„Mein Mann ist in den Krieg gegangen,
Und tot ist meiner Kinder Trost!"

Und du, der wie ein Bettlerkönig
Mich anblickt mit dem Aug' der Not, —
„O Herr! ich bitt' Euch untertänig,
Gebt mir nicht Worte, gebt mir Brot!

Auch ich hab' brav und unverdrossen
Für Weib und Kind gesorgt, geschafft,
Man hat die Werkstatt uns geschlossen —
Jetzt komm' ich aus der langen Haft.

Glaubt mir, ich will nicht ehrlos lungern,
Dankt Gott, daß Ihr so glücklich seid!
O Herr, es denkt sich viel — beim Hungern,
Und bei der Schuld liegt auch das Leid!"

Da wandt' ich bebend mich zum Greise:
Wohin so spät noch, alter Mann?
Blödsinnig lächelnd sprach er leise:
„Wohin? Wohin? — So weit ich kann!

Herr! Meine Kinder sind gestorben,
Mein Gnadenbrot, es reicht nicht zu;
All, was ich liebte, ist verdorben —
Nur in der Erde find' ich Ruh'!"

Erschüttert von dem Bild der Schmerzen
Wandt' ich mich atemlos zum Kind:
Dir schau' ich durch das Aug' zum Herzen,
Sag' mir, wo deine Eltern sind.

Und mit dem Jammerblick, dem stummen,
Sah jetzt das Kind zu mir empor
Und reichte mir — erfrorne Blumen,
Selbst eine Seele, die erfror! — —

Laut heult der Sturmwind auf den Straßen,
Durch die der Zug des Elends zieht. —
Das ist ein Christfest in den Gassen,
Das ist des Elends ew'ges Lied.

Die apokalyptischen Reiter.

Erhitzt vom Schauspiel trat ich in die Nacht
Und sinnend schritt ich durchs Gewühl der Straßen,
Wo die Paläste der Zehntausend stehn,
Die Prasser sind, weil Millionen darben.

Vor meinen Augen tanzte noch der Spuk
Der schnöden Kunst, die Gauklerin geworden;
Und rasen hört' ich den vertierten Schwarm
Der feinen Welt und heisern Beifall wiehern.

Ich betete aus tiefster Brust: Mein Gott!
Erhalte mir dies Grausen, diesen Schauder,
Wodurch ich weiß, daß ich ein Mensch noch bin
Und kein geschminktes Tier und keine Larve!

Und weiter schritt ich, immerfort hinaus,
Es wurde kalt und einsam auf den Straßen;
Und Mensch um Mensch und Licht um Licht verschwand,
Die Mitternacht erscholl von allen Türmen.

Den Mantel schlug ich schaudernd vors Gesicht,
Der Schneewind heulte, und der Boden knirschte,
Da sperrte mir mit einemmal den Weg
Ein häßlicher Gesell, der höhnisch grüßte.

Vertraulich nickend trat er dicht heran
Und sprach: Wohin in dieser kalten Stunde?
Suchst du dein Liebchen? spielst du, trinkst du, Freund?
Du bist wohl auf dem Weg zu einer Dirne?

Laß frei die Bahn!! so rief ich, du Gespenst;
Kreuz' mir den Weg nicht, fort, du Galgenvogel!
Doch er verzog sein beinernes Gesicht
Und sah mich an mit sternenlosen Augen.

Ich schauderte bei diesem toten Blick,
Und mich durchlief's wie Nebelnachtgeriesel.
Topp! sei nicht schüchtern! rief der Nachtgesell
Und schlug mich auf die Schulter, daß sie schmerzte.

Wer bist denn du? rief ich zurück. Er schwieg.
Ein grinsend Lächeln flog durch seine Züge.
Da fiel mir ein: heut ist Silvesternacht,
Und was man da erschaut, das gibt zu denken.

Er hielt mich fest. Da sah ich, wie der Mond
Sich bergen wollte hinter düstern Wolken;
Ein Sturm erhob sich, eisig Laub flog auf,
Und wie zur Abwehr ächzten alle Bäume.

Schau' hin, es kommt! so flüsterte der Mann.
Und wie ich hinsah, ballte sich der Nebel,
Der wie ein Schleier überm Luftraum lag,
Und stieg empor und wurde zu Gestalten.

Und näher kam's — ein grauses Wolkenbild,
Wie Nebelrosse und wie Nebelreiter.
Die Mähnen flatternd, in den Nüstern Glut,
Und gleich dem Sturmwind will's an uns vorüber.

Wer ist der Erste? rief ich, sag' mir das!
Gebeugt und elend hängt er müd im Sattel.
Das ist der Hunger, rief das Nachtgespenst,
Der zehrt das Land auf, trinkt das Blut der Armen.

Wer ist der Zweite? rief ich tiefbewegt,
Er schwingt ein blitzend Schwert mit blut'gen Händen.
Das ist der Krieg, rief jubelnd das Gespenst,
Der schont euch nicht, der wird euch alle würgen.

Was ist das Dritte? fuhr ich schaudernd fort,
Es legt den Pfeil an den gespannten Bogen.
Das ist mein Schatz, die Pest, rief das Gespenst,
Ihr Pfeil ist giftig und ihr Ziel unfehlbar.

Noch nicht genug? Wer ist der Vierte dort?
Ein Beingeripp mit hochgeschwungner Sense.
Das ist der Tod, der mäht in Stadt und Land,
Rief das Gespenst, der mordet die Geschlechter.

Ich sank zu Boden, sinnlos und betäubt,
Ich weiß nicht mehr, wie lang ich lag am Boden.
Als ich erwachte, war es heller Tag,
Und auf die Stadt des Reichtums schien die Sonne.

VIII.

Epitaphien.

Zum Gedächtnis Richard Wagners.

Steht auf, ihr ernsten Zecher
Im hohen Trauersaal
Und hebt mit mir den Becher,
Als wär's der heil'ge Gral.

Es kreisen Odins Raben
Wehklagend in der Luft:
Ein Held ist uns begraben,
Versenkt in Wahnfrieds Gruft.

Ein Sänger ist gestorben,
Gekrönt mit manchem Sieg,
Der stolzen Ruhm erworben
Im deutschen Wartburgkrieg.

Vom Eichbaum ist gesunken
Des Wipfels höchster Zweig,
So sei ihm denn getrunken
Der letzte Minneschweig.

Wir aber woll'n nicht klagen,
Sein Lied wird nie vergehn,
Er wird in ew'gen Tagen
Hoch bei Allvadur stehn.

Trauersalamander.
(Zum Gedächtnis des Reichsratsabgeordneten Dr. Hoffer.)

Nun hat es Gott gefallen,
Daß einer von uns schied,
Der heilig bleibt uns allen,
Zu dem das Herz uns zieht.

Er war in ernsten Tagen
Der Alma mater Sohn,
Er hat sich brav geschlagen,
Die Ehre war sein Lohn.

Er trug der Freiheit Zeichen
Auf Stirn' und Angesicht,
Besaß das Mark der Eichen,
Die nie ein Sturm zerbricht.

Sein Glauben, Hoffen, Lieben
Hat ihm kein Hohn geraubt;
Sein Geist ist jung geblieben
Auch mit beschneitem Haupt.

Er war ein Fels, ein schroffer,
Im Meer der Leidenschaft,
Ein jünglingsfrischer Hoffer,
Ein Geist voll Licht und Kraft.

Daß du von uns gegangen,
Das ist der einz'ge Schmerz,
Den wir durch dich empfangen,
Du treues deutsches Herz.

Weih' uns nach deinem Sinne
Zum Frieden wie zum Streit!
Nun trinken wir die Minne:
Fiducit in Ewigkeit!

Grabschrift der Tonkünstlerin Agnes Tyrrell.

Was dir des Lebens kurzer Tag beschied,
Es atmet fort, es lebt in deinem Lied.
Du wandelst hoch wie ein entschwundner Stern
Und bist ein Ton im Lobgesang des Herrn.

Mein Herzensgruß.

Ich grüße dich aus weiter Ferne,
O Heimatland, du schönste Zier;
Ein Wandervogel wär' ich gerne,
Hinauszuziehn zu dir, zu dir!

Wie froh wird heut dein Himmel glänzen,
Wie wirst du grün im Brautschmuck stehn,
Wie wird's von bunten Blumenkränzen
Von deinen heitern Giebeln wehn.

Zum Himmel jauchzend wirst du singen,
— Ich weiß, du hast es oft getan —

Man wird dir tausend Grüße bringen,
O Heimat, nimm auch meinen an!

Gern möcht' ich wie in alten Zeiten
Durch deine Berge ab und auf,
Durch deine grünen Täler schreiten
Im Sturmesschritt, im Freudenlauf.

Ich kann es nicht — ich darf nicht kommen,
Wie glücklich du mich einst gemacht,
Du hast zu Liebes mir genommen,
Ich habe lang nicht mehr gelacht!

Heimat! solang ich leben werde,
Solang ich atme, bin ich dein;
Einst will ich ruhn in deiner Erde
Bei Vater, Mutter, Schwesterlein.

Du warst die Seligkeit des Knaben,
Du warst des Mannes Glück und Stern,
Du hast das Liebste mir begraben,
Ich segne dich — und bleibe fern.

Auf das Grab meiner Eltern.

O stille Gruft, gib uns die Toten wieder!
„Geduld, Geduld! bald steigst auch du hernieder.
Was unter Gottes Sonne lebt, vergeht;
Es fragt sich nur, o Sohn, wie früh — wie spät."

IX.
Aus dem Sturmgesang der Zeit.

Die deutsche Muttersprache.

Des Erdenlebens wechselnde Gestalten
Entstehn — vergehn; es altern Zeit und Ort.
Nur ich hab' ew'ge Jugend mir erhalten,
Des Geistes Tochter, das lebend'ge Wort.

Früh habt ihr meinen ersten Gruß empfangen
Als Mutterschrei herzinn'ger Lieb' und Lust,
Und heute noch erglühn euch Herz und Wangen,
Mein Widerklang lebt fort in eurer Brust.

Aus Vatermund habt ihr mich einst vernommen,
Als Segenssprüchlein unterm Weihnachtsbaum,
Als Märchenfee bin ich zu euch gekommen,
Die Wiege schaukelnd sang ich euch in Traum.

Ich bin das Lied, das in der Kindheit Tagen
Im Wald erklang, wie Rolands Zauberhorn,

Ich hab' die Sehnsucht euch ins Herz getragen,
Ich gab euch Gold aus deutscher Sage Born.

Durch mich allein habt ihr zuerst gefunden
Den Gruß der Freundschaft auf des Lebens Bahn,
Ich sprach zu euch in ewig schönen Stunden,
In meiner Schule wuchs das Kind zum Mann.

Mit meiner Zunge habt ihr fromm gesprochen:
— „Ich liebe dich, ich bin dir ewig treu!"
Und wenn ihr Lieb' und Treue habt gebrochen:
In meiner Sprache straft euch Zorn und Reu'.

Kein Röslein blüht im Garten eures Lebens,
Drauf nicht mein Mund den Weihekuß gedrückt,
Kein Ideal, kein Ziel des Menschenstrebens,
Die Muttersprache nennt's und hat's geschmückt.

Oh, seid gegrüßt, gegrüßt aus freud'gem Herzen,
Die ihr mich liebt und die ihr an mich glaubt!
Seht, ich bin keine Königin der Schmerzen,
Wie eine Sonne heb' ich hoch mein Haupt.

Wer ist so kühn, mir Ehrfurcht zu versagen?
Wer hemmt den Schritt mir zu der Kinder Schar?
Mein Ruhm wird um den Erdenkreis getragen,
Hier aber ist mein Haus und mein Altar.

Was Walter sang, was Goethe uns gesungen,
Des Lebens Glück, der zorn'gen Waffen Tanz,
Das Schicksalslied der stolzen Nibelungen —
Mein Herzblut ist's, mir flochten sie den Kranz.

Was ich erschuf, der Menschheit ist's beschieden,
An treuen Jüngern hat's mir nie gefehlt;
Ich bin die Kraft, die Freiheit und der Frieden,
In meiner Schule sitzt der Geist der Welt.

Das haltet fest! das ist die große Sache,
Der Menschheit Bildung lebt in meinem Wort.
Verleugnet nie die deutsche Muttersprache,
Dann ist sie euch ein Segen fort und fort.

Sturmlied der Siebenbürger Sachsen.

(Wiener Deutsche Zeitung 1879.)

Du pracht'ges Wien am Donaustrand
Mit Sang und Klang und Geigen —
Du großes deutsches Vaterland,
Hör' unsern Schmerzensreigen!
Es schwört der Magyar zu Pest:
„Das Sachsen- und das Schwabennest —
Was deutsch ist, soll verderben,
Das deutsche Wort soll sterben!"

Du Volk, das einst den Räuber schlug
Am Lech mit blut'gem Morden,
Daß er die Schande heimwärts trug
In aufgelösten Horden;
Du Volk, das ihm zum Friedenslohn
Den räud'gen Hund hinwarf mit Hohn,
Oh, laß in deinen Brüdern
Dich selbst nicht so erniedern!

Es blies uns ja kein Wind ins Land
Vor soviel hundert Jahren;

Ein König bot uns selbst die Hand,
So sind wir hergefahren.
Wir schafften uns ein Freiquartier
Im wilden Wald, beim wilden Tier,
Ein Volk von deutschen Bauern,
Wehrhaft in eignen Mauern!

Und mit der Freiheit wuchs die Macht,
Aus Bauern wurden Bürger,
Wetteifernd mit des Königs Pracht,
Des Feinds ergrimmte Würger.
Der Türk', der Szekler, der Walach,
Sie lernten uns zu eigner Schmach
Auf mancher Walstatt kennen —
Und ihre Wunden brennen.

Es starb das alte deutsche Reich,
Der Bund ist auch gestorben,
Wir standen treu zu Oesterreich
Und haben Ruhm erworben.
Der Kaiser selber sprach das Wort:
„Der Sachsen denk' ich immerfort!
Sie stehn zu mir in Treuen!
Es soll sie nicht gereuen!"

Und nun — o Gott! — ist's doch geschehn,
Daß wir von euch verlassen
Auf unserm Königsboden stehn
Vor Neidern, die uns hassen;
Und keine Seele denkt daran,
Was wir so treu am Reich getan,
Wir sind in Staub gestoßen
Von Bettlern hoch auf Rossen.

Zwar hat sie Gottes Zorn gemahnt —
Jüngst kam ein Sturm gesprungen,
Die zorn'ge Flut zerriß ihr Land,
Es ward ihr Volk verschlungen;
Ihr aber dort im weiten Reich,
Ihr seid dem Samariter gleich,
Ihr lohnt mit reichen Gaben —
Die uns das Grab hier graben.

Du pracht'ges Wien am Donaustrand
Mit Sang und Klang und Geigen —
Du großes deutsches Vaterland,
Hör' unsern Jammerreigen!
Man raubt uns unsern letzten Hort,
Den deutschen Geist, das deutsche Wort,
Oh, laß in deiner Brüdern
Dich selbst nicht so erniedern!

Gruß an Hermannstadt.

(Zum Fest im jungen Walde.)

Sachsenvolk, du stolzes Eiland,
Laß den Sturm vorüberziehn,
Aus dir selber kommt der Heiland,
Deutscher Mut und tapfrer Sinn.

Am Erworbnen festzuhalten,
Nie zu wanken, fest zu stehn,
Junger Wald, o lern's vom alten
Und du wirst nicht untergehn!

Unsern deutschen Brüdern.

(Festgruß der Deutschen Zeitung an die Teilnehmer des
deutsch-österreichischen Parteitages in Wien.)

Schmücke dich, du holde Schöne,
Völkerwirtin, edles Wien,
Weil des Reiches beste Söhne
Heut in deine Hallen ziehn.
Nimm hinweg die Last der Schmerzen,
Die auf treuen Schultern ruht,
Grüße sie aus vollem Herzen,
Grüße sie, du deutsches Blut!

Seid willkommen, starke Männer,
Kämpfer in dem Kampf der Zeit,
Nimmer wankende Bekenner
Unsres Rechts in jedem Streit!
Laßt das Banner auf sich rollen,
Schwört und legt aufs Herz die Hand —
Daß wir deutsch verbleiben wollen
Weiß das ganze Osterland!

Gibt's ein Recht, das uns verbindet?
Gibt es einen heiligen Hort?
Einen Zauber, welcher zündet?
Ich weiß nur das eine Wort:
Was sind Völker! Was sind Namen!
Seid uns erst an Treue gleich,
Dann hält Oesterreich zusammen;
Ohne Treu' kein Oesterreich!

Seht die Dome, die ergrauten,
Seht die Städte rings im Land,

Seht der Burgen stolze Bauten
An dem grünen Donaustrand;
Tausend Werke, tausend Waffen,
Und wenn ihr den Meister preist,
Der das stolze Reich erschaffen —
Jauchzt — es ist der deutsche Geist!

Er allein hat überwunden,
Was an uns barbarisch war,
Und in unsern schönsten Stunden
Bringen wir ihm Opfer dar.
Walter von der Vogelweide
Hat uns deutschen Sang gelehrt,
Und das Schwert in unsrer Scheide
Ist ein Nibelungenschwert.

Unser Herzog sank getroffen,
Sterbend, von dem Ungarpfeil;
Und mit ihm sank unser Hoffen —
Doch in Habsburg ward uns Heil!
Kaiser Rudolf brach die Ketten,
Die der Böhme um uns wand,
Und der Reichsaar, uns zu retten,
Schwebte über unserm Land.

Und der Reichsaar mit der Krone
Schirmte Gau und Volk und Feld,
Und der Fürst auf unserm Throne
War der erste Fürst der Welt.
Falsche Raben krächzten heiser,
Doch es traf sie Acht und Bann,
Denn des Volkes größter Kaiser
War der beste deutsche Mann. —

Seid willkommen, deutsche Männer,
Kämpfer in dem Kampf der Zeit,
Nimmer wankende Bekenner
Unsers Rechts in jedem Streit!
Und wie einst das Schlachtlied brausend
Aus der Brust der Väter drang,
Soll das horchende Jahrtausend
Hören unsern Siegessang.

Schmücke dich, du holde Schöne,
Völkerwirtin, edles Wien!
Laß des Reiches beste Söhne
Froh in deine Hallen ziehn!
Laßt das Banner auf sich rollen,
Immer deutsch und treu zugleich,
Das ist's, was wir bleiben wollen,
Ohne uns — kein Oesterreich!

Der akademischen Jugend in Wien.

Alt ist der Erde Bau,
Dunstgrau das Leben,
Ihr seid das Himmelsblau,
Hoffnung und Streben!

Ihr müßt die Brandung sein,
Stolz müßt ihr brausen,
Müßt um den alten Stein
Wie Stürme sausen.

Stürme sind weltgesund,
Ziehn frei zur Ferne,
Und aus dem Meeresgrund
Lachen die Sterne.

Schiller in Oesterreich.

Erhaben ist der Menschheit Ruhmeshalle,
Es gibt kein Volk, das nicht ans Große glaubt,
Geheiligt sind die edlen Geister alle,
Doch jedes Volk verehrt sein Lieblingshaupt.

Wer leuchtet uns voran in diesen Tagen
Des Völkerzanks? Wer bringt uns Himmelsglanz?
Wer darf den Purpur unsrer Liebe tragen?
Auf wessen Haupt ruht ew'gen Ruhmes Glanz?

Es wäre Torheit, wollt' ich stammelnd nennen
Ihn, der die Welt bezwang mit seinem Geist,
Ihn, den wir gut wie unsern Herzschlag kennen, —
Verflucht die Zunge, die nicht Schillern preist! —

O Brüder, sagt, was soll er uns bedeuten,
Die wir entfernt vom Reich der Mutter stehn,
Die wir zwar noch auf deutscher Erde schreiten,
Doch nah vorbei an fremder Scholle gehn?

Was ist er uns, die wir die Sprache sprechen,
Die er geadelt, — Blut von seinem Blut —?
Man macht uns diesen Adel zum Verbrechen,
Und: ich bin deutsch! gesteht nur laut der Mut.

Es fehlt uns nicht an schmeichelnden Propheten,
Die uns verlocken, doch nicht blöd zu sein
Und abzuwerfen alter Sitte Ketten
Und aufzugehn im großen Weltverein.

Ein schönes Wort voll herrlicher Gedanken!
Doch ein Arkadien kehrt nicht mehr zurück,

All unsre Größe liegt in unsern Schranken,
Und deutsch zu sein bleibt unser höchstes Glück.

O teure Brüder! laßt den Mann uns preisen,
Der zwar die Welt in seinem Herzen trug,
Doch treu zu seinem Volk stand, treu wie Eisen
Zu einer Zeit, da man's daniederschlug.

Wir stehn noch aufrecht, es soll keiner fallen,
Wenn gut gekämpft wird, edle Brüderschar,
Heil Friedrich Schiller! soll die Losung schallen,
Wir bleiben Deutsche jetzt und immerdar.

Es ist Zeit!

Kein Feuer flammt zum Himmel von den Bergen,
Kein Herold wird von Tal zu Tal gesandt,
Den Strom durcheilt kein Schiff, geführt von Fergen:
Und doch geht heil'ge Botschaft durch das Land.

Was uns vereint in Freuden und in Schmerzen,
Im Fürstenrock, wie in des Bauers Kleid,
Ein heil'ger Geist ist's, der in tausend Herzen
Allmächtig aufsteht, rufend: „Es ist Zeit!"

Ja, es ist Zeit, der höchsten Pflicht zu denken,
Der alten Pflicht, die uns im Herzen ruht,
Der großen Vorzeit Fahne nicht zu senken
Und treu zu sein dem angestammten Blut.

Ja, es ist Zeit, an unsre Brust zu klopfen,
Zu fragen uns, sind wir der Ahnen wert?

Bevor im Aug' der bittern Reue Tropfen,
Daß wir es nicht sind, uns zu spät belehrt.

Ja, es ist Zeit, ist höchste Zeit, zu prüfen,
Ob uns nicht schwand der Ehre alter Hort,
Ob wir den Tag des Lebens nicht verschliefen,
Ob denn noch lebt das alte deutsche Wort.

Weh uns! wenn wir gedankenlos uns schmücken
Mit einem Namen, dem kein Name gleicht,
Der uns erhöht vor aller Völker Blicken,
Durch dessen Kraft das Höchste wir erreicht.

Weh uns! wenn wir auf fremde Schultern laden
Die Pflicht, weil's uns an eigner Kraft gebricht.
Es gibt kein Volk, kein Glück von Gottes Gnaden,
Wer sich entmannt, den hört der Himmel nicht.

Beim großen Gott! Noch lebt ein stolzer Funken
Des alten Feuers tief in unsrer Brust;
Noch ist der Enkel nicht so tief gesunken,
Noch ist der Sohn der Mutter sich bewußt.

O deutsches Volk, du Volk in diesen Gauen,
Wer nicht mit Ehrfurcht deinen Namen nennt,
Der soll die Burgen, soll die Städte schauen,
Er ist ein Blinder, wenn er dich verkennt!

Wir kennen dich! Wir sind nicht abgefallen,
Wir halten treu zu deinem heil'gen Wort;
Dem Donner gleich soll's durch die Berge schallen:
Es gibt ein Rütli auch an diesem Ort!

Der Ew'ge sprach: Wo zwei in meinem Namen
Vereinigt sind, da bin ich unter euch. —
So sagen wir: In unsers Bundes Rahmen
Ist unser Volk, ist unser ganzes Reich!

Ja, unser Reich, das nimmer zu den Toten
Hinuntersinkt, solang das Herz uns schlägt.
O deutsches Wort! wir senden dich als Boten,
Der unsern Schwur zu allen Brüdern trägt.

Geh hin, geh hin! Nach Norden und nach Süden,
Nach Ost und West, bei Sonn- und Mondenschein,
Zu Land, zu Wasser, — du sollst nie ermüden,
Wohin du kommst, du wirst willkommen sein.

Geh hin, geh hin! Vom Tal steig zu den Hügeln,
Fort sollst du wandeln ohne Ruh' und Rast,
Dem Sturmwind gleich, mit ungehemmten Flügeln
Schwing dich zur Hütte, schwing dich zum Palast!

Was du auch bringst, ob Freuden oder Schmerzen,
Du wirst verstanden, zündest fort und fort;
Ein einzig Herz sind alle deutschen Herzen:
So werde Tat, du starkes deutsches Wort!

X.

Heroldslieder.

I.

Land, das mich geboren,
Heil'ge Erde mein,
Dir hab' ich geschworen:
Ewig bin ich dein!
Was kann's Größres geben,
Was ist schönrer Lohn,
Als für dich zu leben?
Land, ich bin dein Sohn!

Volk, das mich erzogen
Streng und wetterhart;
Volk, das nie gelogen,
Erbe deutscher Art,
Und ihr reinen Frauen,
Meiner Mutter gleich,
Mädchen, hold zu schauen,
Oh, wie lieb' ich euch!

Nicht von heut und gestern
Wohnen wir im Land,
Brüdern gleich und Schwestern
Gürtet uns ein Band;
Was die Kraft der Väter
Durch das Schwert geeint,
Das soll kein Verräter
Schenken an den Feind.

Grüß' euch Gott, ihr Lieben,
Rings am Donaustrand,
An der Elbe drüben
Und im Egerland,
Krain, Tirol und Kärnten,
Salzburg, Steiermark,
All ihr Weitentfernten —
Einigkeit macht stark!

Brüder auf den Bergen,
Brüder tief im Tal,
Brüder in den Särgen,
Heil euch tausendmal!
Weithin unermessen
Unsre Sitte thront.
Keiner sei vergessen,
Der da einsam wohnt.

Wie in alten Tagen
Stehn wir noch in Kraft,
Unsre Herzen schlagen
Hoch in Leidenschaft;
Wer da will beflecken
Unser höchstes Gut,

Wird den Leu erwecken,
Unser deutsches Blut.

Was uns Gott will schenken,
Das ist Ruhm nach Leid;
Laßt nicht klein uns denken
In der großen Zeit;
Wenn wir wieder werden
Unsern Vätern gleich,
Dann erblüht auf Erden
Uns ein neues Reich. —

Zu dem Baum, dem dürren
Auf dem Walserfeld,
Soll der Geist uns führen,
Der die Heerschau hält.
Und der Baum wird wieder
Aufblühn wie im Mai,
Unser Feind stürzt nieder,
Unser Land ist frei. —

Wenn im Kampfgetümmel
Wir zusammenstehn,
Dann läßt Gott im Himmel
Uns nicht untergehn.
Mögt ihr um mich weinen,
Weil den Tod ich fand ——
Was liegt an dem einen?
Hoch mein Vaterland! —

II.

Noch sind wir nicht verloren,
Wir stehn in Gottes Macht,

Der Geist, der uns geboren,
Ist wie ein Held erwacht.
Wir stehn auf unsrer Erde,
Als wie vor tausend Jahr,
Und was auch aus uns werde:
Deutsch sind wir immerdar!

Oh, laß an dich uns glauben
Du edles deutsches Wort,
Ob sie vor Unmut schnauben —
Du klingst doch fröhlich fort!
Der Neid kann dich verhöhnen,
Der Ingrimm kann dich schmähn,
Doch laß dein Lied ertönen —
Und Neid und Grimm vergehn.

Oh, laß auf dich uns hoffen,
Du alte deutsche Kraft!
Was immer dich betroffen,
Nur fröhlich aufgerafft!
Du sollst den Hammer schwingen,
Der wuchtig treffen mag,
Dann muß der Ambos singen:
Das war ein deutscher Schlag!

Oh, laß dich herzlich lieben,
Du stolze deutsche Treu'!
Wär' uns auch nichts geblieben,
Du machst uns froh und frei.
Uns hält nicht Zwang zusammen,
Da heißt's nicht Herr und Knecht —
Warmblüt'ge Herzen flammen
Und glühn für gleiches Recht. —

Oh, laß auch du dich loben,
Den längst die Erde preist,
Sei auf den Schild erhoben,
Weltkönig, deutscher Geist!
Zeig' dich in Wehr und Waffen,
Sei einem Cherub gleich
Und hilf uns, daß wir schaffen
Ein unvergänglich Reich!

Dann sind wir nicht verloren,
Wir stehn in Gottes Macht,
Der Geist, der uns geboren,
Er führt uns in die Schlacht.
Wir stehn auf unsrer Erde,
Als wie vor tausend Jahr,
Auf daß es kundig werde:
Deutsch sind wir immerdar!

III.

O Herr im Himmel, steh uns bei
In diesen schweren Tagen,
Erhalt uns stark, erhalt uns frei
Und laß uns nicht verzagen!
Das Vaterland, das höchste Gut,
Geweiht durch unsrer Väter Blut,
Durch deutsche Kraft erworben,
Erhalt es unverdorben!

Du gabst uns ja das schöne Land
Und nahmst es den Barbaren,
Daß wir's mit Herz und Mund und Hand
Dem Enkelkind bewahren.

So bleib' es bis zum jüngsten Tag!
Wer dieses Wort nicht glauben mag,
Wer unsre Kraft will binden,
Der wird uns „deutsch" erfinden. —

Drum soll nicht länger Stein um Stein
Aus unserm Grundbau fallen,
Kein Pfeiler soll erschüttert sein,
Kein Träger unsrer Hallen.
Der einst des Hauses Hüter war,
Der alte, sieggewohnte Aar,
Er soll nach allen Gauen
Hoch von der Zinne schauen.

Was führt uns denn aus Süd und Nord,
Aus Ost und West zusammen?
Wie heißt das große Zauberwort,
Das alles setzt in Flammen?
O Wort! wie bist du schlicht und klein —
O Wort! wie bist du schön und rein: —
Wie's auch die andern treiben,
Wir wollen deutsch verbleiben!

Und das wird nicht erst heut vollbracht,
Geschieht auch nicht erst morgen,
Es braucht kein Wunder über Nacht,
Wie Hasenherzen sorgen.
Wir suchen ja kein neues Haus,
Wir schau'n nicht links, nicht rechts hinaus,
Wir woll'n getreu umfassen,
Was wir schon längst besaßen.

Und drum ist's unsre beste Tat,
Wenn wir vor blindem Wüten
Der deutschen Sitte holde Saat

Mit frommer Hand behüten.
Vor deutschem Geist beugt sich die Welt,
Und wer's mit deutschem Geiste hält,
Den ehrt man aller Landen,
Und er wird nie zuschanden.

Ihr Brüder, tretet in den Ring
Und hebt zum Schwur die Hände,
Es denke keiner so gering,
Daß er von uns sich wende!
Denn das ist nicht der rechte Mann,
Der seines Volks vergessen kann;
Doch falscher Feinde Tadel
Ist unser höchster Adel.

Wohl ist der große Kaiser tot,
Gestorben unter Schmerzen,
Doch leuchtend wie das Morgenrot,
Lebt er in unsern Herzen.
Noch sind wir unsern Vätern gleich,
Noch immer lebt Altösterreich,
Wenn wir nicht feig uns wenden,
So müssen wir's vollenden.

O Vaterland, du höchstes Gut,
Durch deutsche Kraft erworben,
Geweiht durch unsrer Väter Blut,
Bleib ewig unverdorben!
Ihr Brüder aus dem Osterland,
Ihr tapfern Herzen, haltet stand!
Dann wird's noch spät gesungen,
Daß wir den Sieg errungen. —

IV.

Raget zum Himmel, gewaltige Berge,
Brause nach Osten, du ewiger Strom!
Heimat der Riesen, was drohn dir die Zwerge?
Vaterland! Heil dir! und deutscher Willkomm!

Bist ja so schön, daß dich alle beneiden,
Hebst du den Schleier nur, liebliche Fee,
Stehn sie bezaubert, und keiner will scheiden,
Und wenn du singst, so versinkt alles Weh.

Röslein, das duftende, blüht in den Gärten,
Goldig und purpurn erglühet dein Wein!
Schönheit und Liebe, die holden Gefährten,
Wandeln nicht weiter und treten herein.

Aber nicht Schönheit, nicht Wein und nicht Rosen
Sind unsers Vaterlands herrlichstes Gut,
Windsbraut, sie jagt durch die Berge mit Tosen,
Blitze, sie zucken mit zorniger Glut.

Sturm ist der Freiheit gewaltiges Zeichen,
Sturm treibt die Wasser durch Klippen und Klamm,
Sturm reißt die Krone vom Haupte der Eichen,
Aber nie beugt er den trotzigen Stamm.

Vaterland, sei du wie Himmel und Erden,
Gleiche dem Garten, den Gott dir erschuf,
Lerne im Sturmwind die Eiche zu werden:
Nimmer sich beugen ist deutscher Beruf!

Darum allein bist du Herrin geworden,
Weil du die Kraft mit der Schönheit vermählt,
Bist du gewaltig im Westen und Norden,
Trag auch im Osten die Krone der Welt!

XI.
Schnabelwetzer.

Rat des weisen Meisterleins.

Mein Sohn, nimm meinen Segen!
Geh in die Welt hinaus,
Und findest du Kollegen,
So wähl' sie weise aus.

Du magst, wie immer, heißen,
Magst gut sein oder schlecht,
Sie werden dich zerreißen,
Du machst es keinem recht.

Was du ersinnst mit Nöten,
Erfanden sie schon längst,
Und keiner wird sich töten,
Wenn du dich selbst erhängst.

Weh dir, wenn's dich gelüstet
Hinauf ins Himmelreich,
Dann rufen sie entrüstet:
Das sieht dem Kerle gleich!

Der Dichter und die Zeitgenossen.

Das Mädchen.

Oh, wie er tief ins Herz mich traf!
Ich bitt' ihn um ein Autograph.

Der Jüngling.

Scharf wie ein Schwert weiß er zu singen,
Wir wollen ihm ein Prosit bringen.

Die Frau.

Ein Minnerausch ist sein Gedicht,
Sieht man ihn an, man glaubt's ihm nicht.

Der Mann.

Kein Amt? Nur Dichter in der Welt?
Der Mensch hat den Beruf verfehlt.

Der Theater=Direktor.

Mit Sturm und Drang laßt mich in Frieden!
Ich inszenier' nur Invaliden.
Bricht sich auch einer das Genick,
Nur besser für mein eignes Stück.

Der Regisseur.

Ihr greift ins Leben zwar, ins volle,
Jedoch für mich gibt's keine Rolle.

Der Theater-Baron.

Ein Trauerspiel? langweilige Proben!
Kein Boudoir und keine Roben!

Die Berufsgenossen.

Nicht schlecht! Nur müßte man die Sachen
Erst welt- und bühnenfähig machen.

Die Polizei.

Franzosen, Türken, Römer, Griechen —
Schon gut! doch deutsch — das wird gestrichen.

Der Meister.
Nur mutig! laß den Kopf nicht hangen!
Wir haben alle angefangen.

Der Urteilspächter.

Man hat dich zwölfmal applaudiert,
Geduld! das wird verhallen;

Du bist bei uns nicht abonniert,
So bist du durchgefallen.

Der Poet.

Was ist denn geschehn?
Laßt sie schwätzen und schreiben!
Die Blätter vergehn,
Die Werke bleiben.

Sulamith.
Ein Trauerspiel in fünf Akten.

Mit Genehmigung des Verlags Paul Knepler
(Wallishausersche Hofbuchhandlung), Wien.

Aufgesang.

So bist du ewig, staubgebornes Herz,
So glühtest du in grauer Vorzeit Tagen,
So wirst du nach Jahrtausenden noch schlagen
In höchster Freude wie im tiefsten Schmerz.

Der Künstler, ob auf Marmor, ob auf Erz,
Auf Pergament, — was kann er Neues sagen?
Er wiederholt die ewig gleichen Klagen,
Den alten Jubel und den alten Scherz.

So geh denn hin und wandle, mein Gedicht!
Die grenzenlose Erde steht dir offen, —
So geh denn hin und wandle, mein Gedicht!

Und wenn dein Mund zum Menschenherzen spricht,
Wenn Leid sich freut, wenn Hoffnungslose hoffen:
Das ist der schönste Kranz, den man uns flicht.

Personen.

Salomo, König der Juden.
Jeroboam, Feldherr des Königs, aus Sauls Geschlecht.
Ahia, Prophet.
Ben Jochai, Kämmerer.
Memnon, Arzt.
Ephraim, Hüter der königlichen Gärten, blind.
Simon, ein Hirt.
Balkis, die Königin von Saba.
Miriam
Sulamith } Ephraims Töchter.

Gefolge Salomos, Gefolge der Königin von Saba, Boten von Arabien, Boten von Aegypten, Krieger, Trabanten, Knaben, Mädchen, Volk.

Der Schauplatz ist Jerusalem und das benachbarte Gebirge.

Erster Akt.

Erste Szene.

Burg Zion. Große Halle. Ausgang rechts und links. Im Vordergrund, dem Zuschauer zur Linken ein erhabener Thron. Durch die geöffneten Vorhänge der Hinterwand blickt man ins Freie gegen den Tempel Salomonis. Draußen zahlreiches Volk. Jubelgeschrei und Posaunen. Zu beiden Seiten der Bühne, im Halbkreis, Knaben mit Harfen rechts, Mädchen mit Palmzweigen links, Spalier bildend. — Mitten aus dem Hintergrund in die Halle tritt

Ahia.

Ja, jauchzt nur zu dem Donner der Posaunen,
Schwingt Palmen, werft euch hin auf seinen Weg, —
Denn er hat euch so reich gemacht an Ehren,
Wie keiner noch in Israel vor ihm.
Hosanna Gott dem Herrn, und Heil dem König!

Volk (draußen).

Heil Salomo! Dem Sohne Davids Heil!

Ahia.

Er hat den großen Tempelbau vollendet,
Vollendet seines Vaters schönsten Traum;
Zum Himmel ragt vor aller Völker Augen

Moriahs Stolz, das Heiligtum des Herrn.
Gegürtet ist's mit Zedern und mit Palmen,
Getäfelt ist's mit Silber und mit Gold,
Und Marmorpfeiler, Riesenpalmen gleichend,
Bewachen stolz den Eingang, — seht nur hin!
Horcht auf! Es tönt Gesang, es rauschen Harfen,
Der Duft des heil'gen Opfers steigt zum Herrn,
Des Opfers für den Sieg, den wir erfochten,
Den starken Sieg durch die Gewalt des Herrn. —
Der blutig grimm'ge Bruderzwist im Norden,
Der wie ein Wolf am eignen Fleisch uns fraß,
Ward durch den Arm Jeroboams gebändigt,
Und alle Kinder Jakobs sind nun eins.
Kein Unterschied von Israel und Juda,
Ein Name nur, ein Gottesdienst, ein König,
Ein auserwähltes Volk vor unserm Herrn!
(Posaunenstoß.)

Zweite Szene.

Es treten auf aus dem Hintergrunde: Trabanten, Ben Jochai, Jeroboam mit Rüstung und Schwert, endlich Salomo in königlichem Purpur. Er besteigt den Thron. Ahia stellt sich zur Rechten, Ben Jochai zur Linken des Thrones. Jeroboam und die Trabanten bleiben im Vordergrund rechts auf der Bühne. Die Vorhänge des Hintergrundes schließen sich von beiden Seiten gegen die Mitte zu.

Ahia.

Hosianna Gott dem Herrn, und Heil dem König!

Alle.

Heil Salomo! Dem Sohne Davids Heil!

Salomo.

Ich danke dir, Ahia. Dank euch allen!

Doch wo ist unser Feldherr, Freund und Held?
(Mit ausgestrecktem Arm.)
Jeroboam!

Jeroboam (tritt vor, sich neigend).
Mein König, ich gehorche.

Salomo.
Nicht so bescheiden! Reich' uns deine Hand.
Bescheidenheit ist schön; doch zu bescheiden
Ist unrecht und ist stolzer noch als Stolz.
Wir lieben dich, mein Feldherr und mein Vetter,
Was du im Kampf für unser Reich getan,
Bleibt unvergessen.

Jeroboam.
Herr, soll ich mich schämen?
Nur meine Pflicht, nicht mehr hab' ich getan.

Salomo.
Heil unserm Land, wenn jeder also dächte!
Gleich einer Heerschar ist ein treuer Mann.
Es kommen viele, doch du bist der erste,
Der Auserwählte bist du, dem mein Ohr,
Mein Herz gehört; du wirst, mein tapfrer Vetter,
Mich nicht an meines Lebens schönstem Tag
So kränken, so zum Bettler machen wollen,
Daß du mir zeigst: Ich wünsche keinen Dank —

Jeroboam.
Du dankst, indem du anerkennst, mein König.

Salomo.
Sprich eine Bitte: Nenn' mir einen Wunsch!
Du machst mich arm mit deinen stummen Lippen.

Jeroboam.
Daß du mich ehrst, Herr, das ist Lohns genug.

Salomo.

Ist nicht genug! Bei meinem goldenen Zepter,
Du hast ein Recht auf jeden höchsten Dank!
Wir wissen wohl, wir tragen unsre Krone
Durch eigne Kraft, doch nicht zuletzt durch dich!

Jeroboam.

Durch mich? O Herr, laß mich vom Herzen sprechen!
Ich hab's im Grund auch für mich selbst getan.
Ja, für mich selbst! Hier schlug's in meinem Herzen:
„Du bist befleckt, entehrt, Jeroboam!"
„Nicht rein, nicht ehrlich!" Ja, du weißt es, König,
Es liegt ein Fluch von Anbeginn auf mir.
Noch rauscht die Terebinthe in den Bergen,
Wo Joab einst den Absalon durchstieß,
Den Absalon, der gegen seinen Vater
Und deinen Vater, David, unsern Herrn,
Aufstand; und neben Absalon focht Nebat;
Ich aber, wie du weißt, bin Nebats Sohn. —
Der Same Sauls, der unterging durch David,
Erhob in Nebat noch einmal sein Haupt
Und sank dahin, von Davids Schwert getroffen.
Jetzt wuchern wilde Nesseln auf dem Grund,
Wo Nebat schläft; es ist kein Grab für Helden,
Es ist ein Ort für einen toten Hund. —

Salomo.

Vergiß das! Und wenn Mitgefühl der Leiden
Die Wunde heilt, so bin ich gern dein Arzt.

Jeroboam.

So wurde dieses Grab denn all mein Erbteil.
Ich war ein hilflos Kind in fremder Hand, —
Denn meiner Mutter war das Herz gebrochen, —
Mein ganzer Stamm erlosch vor Davids Grimm;
Nur ich blieb übrig, ich, ein hilflos Knäblein.

Salomo.
Schon auserwählt zu künft'ger großer Tat.
Daß ich nicht schmeichle, hast du jetzt bewiesen.

Jeroboam.

Du schmeichelst doch, — vom König nehm' ich's an. —
Es war ein ernster Mann, der mich im Mantel
Zu Ephraim hinauftrug ins Gebirg,
Zum Hüter deiner königlichen Gärten,
Ich habe längst sein Angesicht vergessen
Und nie erfuhr ich, wo mein Retter blieb.

Salomo.

Ich weiß, du wurdest wunderbar erhalten.

Ahia (für sich).

Ich weiß es auch und wünsch' es wär' nicht not!

Jeroboam.

Da saß ich nun, — es war ein goldner Abend, —
Vor Ephraims Haus im Schatten eines Baums
Und spielte froh mit meinen neuen Schwestern,
Den Töchtern des Erblindeten, im Sand,
Die ganz erstaunt, wie über einen Vogel,
Mich fütterten mit Datteln und mit Brot.
Und also ward der Hüter deiner Gärten
Mein zweiter Vater, ich sein drittes Kind. —
Ich wuchs und wuchs. Und David war gestorben,
Du aber, nach dem Recht, bestiegst den Thron, —
Da führt dich eine Jagd mit deinen Jägern
Zu uns in das Gebirg.

Salomo.
So ist's gescheh'n.

Jeroboam.

Dein Kämmrer wollte Ephraim verderben
Und sprach zu dir: „O Herr, noch lebt ein Sproß

Vom Stamme Sauls, durch Ephraim verborgen."
Und so erfuhrst du plötzlich mein Geschick. —
Dein Herz war größer als Ben Jochais Bosheit;
Von Mitleid ward dein edles Aug' umflort;
Du sprachst: „Ich will ihn sehn!" Ich bin gekommen,
Ich stand vor dir, doch nicht als wie ein Knecht.
Ein andrer hätt' von seines Thrones Stufen
Mich peitschen lassen, — du gabst mir die Hand;
Du hobst mich auf wie deinen eignen Bruder;
Ja, als der grimm'ge Krieg war rings entbrannt,
Da gabst du mir dein Schwert: Ich schlug die Feinde,
Ich schlug sie dir zum Heil, — hier ist's zurück.
(Legt das Schwert auf die Stufen.)

Salomo.

Jetzt sei es dein! Behalt es fort in Ehren,
Doch gib dafür dem König deinen Wunsch.

Jeroboam.

Wenn's doch denn sein muß, König, sei es dieser:
Der Panzer drückt mich, Staub bedeckt den Helm, —
In meine Heimat möcht' ich Urlaub nehmen,
In meine Wälder und in mein Gebirg.
Jerusalem beengt mich; Herr, ich möchte
Zu Ephraim, bis du mich wieder rufst.

Salomo (lächelnd).

Ich fürcht', ich fürcht', es ist nicht bloß der Alte,
Der mehr zieht, als Jerusalem und ich!

Jeroboam.

Und warum sollt' ich's leugnen, großer König?
Die Wahrheit soll heraus, du willst es selbst.
Du weißt, ich könnte eher mit der Zunge
Ein Eisen hämmern, als zu einem Weib
Von Liebe sprechen; Herr, wenn du dich wieder

Zu uns einmal verirrtest, sei mein Gast! —
Sei's heute noch, so dank' ich dir und führe
Ein Mädchen dir entgegen, Ephraims Kind
Und jüngste Tochter —

Salomo (rasch).

Sulamith?

Jeroboam.

Du kennst sie?
Du kennst sie, Herr? Du weißt schon ihren Namen?

Salomo.

Sprich weiter! Hast du sie nicht selbst genannt?

Jeroboam.

So führ' ich, Herr, dir Sulamith entgegen
Und sprech' in Demut: „Gib sie mir zum Weib!"

Salomo.

Wenn sie dich liebt, — mit Freuden will ich kommen.

Jeroboam.

Ich danke dir, mein König!

(Neigt sich.)

Salomo.

Lebe wohl!

(Jeroboam und Trabanten gehen ab nach rechts.
Posaunenstoß.)

Dritte Szene.

Salomo. Ahia. Ben Jochai ohne die Vorigen.

Ahia (laut rufend).

Wer Ursach' hat, zu fordern und zu klagen,
Wer Recht begehrt, der König hält Gericht.

Ben Jochai
(tritt vor den Thron und wirft sich aufs Knie).

So stürz' ich denn zum drittenmal zur Erde

Und steh nicht auf, bis daß der König spricht:
"Ben Jochai, du sollst Gnade von mir finden,
Rechtfertigung und Gnade für dein Weib."

S a l o m o.

Für dich, Ben Jochai, alles. Doch für Rachel
Nicht mehr, als unsre Milde schon getan.
Das Urteil stand auf Tod. Es ward gemildert.
Wer kennt das Urteil?

A h i a (vortretend).

Ich!

S a l o m o.

So wiederhol's.
Erzähl' den Fall vom Anfang. Könnt' ich's ändern,
Ich tät's. Doch solches richtet schon sich selbst.

(Zu Ben Jochai.)

Steh' auf!

(Ben Jochai erhebt sich.)

A h i a.

Es war beim Tempelweihefest,
Da stellten vor dem König sich zwei Weiber.
Rachel, die eine, des Ben Jochai Hausfrau,
Die andre, Mirjam, Ephraims ältste Tochter,
Des Hüters aller königlichen Gärten,
Und Wittib Joëls, welcher in dem Kampf,
Den wir mit soviel Glück und Ruhm beendet,
Gefallen war. Der Streit ist unerhört.
Es hatten, so erzählten sie, die beiden
In gleicher Kammer schlafend in der Nacht,
Die Rachel wie die Mirjam, einen Knaben
Geboren. — Drauf erdrückt im tiefen Schlaf
Ihr Kind die Rachel, legt's am frühen Morgen
Der andern in den Arm, die schlummert noch.

Ben Jochai.

O Herr, das ist Betrug von unsern Feinden!
Ist Mirjams Trug!

Ahia.

Ihr habt's mit heil'gem Eid
Beteuert, daß sie log. Ihr habt das Kindlein,
Das tote Kind ihr an die Brust gelegt
Und grifft nach dem lebend'gen. Doch die Mutter —
Wer hätte eine Mutter je getäuscht? —
Trat klagend vor den König. Ohne Zeugen,
Von Rachels heil'gem Eid fast widerlegt,
Stand Mirjam. Auch der Freund an ihrer Seite,
Der arme Hirte Simon, war verstummt.
Da sprach der König: „Hört mich an, ihr Frauen,
Zum letztenmal: Besteht Ihr auf den Spruch?"
Und Rachel rief: „Ich schwör's! Mein Kind ist lebend!"
Und Mirjam wurde bleich als wie der Tod
Und sprach zu Rachel: „Denk' an deine Seele!"
Da rief der König laut: „Tritt vor, Trabant!
Wenn keine lügt, soll jede recht behalten.
Ihr kommt mit gleichem Anspruch auf dies Kind, —
So zieh dein Schwert, Trabant, zerteil' das Knäblein
Und jeder Mutter gib ein halbes Kind!"
Jetzt zuckt als wie der Flammenblitz aus Wolken
Aus Mirjams Brust der Mutterliebe Strahl:
„Halt ein! Nimm's hin! Nimm's ganz! Sei du die Mutter!
Tut, was ihr wollt, nur tötet nicht das Kind!
O seht, es lacht, es lebt, mein armes Würmlein!
Berühr's nicht, Krieger, zieh dein Schwert zurück!
Ja, nimm's! Nimm's hin! Sei du die Mutter, Rachel!
Führt mich zum Tod, — nur tötet nicht mein Kind!"
So war's heraus. — Der König rief: „Man greife
Die Lügnerin!" Und Mirjam trug ihr Kind

Hinweg, umschwärmt vom ungeheuern Jubel
Des Volks. — Doch, weil Ben Jochai treu gedient,
So mildert' man das Urteil: Geißelhiebe
Statt Tod. So ist's ergangen. — (Tritt zurück.)

    Ben Jochai.

        Herr! O Herr!
Sie tat's nicht um der Arglist willen. Mirjam
Und Ephraims ganzes Haus hat uns verhöhnt:
Die Unfruchtbare schmähten sie die Rachel,
Die niemals mir ein Kind gebären soll, —
Da tat sie's halb im Wahnsinn.

    Salomo.

       Still, Ben Jochai!
Ihr habt mit einer Witwe Schmerz und Glück
So frevelhaft gespielt, daß eure Strafe
Noch tausendmal zu mild ist. Sprich kein Wort!

    Ben Jochai.
O Herr, sie wird die Schmach nicht überleben!

    Salomo.
Die Schmach gab sie sich selbst. Es ist genug.

    Ben Jochai.
Herr, niemals hab ich rühmend meine Dienste
Genannt, — mit deinem Vater sind sie tot, —
Er hat's gewußt, er kannte den Ben Jochai
Als seines Hauses treu verschwiegnen Knecht.
Er hat's gewußt, — sein Sohn will es nicht wissen
Und soll es auch nicht wissen, denn mein Mund
Wird eher sich in ew'ger Stummheit schließen,
Als atmen einen Hauch nur, der (zögernd, bedeutungsvoll)
        dich kränkt.
(Sich aufs Knie werfend.)

Sprich Gnade, Herr, beim Schatten des Vergangnen!
Sprich Gnade, Herr, ich bitte dich im Staub!
Beim Herzen deiner Mutter, bei Bathseba,
Sprich Gnade, Herr, ich bitte dich im Staub!

Salomo.

Meineid ist Meineid. — Geh, ich kann nicht anders!

Ben Jochai (sich starr aufrichtend).

Du kannst nicht anders? Mög' dich's nie gereun! (Wankt
hinaus.)

Vierte Szene.

Salomo und Ahia. Die Vorigen ohne Ben Jochai.

Salomo.

Ahia, folg' ihm nach. — Oh, welche Menschen!

Ahia.

Ich will ihm folgen. (Sich neigend.) Sei der Herr mit dir!
(Ab.)

Fünfte Szene.

Salomo. Die Vorigen ohne Ahia.

Salomo.

Ich will allein sein. Geht, ihr seid entlassen.
(Knaben und Mädchen gehen zur Rechten und Linken der
Bühne ab.)

Sechste Szene.

Salomo ohne die Vorigen.

Salomo
(das Haupt aufstützend, in Gedanken).

Allein? Jawohl, allein, — ich bin allein! —

Jeroboam, ich könnte dich beneiden!
Das ist der Fluch der Großen dieser Welt,
Sie hören tief die Menschenbrandung brausen,
Sie heben wie die Klippen hoch ihr Haupt
Zum Himmel, zu den Sternen, — doch die Blume,
Das arme Kraut ist glücklicher als sie.
Das lebt und blüht, trinkt Morgentau und Sonne, —
Doch um die hohen Gipfel rast der Sturm,
Der Blitz erhebt sein Glutenschwert und spaltet
Den fürstlichen Basalt bis auf den Grund.

Siebente Szene.

Salomo. Memnon tritt auf.

Memnon.

Mein König, gönn' auch mir, den Tag zu preisen —
Salomo (vom Thron steigend).
Mein Arzt, mein Freund! O herrlich, daß du kommst!
Du bist der liebste Gast in diesen Mauern.
O sieh, ich bin am Königsfieber krank.
Mir geht's wie jenem Midas, dem die Speise
Zu Gold ward, — er blieb doch ein armer Mann.

Memnon.

Wie reich bist du, o Herr, in deiner Armut!
Auf deine Stimme horcht ein tapfres Volk,
Es dringt dein Ruhm weit über deine Grenzen,
Dein Bildnis trägt der Schiffer übers Meer. —
Wie weit du umblickst, nirgends hast du Feinde,
Denn die dich haßten, wurden längst dir hold;
So sehr hat deine Großmut alle Völker
Und Fürsten dieser Welt mit dir versöhnt.

Salomo.

Und dennoch, Memnon, fehlt mir viel, fast alles!

Ich bin im Grunde doch ein armer Mann.
Was nützt uns Macht, was nützt uns Glanz und Reichtum?

Memnon.

Was suchst du, Herr?

Salomo.

Die Wahrheit und ein Herz.

Memnon.

Die Wahrheit — wirst du kennen lernen, König,
Und Herzen raubt ein Jüngling leicht genug.

Salomo.

Ja, wenn sie leicht sind! Doch ich dürste, Memnon,
Nach einem starken Herzen —

Memnon.

Ahnst du keins?

Salomo.

Nicht so! Ich weiß, du bist mein wackrer Memnon!

Memnon.

Du denkst wohl an die neue Freundin schon,
Die Königin von Saba, an die Perle
Des Morgenlands, die schönste Frau der Welt?
Ja, wir erwarten täglich ihre Boten.
Vielleicht besitzt dies Weib, wonach du suchst,
Und macht dich froh.

Salomo.

Du hast mich nicht verstanden.
Nicht Schönheit such' ich, nur ein wahres Herz.
Ich möchte in die ärmsten Hütten schleichen,
Ich möchte, — Freund, was ich Jeroboam
Versprochen habe, muß ich heut noch halten.
Ich will sie sehn, die junge Sulamith! —

Wir nannten sie die Taube auf den Bergen, —
Erinnerst du dich noch?

Memnon.

Jawohl, jawohl!
Da wir zum Scherz als König Davids Harfner
Vor deines Vaters Tod im Wald gestreift.

Salomo.

Wir sahn sie öfter!

Memnon.

Ja, die schönen Zeiten!

Salomo.

Sie sind dahin! Sie kommen so nie mehr! —
Ich habe dem Jeroboam versprochen,
Sein Gast zu sein. Auf, rüsten wir uns, Freund!
Begleite mich und rufe meine Jäger.

Memnon.

Das will ich, Herr!

Salomo.

Ja, tu es eilig, Freund!
(Memnon neigt sich und geht ab.)

Achte Szene.

Salomo ohne Memnon.

Salomo.

Ich sollt's nicht tun! — Ich kenn' das holde Mädchen. —
Ich galt ihr einst — doch still, das ist vorbei! —
Ich will die Wipfel wieder rauschen hören
Und Felsen sehn und Bäche, die ins Tal
Hinunterbrausen; Lüfte will ich atmen,
Die heiter sind und kräftig, — hier ist's schwül.

In fremdem Glück will ich mich selbst berauschen. —
Jeroboam ist reich, ihn liebt ihr Herz!
(Entfernt sich sinnend.)

Neunte Szene.

Verwandlung: Waldgebirge mit Ausblick auf Jerusalem in der Tiefe. Abendrot. Rechts zurück Ephraims Haus. Mitten nach vorne, etwas erhöht, eine riesige Terebinthe. Rasensitze darum. Nach links zu felsig ansteigender Boden, der in schroffen Wänden gegen die Tiefe zu abstürzt. Der alte Ephraim wird von Sulamith, die einen Krug trägt, herausgeführt.

Ephraim.

Nur langsam, Kind. — O Wohlgefühl der Wärme!
Es muß noch Tag sein. Goldnes Sonnenlicht,
Wie glücklich ist, wer mit gesunden Augen
In dir noch wandelt, — ich bin alt und blind!
Ja, Sulamith, ich durfte noch nicht sterben.
Zum letztenmal hab' ich mich aufgerafft,
Bis Mirjam kommt. — Wo ist die Terebinthe?
Führ' mich zum Baum, denn ich bin herzlich müd'.

Sulamith.

Wir sind an Eurem Ruhplatz, laßt Euch nieder.
(Sie hilft ihm und stellt den Krug zur Erde.)

Ephraim.

Setz' dich zu mir und gib mir deine Hand.
(Sie tut es.)
Du hast ein scharfes Aug', schau' dort hinunter;
Auch hörst du gut, gib acht auf jeden Schall. —
Wär' ich nicht alt und blind, mein gutes Mädchen,
Das hätte uns Ben Jochai nicht getan! —
Der Simon ist ein treuer, kluger Nachbar.

Ich werd' ihm's nie vergessen. — Ja, mein Kind,
Hier saß ich oft und oft mit deiner Mutter
In bessern, schönern Tagen. Oh, die Zeit!
Ja, Leid und Freude, alles geht vorüber!
Wie ist der Himmel?

Sulamith.
Wolkenlos und rein.

Ephraim.
Noch immer Tag?

Sulamith.
Die Sonne sinkt hinunter,
Die letzten Schwalben kreisen um den Berg,
Die Felswand glüht im Abendrot wie Feuer,
Die Zinne Zions funkelt wie ein Stern.

Ephraim.
Das Bild von einst! Es schwebt vor meinen Augen. —
Horch, war das nicht ein Schlag auf einen Stein?

Sulamith.
Ich höre nichts; auch seh' ich nichts. Es dämmert.
Dort klettern wilde Ziegen an der Wand.

Ephraim.
Ja, wer allein steht, schutzlos, ohne Hilfe!
Der Simon ist doch recht ein treuer Mann!
Wär' Joël noch nicht tot, und wär' ich selber
Nicht blind, und wärst du nicht ein halbes Kind,
Nie wär' uns das gekommen. — Hörst du's lachen?

Sulamith.
Es ist die wilde Taube im Gebirg;
Der Frühling kommt, der Weinstock grünt, sie wandert,
Sie baut im Wald ihr Nest und ruft und lockt.

Ephraim.

So lernst du aus dem Schicksal deiner Schwester,
Daß Einsamkeit nicht gut ist für das Weib.
Sie braucht zum Schutz den Mann. Ja, gutes Mädchen,
Er kommt auch bald für dich.

Sulamith.

Was brauch' ich Schutz?
Was brauch' ich einen Mann, solang mein Vater
Mein alles ist?

Ephraim.

Kind, das verstehst du nicht!
Mit Ruhm bedeckt, geehrt von Volk und König,
Als Sieger kehrt Jeroboam zurück.

Sulamith.

Als meinen Bruder freut mich's ihn zu grüßen,
Als deinen Sohn erwarte ich ihn gern.
Doch mehr begehrt er selbst nicht von der Schwester
Und hätte auch kein Recht.

Ephraim.

Was weißt denn du!

Sulamith (sich rasch erhebend).

Jetzt ist mir's selbst, als hört' ich ferne Schritte. —

Ephraim.

Dann sind's sie auch! Komm, hilf mir auf, mein Kind!
(Er steht, auf Sulamith gestützt.)

Sulamith.

Nun, Vater, faß dich! Unglück wird nicht kommen.

Zehnte Szene.
Simon. Miriam. Die Vorigen.

Simon (seinen Stab schwingend).

Heil, Ephraim, Heil! Dein Enkel kehrt zurück!

Ephraim.

Oh, seid gebenedeit für diese Kunde!
Komm', meine Mirjam! Legt mir's an das Herz!

Simon.

Du wiegst's noch früh genug auf deinen Armen!
Wir trugen's zu der Muhme in das Haus;
Die legt's in frische Windeln. Ei, das schreit,
Das zappelt und macht Augen, Vater Ephraim!

Ephraim.

Ich wußt' es ja, ich wußt' es, daß Jehovah
Gerecht ist! Ja, gerecht ist unser Herr!
Ruh aus, o Mirjam, rede, meine Tochter!
Du wackrer Simon, gib mir deine Hand!

(Simon reicht ihm die Hand.)

Wie war's? Erzählt's! O sprecht! Wie ist's gekommen?

Simon.

Höchst wunderbar!

Sulamith.

Ruht aus hier unterm Baum!
Sprich, Mirjam!

Ephraim.

Ja, erzählt!

(Miriam und Sulamith lassen sich zur Seite Ephraims auf
den Rasensitz nieder.)

Miriam.

Wie soll ich's sagen?
Zu reiches Glück nach allzu großem Schmerz
Macht stumm. Nein, unserm Simon müßt Ihr horchen,
Nur ihm allein. Er war mein Schirm und Stab,
Er führte mich zum Thron, er stritt mit Rachel
Und mit Ben Jochai —

Simon (auf seinen Stab gestützt).

      Laßt's bis morgen ruhn!
Nicht ich, dein eig'nes Herz schrie auf zum Himmel,
Und das vernahm des Königs kluges Ohr. —
Bis morgen! — Laßt das alles bis auf morgen!
Genug: Hier sind wir, und du hast dein Kind.

Miriam.

Fast glaub' ich's nicht. Mein Herz ist viel zu selig.
Fast glaub' ich's nicht. Doch Rachel büßt es hart.
Sie hat mich ohne Grund gehaßt, und weil ich
Nun glücklich bin, vergeß' ich jeden Groll.

Ephraim.

Ist Wein hier? Trinkt Erquickung!

Sulamith.

      Liebe Schwester,
Wie ist der König?

Miriam (gedankenvoll).

 Wie der König ist?
Ich weiß es kaum. Ein Thron war hoch errichtet,
Und um die Stufen standen Männer viel.
Ich sah sie kaum, denn meine Augen waren
Von Tränen voll, ich suchte nur mein Kind —
Und fand's. Und wie ich's sah auf Rachels Armen,
Und wie ich stand vor ihrem bösen Blick,
Da überlief's mich. Doch es ist vorüber,
Freut Euch mit mir, ich hab' mein liebes Kind!

Simon (den Krug erhebend).

Aufs Wohl von Ephraims Enkel! (trinkt) Das wird einmal
Ein tüchtiger Posaunenbläser. Seht, (auf Miriam zeigend)
Sie denkt nur an ihr Kind. Ja, geh' zur Muhme!
Der Weg war steil, Euch tut die Ruhe not.
  (Miriam geht ab ins Haus.)

Elfte Szene.
Die Vorigen, außer Miriam.

Simon.
Nun, Sulamith, hast du denn nichts zu fragen?
Weißt du's denn schon? Ist er vielleicht schon hier?

Sulamith.
Wen meinst du denn?

Simon.
     Wie klug! Den großen Streiter!
Verstell' dich nicht! Du wirst ja plötzlich rot?
Wen meinst du denn? Wen sollt' ich anders meinen?
Glück zu! Du bist des größten Helden Braut!
So herrlich stand noch keiner vor dem König,
Und nicht die kleinste Gnade nahm er an.
Wir sah'n ihn noch vor Abend durch die Straßen
Wie Samson, den Philisterjäger, ziehn;
Mit Laub bekränzt die Waffen und den Harnisch,
Auf einem edlen, goldgezäumten Roß;
Wir hoben unser Kindlein auf und riefen:
„Jeroboam, der Friede sei mit dir!"
Er aber konnt' im Lärm uns nicht vernehmen,
Denn brausend wuchs um ihn der Menge Strom;
Es war ein ewig Rufen, ewig Jubeln,
Er aber ritt dahin als wie im Traum.

Sulamith.
Erzähl' uns auch vom König! Ist er wirklich
So weise und so jung noch, wie man spricht?

Simon.
Was kümmert's dich? Doch ja. Weil unser Kindlein
Gerettet ist, so fragst du mich darnach.
Der König ist ein Mann, wie tausend andre;

Nur jung dabei und schön und — du hast recht, —
Das Beste hätt' ich wirklich bald vergessen:
Erinnerst du des Harfners dich vielleicht?
Es ist kein Jahr noch, daß er deine Rosen
Geplündert hat, und ich ihm einen Stein
Nachsandte. Möglich, daß du's schon vergessen;
Doch damals warst du über mich erzürnt
Und sagtest: „Ei, was liegt an ein paar Rosen?
Er bat mich drum, ich gab sie herzlich gern." —
Nun, dieser Harfner, — denk dir seine Augen
(Sulamith horcht auf.)
Und seine langen Locken, seine Stirn',
Die Stimme, die Gestalt, es war zum Lachen,
Und dennoch war's für mich als wie ein Schlag: —
Ich hoffte nicht, im König den zu finden,
Den ich so hart begrüßt mit einem Stein.
(Zu Sulamith.)
Ja, staune nur, es ist so. — Kommt, mein Alter.
Ich muß ja erst das Urteil und den Spruch,
Den Richterspruch des Königs Euch erzählen.
Kommt, gebt mir Euern Arm, geh'n wir ins Haus.
(Er führt Ephraim hinein. Sulamith hebt in Gedanken den
Krug auf, folgt ihnen und kehrt vor der Schwelle wieder zu=
rück. Sie stellt den Krug zur Erde und schreitet gegen den
Vordergrund.)

Zwölfte Szene.

Sulamith (allein).

So ist er's doch? So kann ein Traum uns künden,
Was wirklich ist? Er stand vor mir im Traum,
Wie Simon sagt, mit Krone und mit Purpur,
Auf einem Thron, das Zepter in der Hand.
Und unser Haus ward wunderbar verwandelt

Zum Tempel von Jerusalem. — Er hob
Mich hoch empor zu sich. — Er war es wirklich? —
O weh, mein Herz, du lachtest damals laut, —
Jetzt aber wirst du ewig weinen müssen,
Denn er ist König und ich bin nur Magd! —

Dreizehnte Szene.

Jeroboam, aus der Tiefe kommend. Sulamith.

Jeroboam.

Bist du ein sel'ger Geist, ein güt'ger Schatten,
Der meines Vaters Grab bei Nacht umschwebt?
Was? Sulamith? Du selbst? Und weichst so furchtsam
Vor mir zurück? — Das dort ist unser Haus;
Dort sind die Meinen. (Gegen die Erde.) Zürne nicht mein
            Vater!
O Sulamith! (Da sie zurücktritt.) Was weichst du so zurück?

Sulamith (tritt näher).

Jeroboam, mein Bruder, sei willkommen!
    (Reicht ihm die Hand.)

Jeroboam.

Und nur die Hand? Warum nicht auch den Mund?
    (Küßt sie auf die Stirne.)
Mein Schwert, jetzt sollst du lange ruhn und rasten!
Jetzt fürcht' ich keinen Feind, als nur mich selbst!

Sulamith.

So komm' ins Haus.

Jeroboam.

    Du glaubst? Ich will noch bleiben.
Schau' hin, es geht so schön der Mond herauf.
Kind, was kann ich zur armen Mirjam sprechen
Von ihrem toten Mann?

Sulamith.
Ja, es ist hart! —
Dafür wirst du ein fröhlich Knäblein finden.

Jeroboam.
Hat Miriam ein Kind, dann ist ihr Schmerz
Zwar nicht geheilt, doch gleicht er einer Wunde,
Die man nur fühlt, wenn man sie rauh berührt. —
Du sprichst so gar nichts? Ist für dich mein Kommen
Nicht mehr, als wenn ein Bote kommt und geht?
O Sulamith, das höchste Glück der Erde,
Wie eine Rose blüht's aus deinem Mund!
So sprich! —

Sulamith.
Was meinst du?

Jeroboam.
Nein, es ist so besser.
Zur rechten Stunde bist du wohl nicht stumm.
(Waldhornklänge. Fackeln steigen auf.)

Jeroboam (fröhlich).
Das ist der König!

Sulamith (in höchster Aufregung).
Fort! Laß mich verbergen! (Will fort.)

Jeroboam (hält sie zurück).
Du Kind!

Sulamith.
Denn dieser Anblick wär' mein Tod!

Vierzehnte Szene.

Jäger mit Fackeln. Memnon. Salomo und Gefolge. Die Vorigen.

Salomo (lachend).
Sind wir so furchtbar?

Jeroboam (sich neigend).

Herr, du bist willkommen!
Es ehrt uns hoch, die aber ist ein Kind.
Es traf zu schnell. Ich selbst bin kaum gekommen
Und trete nun mit dir zugleich ins Haus.

Salomo.

Wohlan! (Indem sie sich wenden, steht Jeroboam plötzlich
still.)

Jeroboam.

Doch, Herr, mit Gunst, gedenk' der Bitte:
Komm', Sulamith, ich fasse deine Hand. (Er tut es.)
Jetzt ist der rechte Augenblick gekommen,
Das ist der Preis: Herr, gib sie mir zum Weib!
(Sulamith zuckt zusammen.)

Salomo.

Spricht Sulamith kein Wort?

Sulamith (kämpfend).

Was soll ich sprechen?

Jeroboam.

Jetzt laß die Rose blühn! Oh, sei nicht stumm!

Sulamith (dumpf).

Befiehlt der König?

Salomo (lebhaft).

Niemand soll befehlen!
Wo Sulamith gewählt hat, spricht sie selbst.
(Sulamith reißt sich los und stürzt zu des Königs Füßen.)

Jeroboam.

Was soll das sein?

Salomo.

Steh auf! Was willst du, Mädchen?

Sulamith (leidenschaftlich).

Herr, gib mich niemand, niemand in der Welt!

Salomo.

So ruft nicht Liebe. Freund, ich will nicht hoffen,
Daß man sie zwingt. Sei ruhig, armes Kind!
(Er erhebt sie.)

Sulamith (in unbewußter Leidenschaft).

Dir ist's erlaubt, du trägst dafür die Krone,
Daß jedes Aug, wie nach der Sonne Schein,
Nach dir blickt; und wenn du einmal den Purpur
Zum Scherz von dir wirfst, wenn du das Gewand
Des Knechts um dich hüllst, doch bleibst du der König.
Denn du bist uns ein göttliches Gestirn!
Drum darfst du auch vom Jammer nichts mehr wissen,
Und von verlorner Hoffnung, die du weckst;
Du darfst uns wie den Staub von deinen Füßen
Abschütteln, aber eins, Herr, darfst du nicht:
Uns zwingen, uns verschenken. — Ja, ich würde
Den Tod umarmen, — niemals einen Mann!

Jeroboam.

Sie rast!

Salomo.

Wenn ich auch viel von deiner Rede
Nur halb verstand, so viel verstand ich doch,
Daß ich dir meinen Schutz nicht darf verweigern.
Jeroboam, es tut mir herzlich leid;
Jerusalem hat viele schöne Frauen,
Und bist du nur ein einzig Mal mein Gast,
So wirst du diese Stunde auch vergessen;
Auf Sulamith jedoch hast du kein Recht.
(Der König und alle wenden sich dem Hause zu.)

Jeroboam (rasch).

Kein Recht? Ich bitt' Euch, bleibt! (Zu Sulamith.) Hast
du vergessen
Des Morgens, als sich einst um deinen Arm
Die Natter wand? Es war beim Blumenpflücken,
Du riefst — und wurdest bleich als wie der Tod —:
„Jeroboam!" Der aber ließ die Schlange
Kaltblütig züngeln nach der eignen Hand,
Zerdrückte sie und sog das Gift der Wunde
Nicht früher aus, bis du gerettet warst. —
(Sulamith tritt auf ihn zu.)
Nein, sprich nichts mehr! Du hast zuviel gesprochen!
Und wenn du jedes treue, liebe Wort
Der Menschensprache mir jetzt schenken wolltest,
So würd' ich doch empfinden: Du bist falsch.

Sulamith.

Jeroboam!

Jeroboam (bitter).

Ich denk' nur an die Schlange. —

Salomo.

Mißkenn' sie nicht, und folg' uns in das Haus.
(Er führt Sulamith hinein; Memnon und die Fackeln folgen.)

Fünfzehnte Szene.

Jeroboam
(schlägt sich vor die Stirn).
Bin ich vielleicht vom Schlangenbiß noch trunken?
War das mein Brautgruß? War das nicht ein Hohn?
„Mißkenn' sie nicht!" — Soll ich wohl dich erkennen?
Hab' ich geträumt und bin jetzt plötzlich wach?
Wie klang das von der Krone und vom Purpur?

Vom Staub, den er von Füßen schütteln darf?
Du siehst nur ihn, du hast für ihn nur Augen,
Und er ist dir ein göttliches Gestirn? —
O Schmach! Reißt mir ein Blitz durch meine Seele,
Und steigt ein alter Argwohn grinsend auf?
Warst du auf jener Jagd darum so gütig?
Darum so gütig mit Jeroboam,
Weil ihre Schönheit — Tod! ich darf's nicht denken! —
Darum so gütig? Oh, es macht mich toll! — —
Im Grab erwürgt's noch einmal meinen Vater
Und längst gestorbnen Haß beschwört's herauf.
Mein Herz der Zielpunkt für des Königs Pfeile?
Mein einzig, einzig Glück in seinem Arm?
Noch seh' ich's nicht, noch muß ich es nicht glauben:
Doch, wenn ich's glaube, weh dir, stolzes Haupt!
         (Er wendet sich gegen das Haus zu.)

Zweiter Akt.

Erste Szene.

Waldgebirge wie im ersten Akt. Links auf dem Rasensitz unter der Terebinthe, halb gegen den Hintergrund gewandt, sitzt Sulamith. Sie stützt das Haupt auf den Arm, in tiefes Nachdenken verloren. Von rechts her kommen Miriam, Jeroboam mit Spieß und Jagdkleid.

Miriam.

Ich glaub' es, wie dir ist. Um einen Toten
Vergießt man wohl viel Tränen, großer Schmerz
Erschüttert uns. Doch besser ist's um Tote
Zu klagen, als um Lebende. Schau' hin!
(Beide stehen still.)

Jeroboam.

Leb' wohl, denn dieser Anblick macht mich rasen!

Miriam.

Nein, bleib! Du sollst nicht früher in den Wald,
Bis eins das andre hört. Dies kalte Schweigen,
Dies stumme Eis schon manchen langen Tag
Muß auftaun. Ihr müßt sprechen, denn die Zunge
Macht manches wieder gut, was sie verbricht.

Jeroboam.

Sie hört uns nicht. Als wie von Erz gegossen,
Zu Stein verwandelt, sitzt sie schweigend dort,
Jerusalem mit stummer Sehnsucht suchend
Und Zions Mauern, ihres Königs Burg. (Zu Miriam.)
Oh, du bist gut! Dein Mitleid will mich trösten.
Ich wollte, Weib, ich hätt' um dich gefreit!
Du hast ein Herz, das freundlich auch den Fremden,
Den Ungeliebten tröstet und sein Leid
Zum eignen macht. Sie aber ist wie Marmor.
Was schmelz' ich denn in Klagen? Herz des Manns,
Du Stolz des Kriegers, wirst du um ein Mädchen,
Das dich verschmäht, zum weichen, alten Weib?
O pfui! Leb' wohl! Ich kann es nicht ertragen,
Sie so zu sehn. Ich will in meinen Wald.
Wenn's über mir in sturmbewegten Bäumen
Lebendig rauscht, verstummt mein eigner Schmerz.
Ich schleudre dann den Spieß, ich such' den Schakal
Im Sumpf, ich reiz' die Schlange mit dem Fuß;
Ich hetze jedes Untier auf mein Leben,
Nur: daß ich nicht mehr weiß, wer ich denn bin!
(Will über die Bühne ab nach links.)

Miriam.

O bleib! ich bitt' dich, bleib! Ich will sie wecken.
(Tritt auf Sulamith zu und berührt ihre Schulter. Sula=
mith blickt auf und erhebt sich.)
Wach auf, komm' zu dir selbst, o Sulamith!
Wir sind nicht wie die Sterne, die der Erde
Nur nachts erscheinen und der andern Welt
Am Tag gehören. Schwester, wir sind Menschen;
Wir freun uns und wir trauern ganz wie du.
Drum, mußt du ja das eine nicht vergessen,
Auch du gehörst zu uns.

Sulamith (vorwärts schreitend).

Wohin auch sonst?
Obgleich ihr nichts als tadelt, nichts als tadelt.
Ich weiß, es ist ein Unglück, wie ich bin.
Allein ich bin so. Fordert nicht vom Vogel,
Er soll wie eine Blume duftig blühn,
Und fordert von der Blume nicht die Stimme
Des Vogels. Laßt mich leben, wie ich bin.

Miriam (auf Jeroboam zeigend).
Und dieser hier?

Sulamith.

Wird mehr der Freuden finden,
Als ich in meiner Einsamkeit der Qual.
Denn wozu leb' ich? Er ist hingegangen,
Er ist dahin, den meine Seele liebt, —
So laßt mich's tragen!

Jeroboam.

Er wird wiederkommen,
Und du wirst jubeln, tröste dich, mein Kind!
Es ist nichts Neues. Könige gewinnen
So leicht ein arglos Herz. Und er ist schön.
Nur denk' ans Ende! Was dein grauer Vater
Dich Tag für Tag beschwört, was Miriam
Nicht aufhört, dich zu warnen, was auch Simon
Dir nicht verhehlt, es ist kein Widerhall
Von meinem Schmerz, es ist der Wahrheit Stimme.
Oh, glaube mir, ich könnte, wär's dein Glück,
Mein Herz ersticken, könnte viel ertragen;
Denn lieber als mein Herz ist mir dein Glück.
Doch das ist nicht dein Glück, das ist dein Elend.

Sulamith.
Du sprichst als wie der Blinde von dem Glanz

Der Sonne, von dem Himmelblau des Meeres
Und von dem lichten Schein der ew'gen Luft.
Das war kein Leben, nein, es war ein Dämmern,
Ein Träumen war's, bevor sein Aug' mich sah.
Jetzt leb' ich!

Miriam.

    Nein, jetzt träumst du erst, o Schwester!
Ich bin die letzte, welche Salomo
Verdächtigt, der mein Kind mir hat gegeben,
Doch macht mich nicht die Mutterliebe blind,
Nein, gibt mir Augen, läßt mich klar erkennen,
Wo meiner Schwester Heil ist und wo nicht.

Jeroboam.

Auf diesem Weg liegt Schande. Tausend Dirnen,
Die ehrlos lungern, gibt ihm dieses Land.
Doch du bist nicht zur Tänzerin geboren;
Die Zornglut steigt mir auf, daß du nicht ahnst,
Was dich bedroht.

Sulamith.

    Kein Wort! Ich hab's geschworen:
Eh das geschieht, eh stürzt sich Sulamith
Vom Fels dort in die Tiefe. Eins nur, eines
Ist möglich: Daß mich Salomo so liebt,
Wie ich ihn liebe. Dann ist euer Tadel
Auch euer Urteil, — Schaum, der leicht zerfließt.
Dann kommt er doch, dann kommt er bald und findet
In Sulamith das Weib, das ihm gebührt.
Ist's anders, kommt er nicht, so will ich sterben;
Denn freundlicher und süßer ist der Tod,
Als ohne ihn ein Leben. — Meinen Vater
Wirst du dann pflegen, Mirjam, und dein Schmerz,
Jeroboam, wird milder von mir denken,

Ja milder denkt ihr alle dann von mir.
„Es war ihr Schicksal," wird das eine sprechen;
„Wie in ein armes Haus ein fremder Gast,
Ist diese Liebe in ihr Herz gekommen,"
So spricht das andre. „Offen stand die Tür, —
Und jetzt ist's einsam; selbst schob sie den Riegel
Auf ewig zu, und nun betritt's kein Mensch." —

Jeroboam (aufwallend).

Hinaus! In meinen Wald! Es macht mich rasend!
(Mit einer Wendung.)
Doch dich beklag' ich. Er allein ist schuld.
Er stahl sich wie die schönbeschuppte Schlange
Zu dir in eines leichten Harfners Kleid,
Er träufelte dir Gift ins Ohr, er wird auch
Dich wiedersehn, er liebt vielleicht sogar
Dich jetzt, bis eine andre, kühnre Schönheit
Dein Bild verlöscht, — dann bleibt dir nur die Schmach.
Ich habe dich gewarnt, unsel'ges Mädchen,
Dies ist mein letztes Wort auf alle Zeit. —
(Er entfernt sich rasch nach links.)

Zweite Szene.

Miriam, Sulamith ohne Jeroboam.

Miriam.

Und diesen kränkst du? Nicht den alten Vater,
Der tausendmal dich bittet, nenn' ich jetzt,
Und welcher stirbt, wenn sein geliebter Liebling,
Wenn du so endest, wie du enden mußt, —
Ich nenne nur Jeroboam, den Helden,
Der alles dir zu Füßen hat gelegt,
Was Mannesmut und Ehre reich ihm schenkten,
Du aber achtest alles nur für nichts.

Sulamith.

Für nichts? O sieh! Ihr werdet's nie begreifen,
Ihr könnt es nie erfassen, euch ist's Wahn.
Ich fühl's, ich tu' euch weh, doch kann ich's ändern?
 (Mit ausgebreiteten Armen.)
O senk' dich ganz allein auf dieses Haupt,
Du Glück und Fluch der Liebe! Laßt mich wandeln,
Solang es mir vergönnt ist, duldet mich!
Ich leb' nicht lang, ich sterbe bald, ich weiß es.
Und wenn ich sterbe, pflanzt mir auf mein Grab
Ein Veilchen oder eine wilde Rose,
Und nennt die wilde Rose Sulamith! —
 (Sie sinkt an Miriams Brust.)

Miriam.

Du unglücksel'ges Herz! Weil ich dich kenne,
Und weil ich weiß, wie groß du bist und rein,
So bitt' ich dich, beschwör' dich, Kind, und flehe:
Bezwing' dies unglückselige Gefühl!
Es wär' des Vaters Tod, es wär' dein eigner —

Sulamith.

Und wär' es auch mein Tod, so sterb' ich leicht.
Doch warum sterben? Darf ich denn nicht leben?
Nur ich allein nicht? Grünt nicht rings die Welt,
Und blüht nicht alles? Brausen nicht die Bäche,
Und singen nicht die Vögel? Miriam!
Er sah mir bis ins Herz, in seinen Augen
Stand brennend dieses Wort: „Ich kehr' zurück!"
Und er wird kommen, Schwester, er wird kommen, —
Und dann bereust auch du, was du jetzt sprichst. —

Miriam (Sulamiths Hand fassend).

Still! Still! Wenn auch die Schwester nichts vermag,
Ich weiß, dem alten Vater wirst du glauben;

Sein blindes Aug' sieht mehr, als ich und du. —
(Sie legt ihren Arm um Sulamiths Nacken und führt die
Gedankenverlorne langsam ab.)

Dritte Szene.

Verwandlung. Burg Zion. Königliches Gemach. Ausgang rechts und links. Die Mitte der Rückwand durch Vorhänge geschlossen. **Ben Jochai** von rechts herkommend. Hinter ihm Diener, welche einen Thronsessel bringen.

Ben Jochai.

So ist es gut. Hier setzt den Thronstuhl hin.
Entfernt euch. — Meine Sinne sind wie rasend!
(Die Diener gehen ab.)

Vierte Szene.

Ben Jochai.

Bin ich allein? Fluch über Davids Haus!
Mein ärmstes Weib! Von Henkershand gegeißelt!
Mit jedem blut'gen Streich schrie laut mein Herz,
Und ich soll dieses Amt noch länger heucheln?
Oh, daß ich dich, als wie die Axt den Baum,
So treffen könnte, meiner Lust gehorchend!
Nimm dich in acht! Noch ist mein Weib nicht tot;
Doch wenn sie stirbt, so ist es dein Verderben.
Ben Jochai weiß, daß Ephraims jüngstes Kind
Ihr Herz erhebt zu eines Königs Liebe.
Ben Jochai weiß es, denn der König spricht
Von nichts mehr, als von Sulamith. — Mein Nacken,
Auch dieser Fuß auf dich? Das wär' zuviel!
Die Königin Jerusalems? Das wäre
Ein neuer Hohn auf mein entehrtes Weib.
So will ich denn mein Aug' zum Geier machen

Und wachsam sein und sehn, daß nichts geschieht,
Als was mein Haß und meine Rache wünschen.
(Geht ab.)

Fünfte Szene.

Salomo und Memnon von links herkommend.

Salomo.

Nein, diesmal irrst du doch. Ich bleib' beständig.
Ich sage dir, seit ich dies Kind gesehn
Mit dunklem Haar und sanften Taubenaugen,
So reizbar süß und so gedankenvoll,
So ernst in ihrer Lieblichkeit, o Memnon,
Ich sage dir, seit jenem Tag umschwebt
Mich, wo ich bin, ein einziger Gedanke:
Sie wiedersehn!

Memnon.
Sie wiedersehn? Was dann?

Salomo.

Was dann? Als ob was Süßers kommen könnte!
So denk' ich im Gebirg mir hoch den Stein,
Der niederrollt vom schneebedeckten Gipfel.
Erst ist's ein Stein; dann ballt sich's auf und schwillt
Und rollt und schwillt und wächst zum Ungeheuer.
Ganz so ist mein Gefühl.

Memnon.
Darf ich vollenden?
Und wächst und schwillt und wird zum Ungeheuer.
Hast du gestürzte Felsen nie gesehn?
Zerstörte Wälder und gebrochne Hütten?
Drum halt' ihn fest, laß ihn nicht los, den Stein,
Ein solches Glück wird Sulamith verderben.

Salomo.

Du urteilst rasch, und ich beschäm' dich doch.
Es ist nicht bloß ein Wunsch mir angeflogen,
Ich lieb' sie wahrhaft. —

Memnon.
Herr, nur keinen Schwur!
Das Ende wird am besten mich beschämen.

Sechste Szene.

Die Vorigen. Ben Jochai durch den Vorhang eintretend.

Ben Jochai.
Die Boten von Arabien und Aegypten —

Salomo.
Sind uns erwünscht. Ben Jochai, laß sie vor.

Ben Jochai.
Auch der Prophet Ahia will dich sprechen.

Salomo.
Schon wieder? Wenn es sein muß, soll es sein.
(Er läßt sich auf den Thronsessel nieder. Memnon tritt hinter ihn. Ben Jochai tritt ab.)

Siebente Szene.

Durch die Mitte des Vorhanges kommen die Boten von Arabien und Aegypten. Sie schreiten, den König begrüßend, nach rechts vorwärts. Ihnen folgt Ahia, der in der Mitte des Hintergrundes stehenbleibt. Die Vorigen.

Erster Bote (sich neigend).
Es grüßt dich, Herr, die Königin von Saba,

Sie sendet edles Rauchwerk ihres Lands
Als Weihgeschenk für deinen großen Tempel
Und sie entbietet dreifach dir den Gruß:
Zum ersten, als dem König dieses Landes,
Zum zweiten, als dem Jüngling und dem Freund,
Zum dritten, als dem Denker und dem Weisen,
Nicht weniger dem Sänger, dessen Mund
Berühmt ist wie die Nachtigall.

Salomo.

Du schmeichelst,
Du machst uns eitel. Wir versichern dich,
Die Fürstin überschätzt uns; doch bleibt's Ehre,
Denn Balkis ist die erste Frau der Welt.

Bote.

Das ist sie, Herr. Doch, daß ich weiter melde,
Schon lange fühlt sie Sehnsucht, dich zu sehn,
Und darum ließ sie satteln die Kamele,
Mit einem Troß von Schätzen rückt sie an,
Wir sollen dir die ersten Grüße bringen,
Empfang' sie freundlich, öffne ihr dein Reich.

Salomo.

Mit Freuden will ich's tun. Seid uns willkommen!
Macht euch's behaglich in Jerusalem!

(Der Bote tritt zurück.)

Ahia (plötzlich vortretend).

Herr, sei nicht rasch! Die Königin der Heiden?
Nimm kein Geschenk!

Salomo.

Weißt du nicht, wo du bist?

Zweiter Bote (sich neigend).

Von Herzen grüßt dich Pharao zu Memphis

Als seines Freundes David wackern Sohn.
Und weil er just sein Enkelkind Nitokris
Dem jungen Schah von Persien vermählt,
So bittet er, du möchtest tausend Reiter
Ihm senden als Geleite durchs Gebirg.

Salomo.

Wird gern getan. Wir senden ihm die Reiter.
Wir sind ja noch so tief in eurer Schuld
Vom Tempelbau. Drum sage deinem König,
Zum Dank wird ihm sein alter Wunsch erfüllt:
Ich zahl' die Schuld und bau' euch einen Tempel
Nicht ferne von den Mauern unsrer Stadt,
Daß jeder, der zu uns kommt von Aegypten,
Sich sagen soll: Auch hier bin ich nicht fremd.
(Bote neigt sich.)

Ahia.

Mein König scherzt?

Salomo.
Wer spricht?

Ahia.
Herr, laß dir raten!
Ich kann's nicht glauben, wie mich auch das Volk
Mit Fragen stürmte: „Ist es wirklich Wahrheit?
Baut wirklich unser Herr dem fremden Gott,
Dem Götzen von Aegypten, einen Tempel?"
„Gib Antwort," rief ein Mann, „denn wir erschlagen
Die Bauherrn sonst, wir stürzen vom Gerüst,
Was Hand anlegt bei dem verfluchten Tempel,
Denn Tugend ist und Pflicht ein solcher Mord!"

Salomo.
Du predigst Mord und Abfall, Mann der Tugend?

Ahia.

Ja, Hund, schweig' still, sonst wird der Herr dich peitschen,
Sonst wird der Herr dich treten, Hund, schweig' still! —
Steht's so mit uns? Oh, dann ist's weit gekommen!
Mehr Herz für fremde Götzen, als für Gott?
Bald werden auch die fremden Weiber kommen, —
Was dann noch kommt, gleichviel, nur nichts von Gott!

Salomo.

Du könntest mich aus meiner Langmut wecken!
Genug! Ich will's! der Tempel wird gebaut!

Ahia.

Wird nicht gebaut! Herr, Herr, das ist ein Greuel,
Das ist ein Schimpf am Heiligtum des Herrn!
Dein Vater hat des Reiches Bau gegründet,
Doch du wirfst Sand und Steine in den Wind.
Durch David sind wir Gottes Volk geworden,
Durch dich stehn wir den Heiden gleich. Nein, nein!
Denn du hast nur gescherzt: ich will den Knechten,
Die draußen stehn, bevor sie das Gerüst
Besteigen und das Baugerät ergreifen,
Zurufen, daß du bloß zum Schein gescherzt;
Dann wird das Volk nicht mehr die Köpfe schütteln,
Nicht flüstern: „Ist der König bei Verstand?
Ist Isis und Osiris gleich Jehovah?
Ist Astaroth im Tempel unsers Herrn?"

Salomo.

Ahia, wenn die Rücksicht auf dein Alter
Und wenn die Ehrfurcht vor dem grauen Bart
Mich abhält, nach Verdienst dich zu behandeln,
So danke mir und meide diesen Ort.

Ahia.

Sprichst du von Furcht? Laß deinen Unmut donnern!

Ich fürcht' dich nicht, denn mich beschützt der Herr.
Ja, König, und dem Herrn mußt du gehorchen,
Du mußt es, denn auch du bist nur sein Knecht!

Salomo.

Bist du so weise? Ei, dann merk dir dies:
Wer also kühn zum König wagt zu reden,
Der liegt in Ketten, wenn mein Aug' nur winkt. —
Nichts mehr, du Knecht! Nichts mehr, bei deinem Leben!
Kein Wort, sonst ist's dein letztes in der Welt!

Ahia (sich zurückziehend).

Der Tod ist nicht das Aergste, doch ein Dasein
Voll Hochmut und voll Eitelkeit ist schlimm.
Du wirst noch spät, o König, mein gedenken
Am schlimmen Tag, — bis dahin lebe wohl! —
(Mitten ab.)

Achte Szene.

Die Vorigen, außer Ahia.

Salomo.

Entschuldigt diesen Vorfall. Unsre Priester
Sind mehr als kühn.

Zweiter Bote.

Das sind die unsern auch;
Doch Pharao hat ihren Trotz gebrochen.

Salomo.

Daran erkenn' ich seinen tapfern Geist.
Seid unbesorgt, ich bau' euch euern Tempel. —
Ihr seid entlassen. Lebt jetzt alle wohl. —
(Die Gesandten verbeugen sich und gehen ab nach rechts, der
König erhebt sich.)

Neunte Szene.

Salomo. Memnon ohne die Vorigen.

Oh, jetzt hinaus! Hinaus in meine Wälder,
Zu meiner Taube, dort in mein Gebirg!
Hier bin ich krank, bei ihr werd' ich genesen!

Memnon.

O Herr, sei nüchtern! Herr, ich warne dich!
Der Grund, auf dem wir stehn, ist viel zu glühend,
Dein Thron ist wie ein ewiger Vulkan,
Der sinkt und steigt, wie's manche brauchen können.

Salomo.

Du sollst ein treuer Cherub für mich sein. —
Hinaus! Hinaus! Bei ihr will ich genesen! —
Freund: meines Lebens Stern heißt Sulamith!
(Er geht rasch ab nach links: Memnon folgt ihm.)

Zehnte Szene.

Verwandlung. Waldgebirge wie in der ersten Szene.
Auf dem Rasensitz unter der Terebinthe ruht Ephraim,
von Simon und Miriam gestützt.

Ephraim.

Es geht mit mir zu Ende, meine Kinder.
Du mußt nicht weinen, meine Miriam,
Denn es ist recht so. Alle meine Wünsche,
Wie Sterne, steigen langsam aus der Nacht,
Zwar spät doch freundlich leuchtend und mich grüßend
Wie Boten eines bessern, schönern Lichts. —
Mein Tagwerk ist vollendet. Guter Simon,
Wie dank' ich dir für so viel Rat und Tat!
Es war des Glücks zuviel nach so viel Jammer:

Das Kind gerettet, Salomo uns hold,
Jeroboam der Retter seines Landes,
Es war des Glücks zuviel nach so viel Schmerz.
Wenn ich bei Joël bin, wird er mich fragen:
„Wie steht es um mein Weib und um mein Kind?"
Was geb' ich ihm zur Antwort, meine Tochter?
Dies will ich sagen: „Fürchte nichts, mein Sohn,
Dein Kindlein blüht, dein Weib ist nicht verlassen.
Denn, weil ich ihr nicht Reichtum geben kann,
Und weil sie doch ein Weib nur ist, so gab ich,
Sie in die Obhut eines treuen Mannes;
Du kennst ihn, es ist Simon, unser Nachbar."

(Zu beiden.)

So reicht euch denn zum Frieden eure Hände
Und seid euch, was ihr könnt.

(Sie tun es.)

Simon.

Wir wollen's sein!

(Zu Miriam.)

Mit einer Werbung will ich dich nicht kränken, —
Ich ehre dich und meinen toten Freund, —
Doch deinem Kind will ich ein Vater werden,
Ich bleibe deinem Haus ein wahrer Freund,
Der, wenn du kommst, auf seinem Herd das Feuer
Entzündet, daß es wirtlich für dich brennt,
Der sorgt und schafft, wo beßre Hände mangeln
Und der kein zweites Weib so ehrt wie dich.

Miriam.

Ich danke dir.

Simon.

Und Ephraim wird noch leben!
Es ist ja nur die Freude, die sein Herz

Erschüttert hat, denn Salomo der König
Erweist Euch so viel Gunst, daß es fast drückt.

Ephraim.

Jawohl es drückt! Jeroboam schweigt finster,
Und Sulamith, — wo bleibt denn nur mein Kind? —
Habt ihr sie nicht gesehn? Kann sie den Vater
So ganz vergessen? Ruft sie, holt sie her!
Nein, ruft sie nicht! Sie wird von selber kommen. —
Jawohl, sie hat Jeroboam gekränkt;
Er ist uns fremd, er ist nicht mehr der Alte
Und hält sich fern vom Haus —

Miriam.

Es greift dich an. —
Sei ruhig, Vater, Sulamith wird kommen.

Simon.

Jeroboam auch. Der Tag ist fast zu End'. —
Leg' dich zum Schlaf. Wir aber gehn sie suchen.

Ephraim.

Ja, ich bin müde. Lehnt mein Haupt zurück.
Ich bin unendlich müde. Laßt mich schlafen,
Geht beide fort, — geht beide! — (Er entschläft.)

Simon (nach einer Pause).

Er ist still.
(Er geht nach links ab.)

Elfte Szene.

Miriam. Ephraim ohne Simon.

Miriam
(den Entschlummernden betrachtend).

Die Augen zu? — Schon jetzt im tiefsten Schlummer?

Erquick' ihn freundlich, gütige Natur!
Oh, daß dein Herz hinüberschlummern könnte,
Bevor du ahnst, was deinem Liebling droht!
Du willst nur eines, hoffst und willst nur eines,
Es ist für dich das Letzte in der Welt,
Das Liebste und das Letzte: deinen Liebling
Beglückt zu wissen, deine Sulamith. —
Ich gönn' ihr diesen Platz in deinem Herzen,
Denn sie ist gut und rein. Oh, wär' doch nie
Dies Liebesunglück in ihr Herz gekommen!
Sie wäre glücklich, doch sie wird es nie. —
Ein Lächeln? Träumst du froh in deinem Schlummer?
Dann träume fort! Ich will zu meinem Kind. —

(Geht ab nach rechts ins Haus.)

Zwölfte Szene.

Ephraim. Sulamith, mit Rosen und Weinlaub bekränzt, kommt links von der felsigen Höhe herab und schreitet gegen den Vordergrund.

Sulamith.

Am liebsten möcht' ich hoch auf Felsen wohnen,
Im Angesicht das Morgenrot und fern
Den Jordan und Jerusalem zu Füßen,
Hoch über meinem Haupt den Libanon.
Am Fuß der Palme möcht ich ewig sitzen,
Wo Salomo zum erstenmal mich fand.
Er trug ein grünes Kleid und lange Locken
Und um die Stirne einen goldnen Ring. —
Ich seh' dich nicht, wo bist du hingegangen?
Gleichwie ein Adler, der ins Tal sich schwingt,
Bist du aus meinem Angesicht entschwunden;
Geliebter meiner Seele, kehr' zurück!
Sie sagten mir, es hab' dich eine Schlange

Beschlichen einst als schlafend Kind im Wald;
Und von dem Biß vernimmst du alle Klänge
So rein und klar, wie wir ein menschlich Wort.
Ich lern' dir's ab, ich möchte auch die Stimmen,
Die auf der weiten Erde sind, versteh'n:
Die Nachtigall, die aus Platanenwipfeln
Bei Mondesdämmern süß und schmerzlich klagt,
Die Grille, wenn sie zirpt, ja selbst das Wiehern
Von deinem edlen Roß möcht' ich versteh'n.
Wer weiß, was sie mir sagten! Aber eines,
Eins weiß ich, sie erzählten mir von dir! —
Du gabst mir dieses Ringlein, das die Mutter
Bathseba dir im Sterben hinterließ;
Es heißt der Ring der Anmut. Darf ich's tragen?
Beraub' ich nicht die Welt um zuviel Glück?
Hat nicht die Erde beß're, schön're Frauen?
Es brennt mich fast, ich bin den Schmuck nicht wert.
Was red' ich doch! (Sich umwendend.)
        Mein Vater? ruhig schlafend?
(Geht auf ihn zu.)
Oh, wüßtest du, warum ich mich bekränzt,
Warum sich deine Tochter Wein und Rosen
Ins Haar flocht, ach, du zürntest ihr wohl sehr!
        (Sich niederbeugend.)
Ich kann nicht anders! Hände, laßt euch küssen!
Verzeih' mir, Vater! flehend bitt' ich's ab, —
Ich kann nicht anders!

        E p h r a i m (aufwachend, tastend).

            Wer berührt mich? Locken?
Und Blumen? Ist es Sulamith, mein Kind?

        S u l a m i t h.

Dein Kind.

Ephraim (visionär).

Bist du gekommen, dich zu schmücken?
Oh, zög're nicht, dein Hochzeitsmorgen naht!
Sei fröhlich, Kind! Dein Bräutigam wird kommen
Bedeckt mit Ruhm und Ehre aus der Schlacht;
Zum großen Tag der Freude wird er kommen,
Wie Joël kam, als ich zum letztenmal
Ihn segnete. Ich werde zu ihm sprechen
Dasselbe Wort, das ich zu Joël sprach.
Knie nieder, Mädchen,
             (Sulamith kniet. Flöten erklingen)
                       laß mich meine Hände
Aufs Haupt dir legen. Reich bist du bekränzt, —

Dreizehnte Szene.

Salomo erscheint, gefolgt von sieben grün und weiß ge=
kleideten Knaben von links. Dieselben tragen Bogen und
Pfeil. Sie bleiben links im Vordergrund, während er sich
Sulamith nähert.

Ephraim.

Doch reicher noch als Rosen und als Reben
Ist, was dich schmückt, dein unbeflecktes Herz. —
Jeroboam, wo bleibst du, daß mein Segen
Auf ewig dich vereint mit meinem Kind?

Salomo
       (rasch näher tretend, gedämpft).
Hier bin ich schon!

Sulamith (freudig).
O Gott!

Ephraim.
            So laß dich nieder.

(Salomo kniet und umschlingt Sulamith. Ephraim die
Hände über ihren Häuptern.)
Sei wie mein Joël!

Salomo.
Ja, so will ich sein!

Ephraim.
So segn' ich euch. Oh, Sulamith, mein Liebstes,
Du Perle deiner Mutter, bleib' wie sie!
Du wirst es auch. Du hast mit keiner Lüge
Mein Herz beleidigt, offen wie ein Buch
War deine Seele vor des Vaters Augen,
Vorm blinden Aug' des Vaters rein und gut. —
Und weil du ohne Falsch bist, wird mein Segen
Auch dauern. — Wie ein Kranz, der nie verwelkt,
So blühst du ewig. — Kinder, ich bin müde.
(Immer leiser sprechend.)
Doch jetzt zu dir, o Bräutigam, ein Wort.
Ich weiß, dein Herz ist gut, doch deine Werbung
War ungestüm. Du hast durch harten Kampf
Sie dir erobert. Mögst du's nie vergessen:
Sie ist ein Kleinod. — Wandelt je dein Herz
In Gleichmut sich, in Kälte, in Verachtung,
Dann kündet dir ein Sterbender den Fluch,
Den schwersten Fluch an, der nur einen Menschen
Getroffen hat. — Steht auf, es ist genug. —

Vierzehnte Szene.

Die Vorigen. Miriam tritt herzu von rechts. Die
Flöten verstummen. Auf der Höhe des Felsens links erscheint Jeroboam mit Spieß und Jagdkleid; hinter ihm
Simon, der ihn zu begütigen sucht. Beide bleiben hor-
chend stehn.

Salomo (laut rufend).

So steh' ich auf und schwöre dir beim Himmel,
Daß ich sie liebe, wie kein Mensch sie liebt!
(Ephraim macht Zeichen des Schreckens.)
Erschrick nicht! Ja, wir haben dich betrogen,
Es ist nicht dein Jeroboam, dein Sohn,
Der vor dir lag, und den du hast gesegnet,
Es ist dein König. Ich bin's, Salomo!
Der König von Jerusalem wird halten
Treu, was er als Jeroboam versprach. —

Ephraim.

Halt ein! Das ist mein Tod! Oh, meine Tochter!
(Miriam und Sulamith unterstützen ihn, er sinkt zurück.)
Du hast mich doch betrogen? (Stirbt.)

Miriam.
  Helft, er stirbt!

Jeroboam
(seinen Speer zuckend, eilt den Fels herab auf Salomo zu,
  Simon folgt ihm).

Du sprichst von Treue, der die Treue bricht?
Du Heuchler, geh dahin mit deiner Lüge
Und stirb, wie du gelebt hast, du bist's wert! —
Das ist der Dank Jeroboams! Oh, Eisen,
Wenn dich nicht ekelt, mach den Lügner stumm!
(Er holt zum Wurf aus. Rasches, gesteigertes Spiel. Sulamith wirft sich an Salomos Brust, Simon tritt gleichfalls dazwischen, seinen Stab hebend, die Knaben richten ihre
  Pfeile gegen Jeroboam.)

Sulamith.

Triff mich zuerst, Jeroboam! — Gelogen
Hat niemand hier, als ich, ich ganz allein!
Triff mich zuerst, Jeroboam! Mein Leben
Ist ewig ohne Salomo nichts wert!

(Jeroboam läßt finster den Speer sinken.)
Triff mich, wenn du schon Rache willst! Ich habe
Den Vater ja getötet, hab' dich selbst
Beleidigt bis zum Tod, —
    (Jeroboam zuckt schmerzlich zusammen.)
      all, all die Meinen
Verdammen mich um diese Liebe tief. — —
Jetzt mußt du's tun, denn, willst du Rache finden,
Es kommt kein zweiter Augenblick so schön. —
Nur denk' an eines: Hoffst du zu gewinnen?
Wenn ich's nie wußte, weiß ich es doch heut:
Was auch geschieht, mein Herz gehört nur einem,
Nur einem jauchzt es zu in dieser Welt,
    (Salomo umschlingend)
Und dieser ist mein König. Soll ich sterben,
So sterb' ich jetzt, an meines Königs Brust!
  (Verbirgt ihr Angesicht an Salomos Brust.)

   S a l o m o (sich von Sulamith losmachend).

Nein, leben sollst du, Sulamith! Ihr Schützen,
Wenn eure Pfeile, siebenfach geschärft,
Nach seinem Herzen drohend, ihm nicht sagen,
Der Kampf sei ungleich, den sein Wahnsinn kämpft,
So zieh' ich diesen Dolch aus meinem Gürtel;
    (Er zieht einen Dolch.)
Und wäre dieser Dolch auch noch zu stumpf,
So wird mich das Gefühl, ich bin der König,
Mehr schützen, als sein Haß mich je bedroht. —
Drum senkt die Pfeile. (Die Knaben tun es.)

    J e r o b o a m.
  Droht mit euern Waffen!
Ich lach' dazu. Du wärst schon lange stumm,
Doch schützt dich der. (Auf Ephraim zeigend.) Du weißt, daß
      ich dem Toten

Auch jetzt die höchste Ehrfurcht schuldig bin.
Er wollte mir gerecht sein, und ich danke
Ihm jetzt dafür, ich bändige mein Herz. —
(Zum Toten, indem er das Knie beugt.)
Leb' wohl, mein Vater Ephraim, ich scheide!
Fremd, wie ich kam, verlaß ich dieses Haus.
Leb wohl, mein Vater Ephraim! Dir alles,
Was Liebe heißt, Verehrung, Achtung, Dank! (Erhebt sich.)
Der Heimatlose geht. Wohin? Das werdet
Ihr alle sehn. (Zu Sulamith.) Du denkst dereinst an mich!
Halt ihn nur fest! Dein Buhle könnte straucheln,
Er könnte fallen, halt ihn du nur fest!
(Er entfernt sich rasch nach links.)

Fünfzehnte Szene.

Die Vorigen ohne Jeroboam.

Simon (nachrufend).

Jeroboam, du gehst in dein Verderben!
(Er kniet mit Miriam an der Leiche Ephraims nieder.)

Salomo.

Und nun, bevor du weinst um deinen Vater,
Geliebte, nimm auch meinen festen Schwur:
Ich will wie einen Schatz dich heilig hüten
Und einst erheben vor der ganzen Welt!
(Er umschlingt sie.)

Sulamith (zu ihm aufblickend).

Dies ist genug! Dies wird die höchsten Schmerzen
Besänftigen. Ich weiß, warum ich's tat. —
Ich glaub' an dich, ich liebe dich, ich hoffe, —
Wenn du mich nicht mehr liebst, dann kommt der Tod!
(Indem Salomo ihr die Stirne küßt, senkt sich der Vorhang.)

Dritter Akt.

Ben Jochais Haus. Düsteres Gemach. Ausgang rechts
und links.

Erste Szene.

Ben Jochai
(schreitet gegen den Vordergrund).
So rächt sich alles. — Wie mir die Gedanken
Lebendig werden aus vergess'ner Zeit!
Ich war Urias' Freund, als für Bathseba,
Sein Weib, der König David ward entbrannt.
Und weil er um sie buhlen wollte, sprach er, —
Noch klingt ja jedes Wort in meinem Ohr: —
„Es haben die Philister sich erhoben,
Ben Jochai, hör', ich fordre einen Dienst.
Entwirf den Plan zur Schlacht und nimm mein Siegel
Und schreibe dem Urias!" Was ich schrieb, —
War just genug, ihn ewig stumm zu machen,
So furchtbar war sein Platz; Urias fiel. — —
Ja, es gelang! Bathseba wurde Witwe,
Und, unbekümmert um den Fluch des Volks,
Nahm David sie zur Königin. Ich aber,
Ich war ein Schuft, ich opferte den Freund. —

Ich tat's um Gunst und hoffte zu gewinnen,
Doch nichts gewann ich, Undank war mein Lohn.
Denn Davids Sohn, erzeugt mit der Bathseba
Im Ehbruch, der nach Davids Tod den Thron
Mit Unrecht erbte, Salomo verachtet
Mich jetzt, wie einen ausgedienten Hund. —
Er weiß von seiner Eltern Schuld und haßt mich,
Er fürchtet mich vielleicht, denn als ich einst
Von ferne nur mit leisem Wort ihn mahnte,
Da sprach er glühend: „Aergert dich dein Kopf?" —
Da wußt' ich, wie es steht, und lernte schweigen.
Ich bin ihm nur von jener blut'gen Tat
Gleichsam der dunkle, nachgeworf'ne Schatten,
Sonst bin ich nichts. — Mein Weib! Mein ärmstes Weib! —
            (Nach einer Pause.)
Von seinen Knechten wie ein Tier gegeißelt!
Vor meinen Augen bis zum Tod zerfleischt!
Verhöhnt! — Bespuckt! — O unglückfel'ge Rachel!
Ja, jetzt bin ich im eignen Netz gefangen,
Es liegt auf mir ein Libanon von Schmach,
Und Davids Zepter ist ein Stab geworden,
Der hart mich züchtigt. — Wenn ich durch die Straßen
Jerusalems mich schleiche, halb vermummt,
So höhnt mich alles Volk und zeigt mit Fingern
Auf mich und ruft: „Gebt acht! Er stiehlt ein Kind!"
               (Es pocht.)
O Rachel, als du dalagst, bleich und sterbend,
Den Leib zerstört, die Seele todeswund,
Und wälztest dich und konntest nur noch stöhnen:
Da dacht' ich des Urias. — Oh, nur Kraft! — — —
Ich will dich rächen! Herr, ich will die Gabe,
Die ich dem Armen oft und oft mißgönnt,
Vertausendfachen, wenn an diesem König
Die Rache mir gelingt, wie ich es will!

(Es pocht lauter.)
So spät ein Gast? Wer pocht?
(Er schließt die Türe auf, herein tritt mit Jägerspieß und
Mantel Jeroboam.)

Zweite Szene.
Jeroboam. Ben Jochai.

Jeroboam.

Wohnt hier Ben Jochai?

Ben Jochai.

Er selbst.

Jeroboam.

Verzeih', daß ich in dunkler Nacht
Eindringe, um als Fremdling dich zu stören. (Umblickend.)
Hier gibt's wohl Trauer? — Ich bin auch nicht froh; —
Da taugen wir zusammen.

Ben Jochai.

Deine Stimme,
Dein Ansehn, die Gestalt, — Jeroboam?
Du hier? Zu solcher Stunde?

Jeroboam.

Ja, Ben Jochai. —
Man sagte mir, du wärst mein ärgster Feind,
Man sagte mir, du wolltest mich verderben,
Ich glaub' es nicht und hier ist meine Hand. —
Doch, wo ist Rachel? Ist sie schon genesen?
Bist du allein? Ich hab' ein wichtig Wort
Mit dir —

Ben Jochai.

Du fragst, genesen meine Rachel?
Verhöhnst du mich? Geneset man, wenn man stirbt?

Jeroboam.

Bei Gott! Das ist ein bittrer Schmerz! Gestorben?

Ben Jochai.

Zu Tod gegeißelt von des Königs Knechten —

Jeroboam.

Um jenes Kind? Das schickt sich furchtbar schön!
Es schickt sich herrlich! Macht uns nichts zu Freunden,
So ist es dies. — Auch ich bin wie gepeitscht,
Das heißt durch Hohn, und Hohn gleicht Skorpionen.
Der falsche König raubte mir mein Weib;
Da fiel mir ein, ich bin von Saul geboren,
Darum, Ben Jochai, komm' ich her zu dir.

Ben Jochai.

Dein Weib?

Jeroboam.

  Jawohl, mein Weib, die jüngste Tochter
Des alten, blinden Ephraim, — der ist tot.

Ben Jochai.

Sie liebt den König?

Jeroboam.

  Ja, der König freut sich
Der Liebe meiner Braut.

Ben Jochai.

  Das wußt' ich Freund!

Jeroboam.

So komm' ich denn zu dir um Rat und Treue.

Ben Jochai.

Triumph! Du bist zum rechten Mann gekommen!
Ich kann dir raten, will dir raten, Freund.

Vertrau' dich mir nur an. Als ich dem König
Das Rätsel deiner Abkunft einst verriet,
War's wahrlich nicht, dich selber zu verderben,
Nur Ephraim, den Alten, meinen Feind.

Jeroboam.

Er weigerte dir Miriam zum Weibe,
Darum auch Rachels Haß, ich weiß es wohl. —
Doch heut bin ich gekommen, dich zu fragen
Als Freund, gib mir auch Antwort, wie ein Freund:
Wer war's, der mich nach Nebats Tod im Mantel
Zu Ephraim hinauftrug ins Gebirg?
Ich habe längst sein Angesicht vergessen
Und nie erfuhr ich, wo mein Retter blieb.

Ben Jochai.

Er stand dir nah'. Beim großen Fest des Tempels,
Bei deinem Einzug stand er vor dem Thron.
Ahia ist's, der Alte, der, um David
Zu züchtigen, als Werkzeug dich erkor.

Jeroboam.

So ist er's doch? Ich will ihm dafür danken!
Es war mir oft bei seiner Stimme Klang,
Als hört' ich einen Widerhall im Herzen. —
O ahnungsvolles Herz, so ist er's doch!

Ben Jochai.

Jetzt bist du ihm ein Talisman. Doch leider
Er ward gefangen. Wenn er nur noch lebt!

Jeroboam.

Ahia und gefangen?

Ben Jochai.

Ja, gefesselt.
Er reizte laut das wildempörte Volk,
Den neuerbauten Tempel zu zerstören,

Den Tempel der Aegypter vor der Stadt;
Da griffen ihn die königlichen Wächter
Und legten ihn in Eisen, er verschwand. —
Vernehmlich murrt das Volk. Den fremden Tempel,
Sie hätten ihn vielleicht mit stillem Haß
Ertragen, doch die Hand an den Geweihten
Des Herrn zu legen, reizte sie zur Wut.
Du kennst sie, wie sie sind. Vielleicht erbrechen
Sie auch den Kerker. Wenn sie ihn befrein,
Jeroboam, dann ist die Zeit gekommen,
Die deinen Ruhm auf ihre Schultern hebt.

Jeroboam.

Und die in Staub stürzt den verhaßten Heuchler!
Ben Jochai, du bist klug, sinn's aus, gib Rat!
Befrein wir meinen Retter! Ich will handeln!
Hier ist mein Haupt, mein Arm, mein Herz, mein Schwert.
Du kennst das Volk, ich nicht, ich will nur handeln. —
Oh, eine Rache, der sich nichts vergleicht!

Ben Jochai (reicht ihm die Hand).

Sich nichts vergleicht! (Heftiges Pochen.)
Wer klopft?

Ahia (draußen).

Tu auf, Ben Jochai!
Ein Mann in Ketten rasselt vor der Tür.

Ben Jochai (aufschließend).

Wie? Was? Ahia?

Jeroboam.

Schicksal, du erfüllst dich!

Dritte Szene.

Ahia. Die Vorigen.

Ahia (seine Fesseln zeigend).

Jawohl, ich bin's, Ahia, seht mich an! —

Das Volk hat mich befreit. Hast du hier Freunde?
Ich seh' euch kaum. Mein Aug' ist völlig blind
Von Kerkernacht und von dem Glanz der Fackeln.
Das Volk hat mich befreit!

Ben Jochai.
   Hier steht ein Freund,
  (zeigt auf Jeroboam)
Hier steht ein Mann. Der Bart ist ihm gewachsen,
Und braun hat ihn die Sonne seit dem Tag
Gebrannt, wo du ihn aus dem Mordgemetzel
Entführt hast, und der Mann ist jetzt ein Held. —
Gedenk' des alten Plans! Ben Jochai freut sich,
Daß er euch eine Stätte bieten kann,
Die sicher ist. Denn wie der Schluf des Wolfes
Ist dieses Haus gemieden und verhaßt.

Ahia.
Ich danke dir. Nur Atem will ich schöpfen,
Denn dieses Volk hat mich beinah erdrückt.
Ja, weil ich weiß, daß sie dein Haus vermeiden,
Um Rachels willen, darum floh ich her.

Ben Jochai.
Nun, Rachel wird kein Aergernis mehr geben!
Kein Aergernis bis an den Jüngsten Tag!

Ahia.
So war's ihr Tod? Ich hört' es. (Ihm die Hand reichend.)
     Wir sind Freunde.
Dir hat der König furchtbar weh getan
In deinem Weib und uns im Glauben Gottes.

Jeroboam (vortretend).
Und mir wie euch, ich bin Jeroboam!

Ahia.

Ob ich dich kenne! Enkel Sauls, mein Fürst!

Ben Jochai (zu Ahia).

Ja, sprich den Schwur! Der Schwur soll ewig gelten!
(Stellt sich neben Jeroboam, der sich zwischen beiden aufs
Knie läßt.)
Der Rächer kommt! Hörst du's, mein totes Weib?

Ahia (feierlich).

Sohn Nebats, Enkel Sauls! Vom Hause David
Nimmt wiederum der Herr in seinem Zorn
Das Zepter und von David kehrt die Krone
Zu Saul zurück:
(Er zieht eine Kapsel aus der Brust und salbt ihm die Stirne.)
Ich tilge Salomo
Auf ewig aus, auf ewig — und ich salbe
Jeroboam mit dem geweihten Oel. —
Steh auf, du bist der König aller Juden!

Ben Jochai.

Hörst du's, mein Weib? Gepriesen sei der Herr!
Jeroboam, dem König, Preis und Ehre!

Jeroboam (sich erhebend).

So bin ich's denn! Zwar ohne Roß und Schwert,
Fast, wie ein Knecht, bin ich zu euch gekommen.

Ben Jochai.

Was liegt am Schmuck? Bleib in Ben Jochais Haus!
Wir sammeln Waffen. Salomo gibt Feste
In Jericho, ich folg' ihm klug dorthin,
Die Königin von Saba zu empfangen.
Indessen hast du Zeit.

Ahia.
   Ja, laßt sie schwelgen
Und jubeln! Wir bereiten unser Werk. —
Das Volk steht fest zu mir —

Jeroboam.

Zu mir die Krieger —

Ben Jochai.

Und ich gewinn' die Wachen des Palasts.

Ahia.

Die Zeit geb' ich euch kund. Wenn er zurück ist,
Wenn er auf Zion mit der Freundin thront,
(zu Ben Jochai)
Ergreifst du deine Fackel, uns zum Zeichen,
Und schleuderst sie hinunter in die Nacht.

Ben Jochai.

Es soll geschehn zur Ehre meines Königs,
Ich schleudre meine Fackel in die Nacht.

Ahia.

Dann stürmen wir, dann soll das Ende kommen!
Noch einmal: Enkel Sauls und Sohn des Nebat,
Jetzt aber (sich neigend) unser König, unser Herr, —
Gedenke dieser Stunde!

Jeroboam.

Sie verspricht mir

Ja neues Leben!

Ben Jochai und Ahia.

Heil Jeroboam!
(Jeroboam ab nach links. Beide folgen ihm.)

Vierte Szene.

Verwandlung: Waldgebirge wie im ersten Akt. Langsam aus der Tiefe gegen den Vordergrund kommt

Sulamith.

Wo wandelt er, den meine Seele liebt?

Ihr Töchter von Jerusalem gebt Antwort!
Sein Wuchs ist hoch, als wie der Zedern Wuchs,
Und seine Stirn wie Libanon, gewaltig.

Komm' ins Gebirg! Ein Fels ist unser Thron,
Ein Baum ist unser Dach, und unser Teppich
Ist wildes Moos. Auf Rosen ruhn wir aus
Und Mund an Mund, und unser Bette grünet.

Ich schlief des Nachts, da wacht' ich plötzlich auf,
Mir war im Traum, als hört' ich deine Stimme;
Den Riegel öffnend lauscht' ich an der Tür,
Doch es blieb alles still, blieb alles dunkel.

Dich ängstlich suchend, eilt' ich durchs Gebirg
Und rief dich laut, doch nur die Blätter rauschten;
Dich ängstlich suchend stieg ich in das Tal,
So kam ich nach Jerusalem hinunter.

Wo ist mein Freund? So fragt' ich alles Volk,
Ihr Töchter von Jerusalem gebt Antwort!
Sein Wuchs ist hoch, als wie der Zedern Wuchs,
Und seine Stirn wie Libanon gewaltig.

Schön ist mein Freund, ihr Töchter, er ist schön,
Stolz ist sein Haupt, als wie das Haupt der Palmen;
Er war bei mir, ich hielt ihn in der Nacht
An meiner Brust wie einen Strauß von Myrten.

Du Liebling meiner Seele, kehr' zurück!
So rief ich aus, da hörten mich die Wächter
Am Tor der Stadt und sie verfolgten mich,
Sie haben mich verhöhnt, weil ich dich suchte. —

Komm' ins Gebirg! Ein Fels ist unser Thron,
Ein Baum ist unser Dach, und unser Teppich
Ist wildes Moos. Auf Rosen ruhn wir aus
Und Mund an Mund, und unser Bette grünet. — —

(Nach einer Pause, indem sie sich an die Stirne faßt.)
Mirjam hat recht! — Ich träum' am hellen Tag. —
Sie sagten, eine Fürstin sei gekommen,
Ein reizvoll schönes Weib aus fremdem Land,
Und ihrer stolzen Anmut sei's gelungen,
Den König zu bezaubern. Sprecht ihr wahr?

(Indem sie eine Blume pflückt und wegwirft.)
Das Blümlein, das man täglich pflückt, zerpflückt man;
So kommt auch dies. Wohlan, ich bin bereit! —
Doch, wenn sie dann mit ihrem Mitleid kommen,
Mit ihrem Mitleid, dann erwacht mein Stolz.
Mit Sulamith ein Mitleid? O ihr Menschen,
Beneidet sie! Ihr habt zum Neid ein Recht!

(Mit heiterer Fassung.)
Wie kindisch bist du! Sind denn all die Reden
Auch wert, daß du sie hörst, daß du sie glaubst?
Nein, sie sind's nicht! Hier ruft's im tiefsten Herzen:
Du mußt es selbst, mit Augen mußt du's sehn,
Mit deinem eignen Ohr mußt du's empfangen,
Daß er dich nicht mehr liebt. Es kann nicht sein!
Ist Argwohn recht? Ist Argwohn seiner würdig?
Ist er schon treulos, weil er jetzt nicht kommt?
Kommt er nicht künftig? Still! Ich will dir glauben,
Will schweigen, hoffen, dulden, bis du kommst.
Und wenn du kommst, dann jauchz' ich dir entgegen:
„Geliebter meiner Seele, du bist mein!" —

Fünfte Szene.

Sulamith. Miriam mit Ben Jochai aus der Tiefe kommend.

Miriam.
Dort steht sie. Meldet selber Euern Auftrag.

Ben Jochai.
Nehmt Gott zum Gruß! Ihr kennt mich wohl nicht mehr?

Sulamith.
Ben Jochai?

Ben Jochai.
    Der als Freund zugleich und Bote
An Sulamith vom König ward gesandt.

Sulamith.
Vom König? Laßt Euch danken. Doch ich staune, —
Es liegt so vieles Bittre zwischen uns,
Daß Ihr beinah mich dauert, daß der König
Für mich nicht einen andern Boten fand.

Ben Jochai.
Der Ring und dieses Siegel —,

Sulamith.
     das ich kenne,
Bezeugt dein Amt. Was ist des Königs Wunsch?

Ben Jochai.
Um kurz zu sein, — denn herbes Wort will Kürze, —
Und ob ich gleich viel Schmerz durch Euer Haus
Empfing, — es tut mir leid, dir dies zu melden:
Der König will dir gnädig sein wie vor;
Doch, weil er eine Braut sich hat erkoren,
Belohnt er dich und greift in seinen Schatz

Und schenkt dir dieses Haus und diese Gärten
Und Gold und spricht: „Erwähl' dir einen Mann,
Den Schönsten, den du willst aus seinen Knechten,
Nur setze nie dein Leben lang den Fuß
Hinunter nach Jerusalem!" Der König
Bleibt dir geneigt, doch liebt er dich nicht mehr.
(Sulamith bebt.)

Miriam (sie haltend).

Entfärb' dich nicht! Ben Jochai hat gelogen!
Gesteh's! Du hast gelogen! Hast du nicht?

Ben Jochai (höhnisch).

Es ist so, wie ich sagte. Von Arabien
Hat er die Fürstin Balkis sich erwählt
Und macht sie jetzt zur Königin. Ich hätte
Euch Beßres gern berichtet, doch so ist's. —

Sulamith (sich hoch aufrichtend).

Du Heuchler, du! Oh, lebte doch mein Vater!
Oh, wär' ich nicht ein kraftlos schwaches Weib!
Die Geißel bist du wert, die deine Rachel
Getroffen hat, und mich betörst du nicht!

Ben Jochai.

So glaub', was dir gefällt! Ich hab' gesprochen.
Mein Auftrag ist zu Ende. (Zu sich selbst.) Gift für Gift! —

Sulamith.

Den Ring hast du entwendet und das Siegel
Gestohlen, denn du bist ein feiger Dieb!
Du lästerst deinen Herrn. Und jetzt hör' dieses:
Wenn ich, wie oft, den König flehend bat,
Das blut'ge Haupt des Mörders zu verschonen,
So fordr' ich von ihm deins. Nicht, weil du mich
Geschändet hast, nein, weil du deinen König
So furchtbar hast beschimpft, wie noch kein Mensch.

Ben Jochai.

Schon gut. Du bist im Zorn. Es wird das Ende
Entscheiden. Und der Dieb hat doch noch recht.
   (Einen Beutel Gold auf die Erde werfend.)
Dies schickt durch mich die Königin von Saba;
Du dauerst sie, sie gibt dir dieses Gold.

Sulamith.

Siehst du, daß er nichts weiß, du feiler Schurke?
Sie hat's getan, sie gab dir schnöden Sold,
Sie hofft mir meine Liebe abzukaufen, —
     (lacht)
Sie irrt sich und sie büßt's, und du mit ihr!
Oh, wär' ich doch ein Mann, doch jetzt ein Mann nur,
Ich hieb' dich nieder wie den wüt'gen Hund!

Miriam.

Sei ruhig, sei doch ruhig, meine Schwester!
Wie er vor unserm Vater einst das Aug'
Zu Boden schlug, weil dieser ihn den Mörder
Urias' nannte und ihn von der Schwelle
Zurückwies, als er um mich werben wollte,
So weisen wir ihm jetzt den Weg zurück.

Ben Jochai.

Ich geh' schon selbst. Laßt Eu'r Gold nicht liegen!

Miriam.

Hinweg! (Ben Jochai ab.)

Sulamith.

  O meine Schwester! O mein Herz!
(Im Umwenden erblickt sie Simon, aus der Tiefe kommend;
   stumme Spannung.)

Sechste Szene.

Simon. Die Vorigen ohne Ben Jochai.

Simon.

So sauer ist kein Weg mir noch geworden,
Als dieser Weg von Jericho zurück. —
Weißt du's? Ich war zum letztenmal dein Bote.
Führt mich ins Haus und gebt mir Speis' und Trank!
Oh, ich bin müd wie eine kranke Fliege.
Schick', wen du willst! Ich ging zum letztenmal!

Miriam.

Geht, kommt ins Haus!

Sulamith (Simons Arm fassend).

Nein, bleib, ich bitt' dich, Simon!
Sahst du den König? Wahrheit, Simon! sprich!

Simon.

Ich sah ihn.

Sulamith.

Und?

Simon.

Er lebt. —

Sulamith.

Er lebt? Was heißt das?
Noch immer in Gefahr? Ist's doch so? Sprich!

Simon.

Er hörte nicht, als ich ihn warnen wollte, —
Es stunden zuviel Gäste um ihn her, —
Die Königin von Saba wär' gekommen, —
Jetzt steht's nicht mehr bei uns, was ihm geschieht.

Sulamith.

Was ihm geschieht? Oh, nicht so schrecklich, Simon!
Es ist wohl schon geschehn? Verschon' mich nicht!

Miriam.

Ins Haus! Folgt mir ins Haus! Sei ruhig, Schwester!
Ich bitte dich, sei ruhig! Kommt ins Haus!
(Miriam geht ab.)

Siebente Szene.

Die Vorigen ohne Miriam.

Simon (will ihr folgen).

Ja, kommt!

Sulamith (ihn festhaltend).

Nein, bleib' zurück! Du sagtest vorher:
Er lebt.

Simon.

Ja, Kind, er lebt.

Sulamith.

Nun, Gott sei Dank!
Doch wer bedroht ihn, wer beschützt ihn, Simon?

Simon.

Sein eigner Leichtsinn. — Wie mir ein Trabant,
Den ich am Weg zu Jericho gefunden,
Versichert hat, besteht ein stiller Bund,
In den man seine Wachen will verflechten.
Ben Jochai und Ahia, der Prophet,
Stehn an der Spitze, und man will zum König
Jeroboam erheben, den das Volk
Schon längst vergöttert. In der Mitternacht,
Beim nächsten Fest, wenn Salomo und Balkis

Auf Zion thronen, hebt Ben Jochai still
Die Fackel auf und wirft sie in die Gärten
Von der Terrasse, daß es weithin flammt.
Wenn dies geschieht, erhebt sich aus dem Tempel
Ahia, und Jeroboam führt das Volk
Wie losgelaßne Meereswogen brausend
Zum Aufruhr der Empörung. Mein Trabant
Hat an den Leibarzt Memnon sich gewendet,
Bis jetzt umsonst; der König achtet's nicht.
Doch komm', denn Durst und Hunger brauchen Nahrung.
(Ab nach rechts.)

Achte Szene.
Sulamith ohne die Vorigen.

Sulamith.

Er ißt und trinkt! — Ja, geht nur alle, alle! —
Unmöglich wär's? Nein, es muß möglich werden!
Sein Leben hängt an einem einz'gen Wort!
Was zittr' ich denn? Was heißt Gefahr um ihn?
Der Tod ist nichts, um Salomo zu retten! —
Doch welchen Weg durch Gärten und Palast?
Wie find' ich mich zurecht durch hundert Pforten?
Was klopft mein Herz? Ich will der Fackeln Schein,
Der Blumen Duft zu meinen Führern machen.
Der Glanz, der Sabas Königin umgibt,
Ist licht genug, um Salomo zu finden.
Hinweg! Ich bin kein Weib, ich bin ein Mann!
(Eilt gegen die Tiefe ab.)

Vierter Akt.

Gärten Salomonis. Halle. Säulen mit Laub. Rückwärts eine Terrasse. Vorne links ein Ruhesitz, Polster und Teppiche. Rechts, freistehend, nahe der Kulisse, eine Lorbeer- und Palmengruppe. Kurze, ferne Musik.

Erste Szene.

Trabant und Memnon, bewaffnet.

Memnon.

Und ist die Schar verläßlich?

Trabant.

Herr, Judäer
Vom reinsten Schlag, wie Bäume vom Gebirg.

Memnon.

So laß die andern wechseln in der Runde.
Ich geh' mit dir die Wachen stündlich durch. —
Bis jetzt?

Trabant.

Hab' ich noch nichts bemerkt.

Memnon.

So geh nun.

In einer Stunde bringst du mir Bericht.
(Trabant ab nach links.)

Zweite Szene.

Memnon ohne den Vorigen.

Memnon.

Er glaubt es nicht und hörte doch die Stimmen
Des aufgereizten Volks auf unserm Weg.
Ist das begreiflich? So sich selbst zu fangen! — —
Nein, dieses üpp'ge Weib gefällt mir nicht!
Sie fühlt's und weicht mir aus und zieht den König
Nur tiefer noch in ihrer Reize Netz,
Bis nichts mehr zu ihm dringt, selbst Memnons Stimme
Ihm fremd wird. Wär' nur diese Nacht vorbei!
Er kommt?
(Salomo tritt auf.)

Dritte Szene.

Salomo. Memnon.

Memnon.

Erlaub', ich ende dieses Fest.
Zu fröhlich wird der Taumel und die Gäste
Vom Uebermaß berauscht, sind müd' und satt.

Salomo.

Ich weiß nicht, wie du bist. Sonst warst du Meister
Im fröhlichen Ermuntern; aber jetzt
Verbitterst du mir jede volle Freude.
Vergönne mir doch diese frohe Nacht!
Ist sie nicht schön?

Memnon.

So schön wie jede andre.

Es ist die Nacht nicht, Herr, die dich entzückt,
Es ist die neue Freundin.

Salomo.

O du Spötter!
Was findest du nicht alles? Schau' du schwarz, —
Ich blicke um so heller.

Memnon.

Hör' mich, König!

Salomo.

Nein, laß uns in die Lorbeerbüsche tauchen!
Ich finde meine Königin nicht mehr.

Memnon.

Ich aber will zurück zu meinen Wachen.
Herr, morgen sprichst du: „Memnon, du warst klug!"
(Geht ab.)

Vierte Szene.

Salomo ohne Memnon.

Salomo.

Kann sein. — Und kann auch nicht sein. Was heißt morgen?
Ich will mich nur am Augenblick erfreun.
Der Ernst kommt früh genug! — — Es kam mir früher
So vor, als säh' ich, fern vom muntern Schwarm,
Erhellt vom matten Licht im dunklen Laubgang,
Ein todbetrübtes, schmerzliches Gesicht,
Das ich nur zu gut kenne, zu gut kenne! —
O weh, es liegt ein Abgrund zwischen uns!
Ich kann nicht mehr zurück, du nicht herüber, —
Und so, — doch — hier kommt meine Königin!

Fünfte Szene.

Salomo. Balkis vom Hintergrund kommend.

Balkis.

So einsam?

Salomo.

Meine Fürstin, deine Rede
Vom bald'gen Abschied hat mich nicht erfreut.
Nicht wahr, du hältst nicht Wort? Du bleibst noch lange?
Wenn Salomo dich bittet, bleibst du doch?

Balkis.

Wenn eins geschieht. Wenn du den dunklen Schleier
Von dem Geheimnis deines Herzens hebst,
Wenn Salomo gewährt, um was ich bitte, —
Doch anders nicht. Auch ich hab' Eigensinn.

Salomo.

Den hast du. Doch nicht edel ist's, zu fordern,
Was nie ein Mann verrät. Es ist vorbei. —
O Balkis, ich bin nicht gewohnt, zu betteln.
Was gibst du jeder Rose einen Dorn?
Muß ich denn Schritt um Schritt die Gunst erkämpfen
Und jedes Lächeln, zaubervolles Weib?

Balkis.

Dort winkt uns eine Grotte. Brunnen rauschen,
Und Blumenodem duftet durch die Nacht.
Wenn Salomo bekennt, dann soll der Abschied
Noch ferne sein, dann hält mich Zion fest.

Salomo.

Zur Grotte, wo die Sterne uns nicht finden!
Zur Grotte! Aber frag' mich nicht, o Weib!
Vergangen bleibt vergangen! Sei zufrieden:
Denn Salomo ist ganz in deiner Macht.

Balkis.

Noch nicht. Nicht ganz noch.

Salomo (ihre Hand fassend).

Komm! Hinweg! Zur Grotte!
Dort hör' ich nur die Nachtigall und dich!
(Beide gehen ab nach rechts.)

Sechste Szene.

Memnon und der Trabant von links herkommend.

Memnon.

Sonst sahst du nichts Verdächtiges?

Trabant.

Ich denke,
Das eine wär' genug.

Memnon.

So sei bereit.
Wer machte sie berauscht? Schick' andre Wachen,
Laß kreuzen um den Tempel. Jedes Tor
Versichre. Dünkt ein Wächter dir bestochen,
So knüpf' ihn an die Mauer.

Trabant.

Es ist gut. (Ab.)

Siebente Szene.

Memnon (allein.)

Zu schwärmen, wenn die Rache wie ein Wetter
Heraufsteigt! — Sie verbergen klug ihr Haupt.
Ahia ist verschwunden und die Späher
Entdecken nicht die Spur Jeroboams.
Ben Jochai ward mir nicht genannt, doch glaub' ich

Und fürchte fast, es war nicht klug getan,
Ihn frei zu lassen. Nun, ich will nicht schlafen,
Ich will nicht trinken. Nüchtern sein ist gut.
(Er geht ab.)

Achte Szene.

Ferne Musik. Von rechts kommt atemlos, mit aufgelöstem Haar

Sulamith.

Oh, welch ein Weg! Nimm alle Kraft zusammen,
Du stehst ja hier, so ist es halb getan! —
Du weißt nichts mehr vom Schwindel auf dem Felsen,
Vom Abgrund und vom flutgeschwollnen Bach.
Das war kein Gang, es war ein Lauf mit Flügeln
Vom Berg hernieder nach Jerusalem.
Die Wachen sind berauscht. Die einen fluchten,
Die andern sangen, und man ließ mich durch.
Die Gärten rings, — man könnte ewig wandeln!
Ich trat herein. Ein Riesenlaubgang lief
Unendlich fort, erhellt von bunten Lichtern,
An seinem fernsten Ende war mir ganz,
Als wär's der König, der mit seinen Gästen
Lustwandelte; doch er entschwand mir rasch.
Von Baum zu Baum im Schatten weiterschleichend,
Unsichern Schritts, von Dornen wundgeritzt,
So schwank' ich bis hieher. Hier schöpf' ich Atem,
Hier bleib' ich, denn ich weiß es, daß er kommt.
(Sich umsehend.)
Dort ruht er aus. Die Polster und die Blumen
Verkünden mir's. Oh, hätt' ich einen Freund,
Der jetzt ihn riefe, jetzt ihn suchte! Drohend
Liegt über uns die unheilvolle Nacht. —
Sonst fühlt' ich mich so leicht in seiner Nähe,

Noch diesen Morgen, Herz, wie warst du froh!
Die Angst war nur ein Schatten wie die Wolke
Im Himmelsblau auf einem schönen Bild.
Und jetzt! Ja, wenn er selbst auch vor mir stände,
Ich würd' nicht froh; ich riefe nur: Mein Freund!
Entflieh mit mir, denn hier wohnt das Verderben!
Hinweg von hier und nimmermehr zurück!
(Musik nähert sich.)
Ja, nimmermehr! — Die Düfte sind betäubend.
Hier ist mir ganz, als könntest du dein Herz
Von Sulamith zu andern Dingen wenden. —
Oh, es ist schrecklich, aber es ist wahr!
Du bist nicht so. Ich weiß es; doch die Zweifel
Sind schadenfroh und peinigen mein Herz.
Wer kommt? Es soll die Palme mich verbergen,
Bis du erscheinst, noch hab' ich nicht den Mut,
Ich ringe noch nach Atem; komm' nur! Komm' nur!
Wenn du auch zürnst, ich stürz' mich dir zu Fuß!
(Stellt sich, den Zuschauern sichtbar, hinter die Palme rechts.)

Neunte Szene.

Es kommen von links her Tänzerinnen, die, mit Tamburin
und Handblech klappernd, um den Ruhesitz Figuren bilden.
Posaunenstoß. Es folgen dienende Knaben. Salomo und
Balkis. Die Tänzerinnen ziehen sich zurück, einen Halb=
kreis um die Palme Sulamiths bildend.

Balkis.
Das ist ein schöner Plan; hier laß uns sitzen.
Dein Fest hat mich ermüdet.

Salomo.
Solche Rast
Begehr' auch ich. Du hast mit deinen Rätseln
Mich nicht besiegt, denn alle löst' ich auf.
(Sie lassen sich auf den Ruhsitz nieder.)

Balkis.

Das Schwerste kommt zuletzt. Du mußt noch raten.
Wer dies errät, der hat mich ganz besiegt.

Salomo.

Wohlan! Doch bringt uns Becher! Bringt uns Becher!
Von welchem Wein begehrt die Königin?

Balkis.

Vom edelsten.

Salomo.

Vom Meer bis an die Wüste
Nicht eine Traube, die wir heut geschont;
So gehn wir auf die Inseln. Schenkt uns Zyper!
Er soll von eblem Feuer sein, schenkt ein!

(Die Knaben reichen goldene Becher.)

Balkis.

Mein Rätsel denn: „Ich bin ein großer König
Und doch bin ich im Reich der ärmste Mann.
Mit Götterkraft hat sich mein Geist gemessen,
Doch eine Sklavin setzt auf mich den Fuß."

Salomo.

Fahr' weiter.

Balkis.

Warum weiter? Ich bin fertig.

Salomo.

Schon fertig? Darauf war ich nicht gefaßt.
Noch einmal denn: „Ich bin ein großer König"

Balkis.

„Und doch bin ich im Reich der ärmste Mann."

Salomo.

Das könnt' ich selbst sein; aber dieses Ende?
„Mit Götterkraft" —

Balkis.

„Hat sich mein Geist gemessen",

Salomo.

Und: „Eine Sklavin setzt auf mich den Fuß?"

Balkis.

So gut die Spur? Und doch das Wild verloren?

Salomo.

Das Wild?

Balkis (lachend).

Bist du.

Salomo.

Bin ich? Das ist zu toll!
Gebt Wein her! Ich will trinken. Deine Sklavin
Versteh' ich nicht. Was ist das mit dem Fuß?
(Man reicht ihm Wein, er trinkt.)

Balkis.

Ei, nur ein Bild, doch soll es viel bedeuten;
Denn nichts ist ohne Deutung in der Welt;
Und wär's auch nur ein Lied, nur eine Dichtung,
So schön wie jener herrliche Gesang,
Den meine Mädchen täglich vor mir singen,
Das hohe Lied von Sulamith.

Salomo.

Sei still!
Ich bin nicht mehr so nüchtern und ich könnte
Mich ärgern, wenn du sprichst davon. Sei still!

Balkis.

Darin erscheint ein König, der im Purpur
Wie andre Herrscher sitzt auf goldnem Thron,

Nur daß ihm auch die Jugend und die Schönheit
Zur Seite stehn. So weit gefällt mir's wohl. —
Salomo.
Ich bitt' dich, von was anderm!
Balkis.
Nein! Ich will's so. —
Wenn eines meiner Mädchen dies mir sang,
Und wir nachher von zorn'gen Freiern sprachen,
Die ich im Spott entließ, dann trat dein Bild
An mich heran; ich dachte, solch ein König
Empfindet auch wohl königlich, — doch nein,
Er würde eine Königin nicht lieben!
Die Feige schmeckt ihm besser aus der Hand
Der Hirtin und der Sklavin! Dieser König
Ist keiner mehr, ist einer Sklavin Knecht!
Salomo.
Beim Zyper! Reiz' den Löwen nicht und schweige!
Schweig', sag' ich! Sprich kein Wort mehr vom Gesang!
Balkis.
Nichts vom Gesang! Denn was ein großer Dichter
Lebendig fühlt, muß auch lebendig sein.
Wo ist sie, diese Sulamith, die Schönheit,
Die alles überstrahlt? Ruf' sie doch her!
O Schauspiel, wenn die Taube von den Bergen
Hereintritt, und der König wie ein Knecht
Ihr huldigt! Diese Sulamith muß schön sein,
Sonst wäre ja der König nicht ihr Tor!
Salomo
(mit dem Becher ausholend).
Halt, Balkis!
Balkis (aufgerichtet).
Ja, zerschmettre mich! Ich wage
Zu spotten, denn sie ist für dich zu schlecht.

Ich hielt's für einen Traum, für eine Dichtung;
Ich dachte dich mir größer, doch du liebst
Was niedrig ist; am End ist solche Liebe
Auch leichter zu gewinnen, — leicht und feil!

Salomo

(wirft den Becher zur Erde).

Ich kenne keine Sulamith! Beim Zyper,
Ich weiß nicht, was du sprichst! Ist das genug?
(Rasches Spiel. Ben Jochai ist bei diesen Worten von links
auf die Terrasse getreten und erhebt seine Fackel.)

Sulamith

(nach Fassung ringend, taumelt gegen die Stufen des Thro=
nes und sinkt zusammen).

Genug!

Balkis.

Ei, ist die Tänzerin betrunken?

Salomo

(der im Sprunge Sulamith auffängt).

Verderben über mich! O Sulamith!
Verdammt der Geist des Weins, der mich betrogen!
Wach' auf, mein Täubchen! Schlag' die Augen auf!
Gebt Wein! Begießt die Schläfen! (Knaben tun es.) Willst
du sterben?
Bringt Memnon, meinen Arzt! O schnell, nur schnell!
Dem lohn' ich fürstlich, der mein Mädchen rettet!
Bringt Memnon, meinen Arzt! O schnell! o schnell!

Balkis.

Ist dies das Wunder, das dein Herz verwandelt?

Sulamith (kommt zu sich).

Hinweg! Ich muß hinweg, wie ich gekommen!
Wo bin ich denn? Wie kam ich hier herein?

(Balkis erblickend.)

Oh, ihr habt recht! Wo Königinnen sitzen
Und spotten, ist für Sulamith kein Raum. (Gegen Salomo.)
Ich könnte niemand, niemand so verachten,
Am wenigsten das Weib, zu dem ich sprach:
„Ich will wie einen Schatz dich heilig hüten
Und einst erheben vor der ganzen Welt."
Löscht aus, ihr Lichter! Dunkel sei, o Erde,
Denn alles ist um Sulamith ein Grab!

(Ben Jochai erblickend.)

Das wollt' ich! Herr, jetzt weiß ich's, dich zu retten
Bin ich gekommen, nahm ich mir den Mut.

(Auf Ben Jochai zeigend.)

Ergreift ihn! Er ist falsch, ist ein Verräter,
Er schwingt die Fackel, der Verrat beginnt;
Du hörtest nicht den Simon, den ich sandte,
Jetzt ist's vielleicht zu spät. Ruf' deinen Arzt,
Doch nicht für mich, — ich will nicht mehr genesen, —
Für dich! Memnon ist treu, — halt fest den Mann!

(Gegen Ben Jochai.)

Schau' hin! Er hat soeben seine Fackel
Geworfen zum Verständnis in die Nacht,

(Posaunen und Lärm in der Ferne.)

Ahia und Jeroboam erscheinen,
Ahia hat Jeroboam gesalbt,
Das Volk verläßt dich, und ich wollte warnen,
Ich warnte dich, und jetzt ist es getan. —

(Sie will sich erheben.)

Salomo.

Oh, bleibe doch! Und wenn die ganze Erde
Jetzt einbricht, ich verdiene solchen Tod!
Verflucht der Geist des Weins! Ergreift Ben Jochai!

Zehnte Szene.

Memnon mit Trabanten tritt auf. Die Vorigen.

Memnon (sein Schwert schwingend).

Das Schwert erhebt für König Salomo!
(Trabanten von allen Seiten herbei. Ben Jochai wird ergriffen.)

Sulamith (frei aufgerichtet).

Sie sammeln sich, sie stehn für dich in Waffen,
Dein Haupt ist sicher, laßt die Sklavin fort!
(Sie stürzt ab nach rechts.)

Elfte Szene.

Die Vorigen ohne Sulamith.

Salomo.

Oh, faßt sie! Eilt ihr nach! Bei meinem Leben,
Dem lohn' ich fürstlich, der sie wiederbringt!

Memnon.

Seht hin, die fremde Fürstin bricht zusammen.
Schafft fort die Weiber, jetzt beginnt der Kampf!
(Balkis, um welche das Gefolge beschäftigt ist, wird von ihrer Begleitung hinausgeführt.)

Zwölfte Szene.

Die Vorigen ohne Balkis und ihr Gefolge. Zunehmender Lärm. Heftiger Posaunenstoß. Auf der Terrasse erscheint Ahia, begleitet vom aufständischen Volk. Salomo, Memnon und die Trabanten bleiben mitten im Vordergrund.

Ahia.

Streu' Asche auf dein Haupt und wirf die Krone,
Bevor sie dein Gehirn versengt, hinweg,

Denn glühend heiß wird sie vom Wetterleuchten
Des nahenden Gerichts!

    S a l o m o (laut rufend).

        Gebt mir ein Schwert!
(Nimmt es einem Trabanten ab.)

      A h i a.

Jeroboam, dem König, Heil und Ehre!

     E i n i g e S t i m m e n.

Jeroboam Heil!

   S a l o m o (Arm und Schwert erhebend).

    Verrätern Schmach und Tod!
Jetzt glüht mein Herz, jetzt kehrt mein Geist mir wieder,
Und ob ihr euch wie Meereswogen türmt
Und ob ihr bis zum Himmel steigt im Aufruhr:
Ich bin der König, euer höchstes Haupt! (Vortretend.)
Wer hebt den Arm auf, wenn ich zu ihm schreite?
Mein Schlachtschrei ist: Ich bin noch, der ich bin,
Bin Zions Haupt, bin König Salomo!

      M e m n o n.

Heil Zions Haupt!

   T r a b a n t e n (mit gehobenen Schwertern).

     Hoch König Salomo!
(Während Salomo mit Memnon nach hinten zum Angriff
    schreitet, fällt der Vorhang.)

Fünfter Akt.

Erste Szene.

Waldgebirge wie im ersten Akt. Morgen.

Simon. Miriam.

Simon (nach rückwärts schauend).
Nicht eine Spur von ihr! Vergeblich Suchen!
Der Kampf dringt schon herauf bis an den Berg;
Jeroboam soll flüchtig sein, der König
Wird siegen, aber Sulamith ist tot. —

Miriam.
Du meine arme, schwerbetörte Schwester,
Hätt'st du ihn nie gesehn, kein solches Leid
Wär' über dich und dieses Land gekommen! —
Doch, was der Herr tut, das ist wohlgetan.
Wenn sie nur lebt! Wenn sie nur aus den Trümmern
Hervorkommt! — Alles andre ist uns gleich.

Simon.
Schau' an den roten Nebel! Das sind Flammen.
Jerusalem, so dünkt mich, steht in Brand.
Komm', flüchten wir dein Kindlein in die Grotte
Und retten wir uns selbst. Komm', folg' mir nach.
(Ab mit Miriam.)

Zweite Szene.

Sulamith
(verstört aus der Tiefe kommend).

Sie sind entsetzt? Warum sie denn nicht lachten!
Ins Feuer schaut sich's wunderschön hinein. —
Die Flammen prasseln, und die glüh'nden Balken,
Wie goldne Pfeiler, stürzen lustig ein. —
Ich hab' gelacht. Denn nichts, was ist, soll dauern,
Einstürzen soll's, verderben und vergehn!
Was heut besteht, soll morgen schon zerfallen! —
Nur eins ist für die Ewigkeit gemacht:
Die Scham. —
Was ist ein Mensch? So hab' ich einst die Frage
An ihn gestellt, der wert der Frage schien. —
Nichts! — Es ist Torheit! — Darf ein Weib auch denken?
Ihm war ich nur ein Weib und sonst nichts mehr! —
Ja, Scham, was sind die glutverzehrten Balken,
Die glüh'nden Steine von Jerusalem
Vor deiner Glut? — Du brennst auf meinen Wangen
Mich schmachvoll — Oh, es hilft ja nur der Tod! — — —
Der Tod kam nicht. Durch brennende Ruinen
Mit offnem Haar und flatterndem Gewand
Schritt ich hindurch; — den Falter sengt die Flamme, —
Mir war sie nur die Fackel meiner Schmach.
Die Wände stürzten und die Balken krachten,
Es war, als wär's der letzte Tag der Welt, —
Ich schritt durch alles, hörte nur die Stimme
Im Ohr: „Ich kenne keine Sulamith," —
Ein Becher klirrte, und es war mein Leben
Verschüttet wie der Wein, von dem er trank. —
(Versinkt in Gedanken.)
Der Tod nur hilft. Du mußt dich endlich fassen.
Zu deiner Schwester kannst du nie zurück,

Zu Simon auch nicht. Wenn sie dich verachten, —
Und wenn sie's ahnen, müssen sie's wohl tun, —
Geschieht dir nur dein Recht. Du hast den Vater
Betrogen, als er sterbend vor dir lag,
Du hast die ganze Welt um ihn vergessen, —
Und jetzt vergißt dich er, — geh in den Tod!

Dritte Szene.

Jeroboam aus der Tiefe herauf. Sulamith.

Jeroboam.

Mein Fuß erlahmt. Kann ich sie denn nicht finden?
Bei Gott, sie selbst! Doch welch ein rührend Bild!
Mein Haß versinkt, und wie auf Morgenwolken
Steigt Jugendliebe schön aus tiefster Brust. —
Ich kenne dich, ich fleh' um keine Antwort,
Ich weiß, du bist für mich ein Bild von Stein.
Wir beide sind vernichtet und betrogen,
Du in der Treue, aber ich in dir.
Es gibt noch eine Brücke, die den Abgrund,
Der zwischen uns heraufgähnt, rasch verdeckt.
Er triumphiert, er folgt mir auf den Fersen,
Ich bin der blut'ge, totgehetzte Hirsch,
Der noch ein Kraut sucht, das ihn vorm Verschmachten
Errettet und erquickt, — gib mir die Hand!
   (Sie läßt ihm die Hand eine Weile.)
Ich sage nicht: „Beginn mit mir das Leben!"
Für uns gibt's keinen Anfang mehr, jedoch
Ein zweites Leben gibt's noch, ein Vergessen,
Ein Dulden, ein Verzeihn, das gibt es doch. —
   (Waffenlärm.)

Sulamith.

Wozu?

Jeroboam (finster).

Sie sind mir nah —

Sulamith (rasch).

     Du mußt dich retten!
Ich will dich nicht verderben, nein, o nein!
Weh, wenn er's wär'! Ich kann ihn nicht erblicken.
Du weißt den Weg. Ergreifen wir die Flucht!

Jeroboam.

O Dank, daß du so sprichst! Komm, wie die Gemsen
Am Abgrund hin, erklettern wir den Berg;
Wir wollen nur in Höhlen übernachten,
Mein Schwert ist Schutz genug im fremden Land.

Sulamith.

So geh voran.
  (Während Jeroboam links die Felsen hinansteigt.)
   Am Abgrund wie die Gemsen? —
Jeroboam, dies Wort gab Gott dir ein! —
Du glaubst vielleicht, mein Fuß sei ausgeglitten,
Und rettest dich allein ins fremde Land. —
Für mich lebt nichts mehr!
   (Steht still.)

Jeroboam (sich wendend).

     Nun, warum das Zaudern?
Du schwindelst?

Sulamith

(die an den Rand getreten ist).
   Nein, der Abgrund ist so schön! —
Man denkt dabei an viel. Man schaut die Nebel
Der Kindheit wieder, — wilde Rosen blühn, —
Verzeihst du mir, Jeroboam?

Jeroboam.

           Nun, Mädchen,
Was wirfst du denn solch einen dunkeln Blick
Hinab, als hätt'st du all mein Glück begraben?

Sulamith.

Nicht deins, nur meins und mit dem Glück mich selbst.
        (Mit ausgebreiteten Armen.)
Ich lieb' ihn doch, und er hat mich betrogen. —
Leb' wohl, du schöne Sonne dieser Welt!
Bedeckt mich, Berge, öffnet euch ihr Tiefen
Des Libanon und schmettert mich hinab!
        (Stürzt sich hinab.)

    Jeroboam (zur Stelle springend).

Halt ein! Zu spät! — Nun ist es Pflicht zu sterben. —
Doch wie?

Vierte Szene.

Salomo. Memnon. Trabanten. Jeroboam.

Memnon (rufend).

Dort steht er selbst, seht ihr? Am Baum!

Jeroboam (sein Schwert schwingend).

Ha, kommt ihr schon? Jetzt messen wir die Waffen!
Blut gegen Blut! Es ist ein schöner Tag!

Salomo.

Verschont ihn! Er soll leben!

Jeroboam.

           Deine Großmut
Kommt längst bei mir zu spät, ich such' den Tod!

Salomo.

Ich schone dich, ich schenke dir dein Leben!
(Zu seinen Begleitern.)
Hat niemand noch die Spur von Sulamith?

Jeroboam.

Die du beschimpft, verraten und verleugnet?
Ich weiß die Spur. Beschau' dir jenen Dorn,
Dort hängen noch die Fetzen von den Kleidern
Des armen Kinds, sie selbst liegt tief im Grund.
Doch wozu schwatz' ich? Macht einmal ein Ende!
Kommt an! Ich räche Sulamith und mich!
(Er stürzt sich in die Lanzen der Trabanten und stirbt. Fernes
Jammergeschrei.)

Salomo (steht wie betäubt).

Unmöglich!

Memnon.

Herr! Ich hör' Geheul von Weibern.

Salomo

(indem er sich vor die Stirn schlägt).
Hinabgestürzt! O Memnon, und durch mich!

Memnon (zurückblickend).

Sie kommen schon; sie bringen eine Leiche.

Fünfte Szene.

Simon, Miriam; hinter ihnen wird Sulamiths
Leiche auf Baumzweigen gebracht. Die Vorigen.

Simon.

Ruft weh, ruft weh, ruft dreimal weh! Die Erde
Hat keine solche Blume mehr, wie sie!
(Man setzt die Bahre nieder.)

Salomo (indem er darantritt).

Schweigt alle still! Nur einer darf hier trauern,
Nur einem ist mit ihr ja alles tot. (Kniet zur Leiche.)
Ganz tot? O Mund, laß dich noch einmal küssen!
Ihr stummen Lippen und ihr lieben Augen,
Ihr lebt nicht mehr? Und Sulamith ist tot?
    (Mit aufgehobnem Blick.)
Ich war nicht rein vor dir in meinem Wandel, —
Doch so hätt'st du nicht strafen sollen, Herr!
Für einen Rausch? Ein flüchtiges Vergessen?
Den Abfall einer Stunde ewig tot?
Ich hatte alle Herrlichkeit der Erde,
Die goldne Krone, Schwert und Königsstuhl,
Besitz und Reichtum, Herrscherglück und Freude,
Und selbst mein Urteil pries der Mund der Welt.
Ich stand so hoch, daß ich beinah die Sterne (Posaunen)
Als Krone trug, jetzt kommt mein tiefster Fall. —
Was blast ihr Sieg? O Eitelkeit der Erde!
Nehmt alles hin, denn Sulamith ist tot! —
    (Er sinkt über die Leiche.)

    (Posaunenchoral.)

Druckfehler: Seite 58 und 59, lies Glyptothek statt Kliptothek.

Druck von Mänicke u. Jahn in Rudolstadt.

THIS BOOK IS DUE ON THE LAST DATE STAMPED BELOW

BOOKS REQUESTED BY ANOTHER BORROWER ARE SUBJECT TO RECALL AFTER ONE WEEK. RENEWED BOOKS ARE SUBJECT TO IMMEDIATE RECALL

LIBRARY, UNIVERSITY OF CALIFORNIA, DAVIS

Book Slip—Series 458

Lightning Source UK Ltd.
Milton Keynes UK
UKHW030633220321
380773UK00009B/787